21世纪全国高等院校财经管理系列实用规划教材

财务分析

主　编　李巧巧　何　静
副主编　刘　熠　徐燕雯　魏玉平

内容简介

本书立足于应用型大学本科教育的特点,力求在完整、系统地阐述财务分析基本理论、基本方法的前提下,突出应用特色,以提高学生的实践能力和创新能力。本书旨在培养学生科学、合理、全面地分析一个财务主体的财务状况和发展趋势的能力,为投资者、债权人、经营管理者及其他利害关系人进行正确决策提供准确的信息。全书共分5篇,分别是财务分析基础、财务报表分析、财务能力分析、财务报表的综合分析和综合案例分析。

本书适用于高校财务会计类各专业,也可以作为企业管理人员的自学参考书。

图书在版编目(CIP)数据

财务分析/李巧巧,何静主编.—北京:北京大学出版社,2015.11
(21世纪全国高等院校财经管理系列实用规划教材)
ISBN 978-7-301-26285-6

Ⅰ.①财… Ⅱ.①李…②何… Ⅲ.①会计分析—高等学校—教材 Ⅳ.①F231.2

中国版本图书馆CIP数据核字(2015)第211208号

书　　　名	财务分析 Caiwu Fenxi
著作责任者	李巧巧　何　静　主编
责任编辑	葛　方
标准书号	ISBN 978-7-301-26285-6
出版发行	北京大学出版社
地　　　址	北京市海淀区成府路205号　100871
网　　　址	http://www.pup.cn　新浪微博:@北京大学出版社
电子信箱	pup_6@163.com
电　　　话	邮购部 62752015　发行部 62750672　编辑部 62750667
印刷者	北京虎彩文化传播有限公司
经销者	新华书店 787毫米×1092毫米　16开本　17.25印张　395千字 2015年11月第1版　2019年1月第2次印刷
定　　　价	38.00元

未经许可,不得以任何方式复制或抄袭本书之部分或全部内容。
版权所有,侵权必究
举报电话:010-62752024　电子信箱:fd@pup.pku.edu.cn
图书如有印装质量问题,请与出版部联系,电话:010-62756370

21世纪全国高等院校财经管理系列实用规划教材

专家编审委员会

主 任 委 员　刘诗白

副主任委员　（按拼音排序）

韩传模	李全喜	王宗萍
颜爱民	曾　旗	朱廷珺
朱淑珍		

顾　　　问　（按拼音排序）

高俊山	郭复初	胡运权
万后芬	张　强	

委　　　员　（按拼音排序）

程春梅	邓德胜	范　徵
冯根尧	冯雷鸣	黄解宇
李柏生	李定珍	李相合
李小红	刘志超	沈爱华
王富华	吴宝华	张淑敏
赵邦宏	赵　宏	赵秀玲

法 律 顾 问　杨士富

丛 书 序

我国越来越多的高等院校设置了经济管理类学科专业，这是一个包括理论经济学、应用经济学、管理科学与工程、工商管理、公共管理、农林经济管理、图书馆、情报与档案管理 7 个一级学科门类和 31 个专业的庞大学科体系。2006 年教育部的数据表明，在全国普通高校中，经济类专业布点 1518 个，管理类专业布点 4328 个。其中除少量院校设置的经济管理专业偏重理论教学外，绝大部分属于应用型专业。经济管理类应用型专业主要着眼于培养社会主义国民经济发展所需要的德智体全面发展的高素质专门人才，要求既具有比较扎实的理论功底和良好的发展后劲，又具有较强的职业技能，并且又要求具有较好的创新精神和实践能力。

在当前开拓新型工业化道路，推进全面小康社会建设的新时期，进一步加强经济管理人才的培养，注重经济理论的系统化学习，特别是现代财经管理理论的学习，提高学生的专业理论素质和应用实践能力，培养出一大批高水平、高素质的经济管理人才，越来越成为提升我国经济竞争力、保证国民经济持续健康发展的重要前提。这就要求高等财经教育要更加注重依据国内外社会经济条件的变化，适时变革和调整教育目标和教学内容；要求经济管理学科专业更加注重应用、注重实践、注重规范、注重国际交流；要求经济管理学科专业与其他学科专业相互交融与协调发展；要求高等财经教育培养的人才具有更加丰富的社会知识和较强的人文素质及创新精神。要完成上述任务，各所高等院校需要进行深入的教学改革和创新，特别是要搞好有较高质量的教材的编写和创新工作。

出版社的领导和编辑通过对国内大学经济管理学科教材实际情况的调研，在与众多专家学者讨论的基础上，决定编写和出版一套面向经济管理学科专业的应用型系列教材，这是一项有利于促进高校教学改革发展的重要措施。

本系列教材是按照高等学校经济类和管理类学科本科专业规范、培养方案，以及课程教学大纲的要求，合理定位，由长期在教学第一线从事教学工作的教师编写，立足于 21 世纪经济管理类学科发展的需要，深入分析经济管理类专业本科学生现状及存在的问题，探索经济管理类专业本科学生综合素质培养的途径，以科学性、先进性、系统性和实用性为目标，其编写的特色主要体现在以下几个方面：

（1）关注经济管理学科发展的大背景，拓宽理论基础和专业知识，着眼于增强教学内容与实际的联系和应用性，突出创造能力和创新意识。

（2）体系完整、严密。系列涵盖经济类、管理类相关专业以及与经管相关的部分法律类课程，并把握相关课程之间的关系，整个系列丛书形成一套完整、严密的知识结构体系。

（3）内容新颖。借鉴国外最新的教材，融会当前有关经济管理学科的最新理论和实践经验，用最新知识充实教材内容。

（4）合作交流的成果。本系列教材是由全国上百所高校教师共同编写而成，在相互进行学术交流、经验借鉴、取长补短、集思广益的基础上，形成编写大纲。最终融合了各地特点，具有较强的适应性。

（5）案例教学。教材融入了大量案例研究分析内容，让学生在学习过程中理论联系实际，特别列举了我国经济管理工作中的大量实际案例，这可大大增强学生的实际操作能力。

（6）注重能力培养。力求做到不断强化自我学习能力、思维能力、创造性解决问题的能力以及不断自我更新知识的能力，促进学生向着富有鲜明个性的方向发展。

作为高要求，经济管理类教材应在基本理论上做到以马克思主义为指导，结合我国财经工作的新实践，充分汲取中华民族优秀文化和西方科学管理思想，形成具有中国特色的创新教材。这一目标不可能一蹴而就，需要作者通过长期艰苦的学术劳动和不断地进行教材内容的更新才能达成。我希望这一系列教材的编写，将是我国拥有较高质量的高校财经管理学科应用型教材建设工程的新尝试和新起点。

我要感谢参加本系列教材编写和审稿的各位老师所付出的大量卓有成效的辛勤劳动。由于编写时间紧、相互协调难度大等原因，本系列教材肯定还存在一些不足和错漏。我相信，在各位老师的关心和帮助下，本系列教材一定能不断地改进和完善，并在我国大学经济管理类学科专业的教学改革和课程体系建设中起到应有的促进作用。

刘诗白

刘诗白 现任西南财经大学名誉校长、教授、博士生导师，四川省社会科学联合会主席，《经济学家》杂志主编，全国高等财经院校《资本论》研究会会长，学术团体"新知研究院"院长。

前　言

　　财务分析是运用会计学、财务管理学和管理学的相关理论与方法，通过对财务主体过去和现在的战略分析、会计分析、财务能力分析和财务综合分析，为投资者、债权人、经营管理者及其他利害关系人进行正确决策提供准确的信息或依据的专门技术，是一门综合性、边缘性学科，也是一门应用性很强的学科。只有通过战略分析、会计分析、财务能力分析和财务综合分析，才有可能科学、合理、全面地分析一个财务主体的财务状况和发展趋势。本书立足于应用型大学本科教育的特点，在全面、系统地阐述财务分析基本理论、基本方法的前提下，突出应用特色，以提高学生的实践能力和创新能力。全书共分5篇，第一篇是财务分析基础，主要介绍财务分析理论、程序与方法；第二篇是财务报表分析，主要介绍资产负债表分析、利润表分析和现金流量表分析；第三篇是财务能力分析，主要介绍偿债能力分析、营运能力分析、盈利能力分析、发展能力分析；第四篇是财务报表的综合分析，主要介绍杜邦分析体系、财务报表预测与预警分析、企业财务状况质量的综合分析；第五篇是综合案例分析。

　　本书主要有两个方面的特色，一是理论联系实际；二是突出应用特色。每篇开头安排了导入案例，最后一篇则安排了两个综合性案例，部分章节还穿插组织了相应案例。读者可通过案例分析，激发思考的兴趣，以达到了解实务，检验和巩固相关理论和方法的目的。在各章附有教学目标与要求、本章知识要点、本章小结、中英文对照专业名词、思考与练习、本章链接等内容，以利于学生自学和训练。教学参考学时为48学时，教师可以根据需要增减学时。

　　本书由江汉大学商学院会计学系部分教师合作编写。江汉大学商学院李巧巧教授、会计系副主任何静副教授担任主编，刘熠老师、徐燕雯博士、财务管理教研室主任魏玉平博士担任副主编。参加编写人员的具体分工是：第一篇财务分析基础由李巧巧执笔；第二篇财务报表分析由徐燕雯执笔；第三篇财务能力分析由刘熠执笔；第四篇财务报表的综合分析由刘熠和何静执笔，其中杜邦分析体系由刘熠执笔，财务报表预测与预警分析以及企业财务状况质量的综合分析由何静执笔；第五篇综合案例分析由何静和魏玉平执笔，其中综合案例分析一由何静执笔，综合案例分析二由魏玉平执笔。全书由李巧巧负责统稿，魏玉平做了大量辅助工作。

　　在编写过程中，我们参阅了国内外学者大量研究成果，限于篇幅未能一一列出，敬请谅解。北京大学出版社王显超和葛方编辑为本书的出版付出了极大的辛劳，江汉大学湖北省普通高校重点人文社科研究基地·武汉城市圈制造业发展研究中心、湖北省重点学科·管理科学与工程学科对本教材的出版提供了必要的支持，在此一并表示感谢！尽管我们付出了很大的努力，但受时间、水平的限制，书中不当和疏漏之处在所难免，欢迎读者批评指正，以便在修订、再版时改正。

编　者

于武汉三角湖畔

2015年8月

目 录

第一篇 财务分析基础

第1章 财务分析理论 ………… 3
1.1 财务分析的内涵 ………… 4
 1.1.1 财务分析的定义 ………… 4
 1.1.2 财务分析的内涵 ………… 5
1.2 财务分析的产生与发展 ………… 6
 1.2.1 会计技术的发展与财务分析的产生和发展 ………… 6
 1.2.2 财务分析在应用领域的发展 ………… 6
 1.2.3 财务分析技术的发展 ………… 8
 1.2.4 财务分析形式的发展 ………… 9
1.3 财务分析的主体与客体 ………… 9
 1.3.1 财务分析的主体 ………… 9
 1.3.2 财务分析的客体 ………… 10
1.4 财务分析的目的与作用 ………… 11
 1.4.1 财务分析的目的 ………… 11
 1.4.2 财务分析的作用 ………… 12
1.5 财务分析的内容和形式 ………… 13
 1.5.1 财务分析的内容 ………… 13
 1.5.2 财务分析的形式 ………… 14
本章小结 ………… 15
思考与练习 ………… 16

第2章 财务分析的程序与方法 ………… 18
2.1 财务分析的一般程序 ………… 19
 2.1.1 确定分析目的 ………… 19
 2.1.2 明确分析范围 ………… 19
 2.1.3 收集分析资料 ………… 19
 2.1.4 确定分析标准 ………… 20
 2.1.5 选择分析方法 ………… 20
 2.1.6 形成分析结论 ………… 20

2.2 财务分析方法 ………… 20
 2.2.1 比较分析法 ………… 21
 2.2.2 比率分析法 ………… 22
 2.2.3 因素分析法 ………… 23
 2.2.4 趋势分析法 ………… 27
2.3 财务分析信息 ………… 28
 2.3.1 财务分析信息的作用 ………… 28
 2.3.2 财务分析信息的分类 ………… 28
 2.3.3 财务分析信息的质量要求 ………… 30
 2.3.4 财务分析标准信息 ………… 31
本章小结 ………… 34
思考与练习 ………… 35

第二篇 财务报表分析

第3章 资产负债表分析 ………… 39
3.1 资产负债表的作用与结构 ………… 40
 3.1.1 会计计量属性 ………… 40
 3.1.2 资产负债表的结构 ………… 41
3.2 资产负债表的质量评价 ………… 44
 3.2.1 资产负债表质量评价的意义 ………… 44
 3.2.2 资产质量的特征 ………… 44
 3.2.3 资产质量的属性 ………… 45
3.3 资产负债表的综合分析 ………… 46
 3.3.1 流动性资产 ………… 46
 3.3.2 非流动性资产 ………… 47
 3.3.3 流动负债 ………… 47
 3.3.4 非流动负债 ………… 47
 3.3.5 所有者权益 ………… 47
 3.3.6 资产负债表的总体质量分析 ………… 48
本章小结 ………… 49
思考与练习 ………… 49

第4章 利润表与所有者权益变动表 …… 51

- 4.1 利润表的作用与结构 …… 52
  - 4.1.1 利润表的概述及作用 …… 52
  - 4.1.2 利润表的结构 …… 52
- 4.2 利润表的质量评价 …… 54
  - 4.2.1 利润来源的分析 …… 54
  - 4.2.2 利润收入的结构 …… 56
  - 4.2.3 利润质量的评价 …… 57
- 4.3 利润的综合分析 …… 57
  - 4.3.1 经营主导型利润 …… 57
  - 4.3.2 投资主导型利润 …… 58
  - 4.3.3 混合型利润 …… 58
  - 4.3.4 会计政策变化而产生的利润 …… 58
- 4.4 所有者权益变动表 …… 60
  - 4.4.1 所有者权益变动表概述 …… 60
  - 4.4.2 分析所有者权益变动表的目的 …… 60
  - 4.4.3 所有者权益变动表的列报方式 …… 61
  - 4.4.4 所有者权益变动表的财务信息评价 …… 63
- 本章小结 …… 64
- 思考与练习 …… 64

第5章 现金流量表分析 …… 66

- 5.1 现金流量表概述 …… 67
  - 5.1.1 现金流量表的含义 …… 67
  - 5.1.2 现金流量表的编制 …… 67
- 5.2 现金流量表的结构与作用 …… 68
  - 5.2.1 现金流量表的结构 …… 68
  - 5.2.2 现金流量表的作用 …… 70
- 5.3 现金流量表的综合分析 …… 72
  - 5.3.1 影响经营活动现金流量变化的分析 …… 72
  - 5.3.2 影响投资活动现金流量变化的分析 …… 72
  - 5.3.3 影响筹资活动现金流量变化的分析 …… 73

- 本章小结 …… 73
- 思考与练习 …… 74

第6章 其他信息 …… 75

- 6.1 宏观信息 …… 76
- 6.2 重大事件 …… 77
- 6.3 审计报告 …… 77
  - 6.3.1 无保留意见的审计报告 …… 77
  - 6.3.2 保留意见的审计报告 …… 77
- 6.4 内部财务资料 …… 78
  - 6.4.1 收入明细资料 …… 78
  - 6.4.2 成本费用明细资料 …… 78
  - 6.4.3 负债明细资料 …… 79
- 6.5 附注 …… 79
  - 6.5.1 企业基本情况 …… 79
  - 6.5.2 遵循企业会计准则的声明 …… 79
  - 6.5.3 重要会计政策和会计估计 …… 79
- 本章小结 …… 81
- 思考与练习 …… 81

第三篇 财务能力分析

第7章 偿债能力分析 …… 89

- 7.1 企业偿债能力分析概述 …… 90
  - 7.1.1 偿债能力分析的含义 …… 90
  - 7.1.2 偿债能力分析的目的 …… 90
  - 7.1.3 偿债能力分析的分类 …… 91
- 7.2 短期偿债能力分析 …… 101
  - 7.2.1 营运资金 …… 101
  - 7.2.2 流动比率 …… 102
  - 7.2.3 速动比率 …… 103
  - 7.2.4 现金比率 …… 104
  - 7.2.5 现金流动负债比率 …… 105
  - 7.2.6 影响短期偿债能力的因素 …… 105
- 7.3 长期偿债能力分析 …… 106
  - 7.3.1 资产负债率 …… 107
  - 7.3.2 产权比率 …… 107
  - 7.3.3 已获利息倍数 …… 108

7.3.4　长期资产适合率 …………… 109
　　7.3.5　经营亏损挂账比率 ………… 109
　　7.3.6　影响企业长期偿债能力的
　　　　　因素 ………………………… 110
　本章小结 …………………………………… 110
　思考与练习 ………………………………… 111

第8章　营运能力分析 …………………… 117

8.1　企业营运能力分析概述 ……………… 118
　　8.1.1　企业营运能力分析的
　　　　　含义 ………………………… 118
　　8.1.2　企业营运能力分析的
　　　　　意义 ………………………… 118
　　8.1.3　影响企业营运能力的主要
　　　　　因素 ………………………… 119
8.2　短期资产营运能力分析 ……………… 119
　　8.2.1　短期资产营运能力分析的
　　　　　含义 ………………………… 119
　　8.2.2　应收账款营运能力分析 …… 120
　　8.2.3　存货营运能力分析 ………… 121
　　8.2.4　流动资产营运能力分析 …… 122
8.3　长期资产营运能力分析 ……………… 123
　　8.3.1　固定资产营运能力分析 …… 123
　　8.3.2　无形资产营运能力分析 …… 125
8.4　总资产营运能力分析 ………………… 125
　　8.4.1　总资产的配置分析 ………… 125
　　8.4.2　总资产营运效率分析 ……… 126
　本章小结 …………………………………… 127
　思考与练习 ………………………………… 127

第9章　盈利能力分析 …………………… 130

9.1　企业盈利能力分析概述 ……………… 131
9.2　盈利能力分析指标 …………………… 131
　　9.2.1　与投资有关的盈利能力
　　　　　分析 ………………………… 132
　　9.2.2　与销售有关的盈利能力
　　　　　分析 ………………………… 134
　　9.2.3　上市公司盈利能力分析 …… 135
9.3　影响盈利能力的因素 ………………… 137
　　9.3.1　企业的收现能力 …………… 137
　　9.3.2　企业降低成本的能力 ……… 138
　　9.3.3　企业所采用的会计政策 …… 138
　　9.3.4　影响盈利能力的非常
　　　　　项目 ………………………… 138
　本章小结 …………………………………… 138
　思考与练习 ………………………………… 139

第10章　发展能力分析 …………………… 141

10.1　发展能力分析概述 …………………… 142
　　10.1.1　发展能力分析的含义 …… 142
　　10.1.2　发展能力分析的目的 …… 142
　　10.1.3　影响发展能力的主要
　　　　　　因素 ………………………… 143
10.2　企业发展能力分析指标 ……………… 144
　　10.2.1　销售增长能力分析 ……… 144
　　10.2.2　资产增长能力分析 ……… 145
　　10.2.3　资本增长能力分析 ……… 147
　本章小结 …………………………………… 148
　思考与练习 ………………………………… 149

第四篇　财务报表的综合分析

第11章　杜邦分析体系 …………………… 153

11.1　杜邦分析体系的含义和特点 ………… 154
11.2　杜邦分析体系的财务指标关系 ……… 154
11.3　杜邦分析体系的作用 ………………… 156
11.4　杜邦分析体系的局限性 ……………… 156
　本章小结 …………………………………… 157
　思考与练习 ………………………………… 157

第12章　财务报表预测与预警分析 ……… 159

12.1　财务预测的目的及内容 ……………… 160
　　12.1.1　进行财务预测的目的 …… 160
　　12.1.2　财务预测的方法 ………… 161
12.2　财务报表预测 ………………………… 163
　　12.2.1　利润表的预测 …………… 163
　　12.2.2　资产负债表的预测 ……… 165
　　12.2.3　现金流量表的预测 ……… 168
12.3　财务预警分析 ………………………… 170
　　12.3.1　财务预警概述 …………… 170

12.3.2 财务预警的预测方法 …… 170
　　12.3.3 出现财务舞弊时的财务
　　　　　 预警 …………………… 173
　　12.3.4 建立财务风险预警系统时应
　　　　　 注意的问题 …………… 174
本章小结 ……………………………… 175
思考与练习 …………………………… 175

第13章 企业财务状况质量的
综合分析 …………………… 178

13.1 高质量财务状况特征 …………… 179
　　13.1.1 财务状况质量的界定 …… 179
　　13.1.2 高质量财务状况特征 …… 180
13.2 企业财务状况质量的综合分析
　　　方法 ………………………… 182
　　13.2.1 背景分析 ……………… 182
　　13.2.2 财务分析 ……………… 183
　　13.2.3 财务预测 ……………… 184
　　13.2.4 不同企业间比较分析时
　　　　　 应注意的问题 ………… 185
　　13.2.5 非货币性信息的使用 …… 187
本章小结 ……………………………… 187
思考与练习 …………………………… 188

第五篇　综合案例分析

第14章 综合案例分析一 ………… 193

14.1 基本财务报表 ………………… 193
14.2 公司基本情况与所处行业 ……… 200
14.3 财务比率分析 ………………… 201
　　14.3.1 营运能力分析 …………… 201

　　14.3.2 偿债能力分析 …………… 201
　　14.3.3 盈利能力分析 …………… 201
　　14.3.4 综合分析 ……………… 202

第15章 综合案例分析二 ………… 205

15.1 基本财务报表 ………………… 205
　　15.1.1 合并报表 ……………… 205
　　15.1.2 母公司报表 …………… 219
15.2 背景分析 ……………………… 230
　　15.2.1 企业基本情况与行业
　　　　　 分析 …………………… 230
　　15.2.2 格力电器的SWOT
　　　　　 分析 …………………… 231
　　15.2.3 格力电器战略分析 ……… 232
15.3 会计分析 ……………………… 234
　　15.3.1 关于审计报告的类型和
　　　　　 措辞 …………………… 234
　　15.3.2 结合报表附注关于报表主要项目
　　　　　 的详细披露资料，对四张财务
　　　　　 报表进行会计分析 ……… 234
15.4 财务分析 ……………………… 254
　　15.4.1 偿债能力分析 …………… 255
　　15.4.2 营运能力分析 …………… 255
　　15.4.3 盈利能力分析 …………… 255
　　15.4.4 发展能力分析 …………… 256
　　15.4.5 财务综合分析 …………… 256
15.5 对企业发展前景的预测 ………… 260
思考与练习 …………………………… 261

参考文献 ……………………………… 262

第一篇

财务分析基础

第 1 章　财务分析理论

教学目标与要求

本章主要介绍财务分析的基本理论问题。通过本章学习，应当了解财务分析的内涵、财务分析的发展过程、财务分析的主体、财务分析的客体、财务分析的目的、财务分析的内容、财务分析的形式等，为后续章节的学习夯实基础。

本章知识要点

知识要点	能力要求	相关知识
财务分析的内涵	了解财务分析的基本内涵与外延	(1) 财务分析的含义 (2) 财务分析与相关学科的区别与联系
财务分析的产生与发展	了解财务分析产生与发展的一般过程及其基本动因	(1) 财务分析与会计技术发展之间的关系 (2) 财务分析在应用领域的发展 (3) 财务分析技术的发展 (4) 财务分析形式的发展
财务分析的主体与客体	了解财务分析主体与客体的范围	(1) 财务分析主体的范围 (2) 财务分析客体的范围 (3) 财务活动之间的内在联系
财务分析的目的与作用	了解财务分析的目的与作用	(1) 财务分析的基本目的 (2) 不同分析主体的目的 (3) 财务分析的作用
财务分析的内容和形式	了解财务分析的内容和具体形式	(1) 财务分析的内容 (2) 财务分析的形式

导入案例

1991年4月,珠海巨人新技术公司注册成立,公司共15人,注册资金200万元,史玉柱任总经理。8月,史玉柱投资80万元,组织10多个专家开发出M—6401汉卡上市。11月,公司员工增加到30人,M—6401汉卡销售量跃居全国同类产品之首,获纯利达1 000万元。1992年7月,巨人公司实行战略转移,将管理机构和开发基地由深圳迁往珠海。9月,巨人公司升为珠海巨人高科技集团公司,注册资金1.19亿元。史玉柱任总裁,公司员工发展到100人。12月底,巨人集团主推的M—6401汉卡年销售量2.8万套,销售产值共1.6亿元,实现纯利3 500万元。年发展速度达500%。1993年后,巨人集团放弃了要做中国"IBM"的专业化发展之路,开始涉足房地产、生物工程和保健品等多个领域,朝"多元化"方向快速发展。多元化战略和财务战略上的重大失误导致显赫一时的巨人奇迹最终淡出了人们的视线。巨人集团财务战略上的主要问题是什么?运用财务分析的一般程序和方法能够事前发现公司财务战略上的重大失误吗?

1.1 财务分析的内涵

1.1.1 财务分析的定义

财务分析是以报表资料及相关财务资料为依据,采用一系列专门的分析技术和方法,对财务主体过去和现在的偿债能力、盈利能力、营运能力和发展能力等进行分析与评价,为投资者、债权人、经营管理者及其他利害关系人进行正确决策提供准确的信息或依据的专门技术。

财务分析是在企业经济分析、财务管理和会计学的基础上发展、形成的,其实质是在财务信息供给与财务信息需求之间架起一座桥梁,通过对会计信息的再加工,以更好地满足会计信息使用者的不同要求。财务分析是一门综合性、边缘性学科,其综合性、边缘性主要体现在交叉运用了会计学、财务管理学和管理学的相关理论与方法,解决相关学科无法独立解决的实践问题。

财务分析是否构成一门独立学科,关键要看它是否存在独立的研究对象,能否合理地界定与相关学科之间的边界,在现有的学科结构下,其结论仍有待观察。因此,关于什么是财务分析,在理论界有着不同的理解与表达,并形成了不同的观点。

(1) 美国南加州大学教授 Water B. Meigs 认为,财务分析是搜集与决策有关的各种财务信息,并加以分析与解释的一种技术。

(2) 美国纽约市立大学 Leopold A. Bernstein 认为,财务分析是一种判断的过程,旨在评估企业现在或过去的财务状况及经营成果,其主要目的在于对企业未来的状况及经营业绩进行最佳预测。

(3) 台湾政治大学教授洪国赐认为,财务分析以审慎选择财务信息为起点,作为探讨的根据;以分析信息为重心,揭示其相关性;以研究信息的相关性为手段,评核其结果。

(4) 东北财经大学张先治教授认为,财务分析是以会计核算和报表资料及其他相关资料为依据,采用一系列专门的分析技术和方法,对企业等经济组织过去和现在有关筹资活动、投资活动、经营活动的偿债能力、盈利能力和营运能力状况进行分析与评价,为企业的投资者、债权人、经营者及其他关心企业的组织或个人了解企业过去、评价企业现状、预测企业未来,作出正确决策提供准确的信息或依据的经济应用学科。

1.1.2 财务分析的内涵

在一般意义上,人们往往并不区分财务分析、财务报表分析及财务报告分析,事实上它们的本质是相同或近似的。但它们之间的区别也是明显的,首先是分析对象的差别,财务报表分析的对象是财务报表,财务报告分析的对象是财务报告,而财务分析的对象则是财务活动;其次是分析范围的差异,财务报表是财务报告的组成部分,财务报表和财务报告是用来反映财务活动的,但受公认会计原则和会计技术的限制,财务报表和财务报告都不能反映财务活动的全部内容。从这个意义上说,财务分析的范围可涵盖财务报表分析和财务报告分析的内容,除此以外,财务分析还涉及某些非财务信息,如公司战略、财务治理结构等。财务活动的信息结构与财务报表分析、财务报告分析及财务分析的关系如图1.1所示。

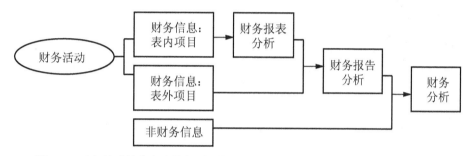

图 1.1 财务活动的信息结构与财务报表分析、财务报告分析及财务分析的关系

正确理解财务分析的内涵首先应准确把握财务分析与相关学科之间的区别和联系。

1. 财务分析与经济活动分析

财务分析与经济活动分析都是一种信息再处理过程,运用相同或近似的分析程序、分析方法和分析形式。它们的主要区别在于:

(1) 分析对象与内容不同。财务分析的对象是财务活动,分析内容包括资金筹集、资金投放、资金耗费、资金回收与资金分配等;经济活动分析的对象是经济活动,除了财务活动以外,还包括生产活动、营销活动等。

(2) 分析依据不同。财务分析的主要依据是财务会计资料、资本市场信息;经济活动分析的依据既包括财务会计资料、资本市场信息,又包括统计资料、技术资料等。

(3) 分析主体不同。财务分析的主体具有多元性,包括投资者、债权人、经营管理层员工以及其他利害关系人;经济活动分析的主体一般是经营管理者。

2. 财务分析与财务会计学

财务分析与财务会计学的联系主要体现在两个方面:一是财务分析以财务会计信息为基础,没有财务会计信息也就不可能进行财务分析;二是财务会计学中的财务报表分析通常构成财务分析的部分内容,而不是全部内容。

3. 财务分析与财务管理学

财务分析与财务管理学的研究对象是基本相同的，它们的区别主要体现在职能与关注的重点的不同。从职能角度考察，财务分析的基本职能是分析，为管理和决策提供更直接的信息；财务管理的职能则具有管理属性，包括预测、决策、计划、组织与协调。同时，财务管理学中的财务分析的重点在于依据财务报表进行的比率分析，与这里所讨论的财务分析在范围和内容上存在较大区别。此外，财务分析侧重于关注财务活动的成果和效率，而财务管理则需要关注财务活动的全过程。

1.2 财务分析的产生与发展

财务分析的产生与发展和财务会计技术、财务报表的发展密切相关。同时，对会计信息需求日益精细也推动了财务分析技术的不断进步。

1.2.1 会计技术的发展与财务分析的产生和发展

会计技术的发展大致经历了四个发展阶段：第一阶段是利用会计凭证记录经济交易；第二阶段是利用复式记账原理和分类账记录经济交易；第三阶段是编制财务报表；第四阶段是财务报表解释。在会计技术发展的初级阶段，财务分析的重要性并未被广泛认识，随着会计技术步入财务报表和财务报表解释阶段，真正意义上的财务分析才得以形成并发展。

财务分析的基础是财务报表，财务报表的不断完善和发展，促进了财务分析的发展。财务报表是会计记录的综合和汇总，对资产和负债的汇总最早被认为存在于14世纪，到了16世纪，会计汇总成为会计分类账的组成部分。当企业小规模经营时，汇总的会计数据可以反映经营成果，并供所有者或合伙人检查，会计账簿以外的财务报表显得不必要。进入19世纪后，企业规模日益扩大，投资者也日益多元化，客观上需要编制更多的汇总表，并推动余额账发展到资产负债表。随着经济的发展，会计信息需求迅速增长，利润表、现金流量表和所有者权益变动表等逐步纳入了会计程序。

从会计余额、会计汇总到会计报表的发展，反映了会计技术的不断进步，也反映了财务分析形成与发展的动力不断增强。财务报表对财务分析的推动作用体现在两个方面：一是对财务报表的解释需要进行财务分析。财务报表是会计记录的高度综合，这种高度综合往往使得一些报表数据难以解释，同时许多影响会计余额的个别交易对会计报表解释不敏感，此时单一会计数据与众多交易之间的关系也需要进一步解释。为了解释会计报表，就需要运用逆会计程序，即将总体信息分解为要素信息，从会计报表回溯到会计记录，以说明整体与部分之间的结构关系。二是使用财务报表信息需要财务分析。即使将会计报表分解到具体会计记录，也不一定能够得出可供直接使用的结论，有时还要分析有关因素之间的相互联系，并与相应的评价标准比较，才能加以运用。例如，仅仅考察流动负债总额并不能判断企业支付能力的强弱，必须与流动资产总额比较后才能得出结论。

1.2.2 财务分析在应用领域的发展

财务分析在应用领域的发展可以归纳为三个阶段。

1. 财务分析发端于银行业

一般认为，财务分析最早起源于19世纪末20世纪初的银行信贷管理。当时，自由竞争资本主义正向垄断资本主义过渡，为了扩大经营规模，大量实业资本家向银行机构借款，银行信贷业务迅速发展起来。银行家在决定是否提供贷款时，最关心的是贷款申请者能否按期偿还本金和利息，为降低风险，保障资金安全，银行业要求使用资产负债表作为判断可否贷款的基础。1895年，纽约州银行协会的经理委员会形成一项决定，要求他们的机构贷款者提交书面的、业经签字的资产负债表。从这时起，财务报表被各主要银行推荐使用。1900年，纽约州银行协会发布了申请贷款的标准表格，其中包括一部分资产负债表。一些银行家认识到，扩大贷款必须预测贷款人的偿债能力，因而必须进行相应的财务报表分析，但对于如何分析报表则不甚了了。1906年，比较报表开始被使用，这种比较显然就是一种分析。接受了比较报表后，银行家们开始关心比较的对象，流动比率、速动比率等评价指标逐步被推进到银行贷款业务领域。

2. 财务分析在投资领域的发展

随着财务分析技术在银行业的逐步应用，从财务报表分析观察企业财务状况的思想也影响到投资领域。1900年，美国学者托马斯·乌都洛发表了题为《铁路诸表分析》的著作，对财务分析的相关概念进行了描述，还在文中运用了经营费用与总收益比率、固定费用与净收益比率等分析指标。随着股份制公司的发展，引起了资本市场的快速扩张，企业筹资渠道由单纯的银行信贷扩展到社会机构和公众投资者，财务分析的服务对象由银行机构扩展到所有投资者，财务分析的领域也由偿债能力分析扩展到盈利能力分析和投资分析。

3. 财务分析在现代财务活动领域的拓展

现代财务分析领域已不再局限于早期的银行信贷分析和一般投资分析，全面、系统的筹资分析、投资分析、经营分析构成了财务分析的基本内容，随着经济发展和现代公司制的完善，财务分析在资本市场、企业重组、业绩评价和企业评估等各个领域的应用也越来越广泛，经营战略分析、价值分析和前景分析等内容也开始纳入财务分析的视野。

阅读材料

银行流动性风险管理日趋复杂

银监会主席刘明康日前在"2007年银行业合规年会"的书面讲话中指出，以各种跨国基金和投资银行为代表的管理者成为国际经济活动的主角，对企业发展的长远规划和稳健经营正让位于追随高风险、高回报的短期投机行为。国际经济一些领域的过度扩张早已为国际经济和社会的平稳运行留下了隐患，接连爆发的各种重大国际经济事件与危机不断向我们发出警告。

刘明康指出，传统的以实体经济为基础，注重物质产品大规模生产和供给的工商业经营，开始向迅速发展虚拟经济，注重全球市值最大化，注重在全球实现发展，尤其是追求全球范围内资本增值与回报的金融资本运营转变。

刘明康说，随着金融改革的逐步深入，直接融资获得了快速发展，在股票市场财富效应的刺激下银行储蓄持续分流，在债券市场发展下，大型客户和前景良好的成长型企业可用较低市场成本直接融资，造成了优质客户贷款的减少和客户与风险结构的深刻变化，银行流动性风险的管理也日趋复杂。刘明康表示，在这种情况下，银行业的合规管理必须赶上时代的步伐，要动态的而不是静态的，前瞻的而不是滞后的，认真做好各方面的建设。

当前，银行经营环境的变化，促使银行加快战略转型步伐。但刘明康强调说，必须看到目前国内银行同质化竞争的问题还十分严重，其根源在于银行发展战略过于笼统，市场定位、市场细分还不够。银行必须结合本行实际，在有效同业比较和市场细分的基础上，动态调整发展战略，同时制定实施规划，而不仅是考核指标上的简单调整，一定要从资源配置、机制体制变更、流程再造等方面深入重组，以适应市场变化。

此外，刘明康指出，银行应不断提高合规管理有效性，进一步夯实风险管理基础。同时，加强经济资本管理，推进管理机制转型，确保稳健经营；并在有效控制风险的基础上加快金融创新。

资料来源：上海证券报

1.2.3 财务分析技术的发展

财务分析的发展与其本身的技术方法的发展是密不可分的。技术方法的不断发展与完善奠定了财务分析迅速发展的技术基础。

1. 比率分析技术

1919年，亚历山大·沃尔建立了比率分析体系，即沃尔比重评分体系。他认为：为取得对公司全面的认识，必须考虑财务报表间的各种关系，而不仅仅是流动资产和流动负债之间的关系。为了综合评价企业的信用水平，他选用了7个财务比率，对每一财务比率给定权重，求得综合得分。同年，杜邦公司的财务经理唐纳德森创造性地发明了杜邦分析体系，该体系以净资产收益率为核心，围绕该核心选择其他财务比率，以观察各比率彼此之间依存制约的关系，揭示企业经营成果的来源及影响因素，综合反映企业的财务状况和经营成果，着重突出对企业持续发展能力的分析。自此，通过计算一系列财务比率进行分析评价的做法迅速流行开来。但在实践中，由于比率分析的重要性被夸大，一些对此知之甚少的分析者在不同领域滥用比率分析技术，从而招致许多批评。

2. 趋势分析技术

1925年，斯蒂芬对比率分析技术提出了严厉的批评，他认为比率的变动可能仅仅反映相关因素的变动，很难综合反映该比率与资产负债表之间的联系，因而不能给人们关于资产负债表关系的综合观点，并提出了替代比率分析技术的方法，即选择一个年度为基年，计算一系列定基百分比，通过研究这种变动，可以得到有关企业发展的综合印象。

3. 标准比率

早在1923年，James H. Bliss就提出，在每一个行业，都有以行业活动为基础并反映行业特点的财务与经营比率。这些比率可通过行业平均比率来确定，通过该比率与个别公司财务比率的比较，发现个别公司与行业水平之间的差距和存在的问题。从此，标准比率的观点开始流行，一些组织也致力于计算和发布这种标准。

4. 现代财务分析技术

比率分析和趋势分析等传统技术尽管仍然是现代财务分析的基本工具，但其分析体系、分析内容已经发生了巨大变化。同时，一系列新技术日益广泛地运用于当代财务分析领域，如预测分析技术、实证分析技术、价值评估技术和电算化分析技术等。因此，现代财务分析技术体现了传统分析技术与现代分析技术的结合、手工分析技术与计算机分析技术的结合、规范分析技术与实证分析技术的结合、事后评价分析技术与事前预测分析技术的结合。

1.2.4 财务分析形式的发展

财务分析形式的嬗变主要体现在两个方面：一是从单纯的静态分析向静态分析与动态分析相结合的方向发展；二是从单纯的内部分析向内部分析与外部分析相结合的方向发展。

1. 静态分析与动态分析的结合

财务分析中的计量可分为两类：一类是计量单一报表各项目之间的关系；另一类是计量连续报表各项目的关系。前者属于静态分析，如比率分析；后者是动态分析。静态分析是基于某一时点上有关项目之间的关系，揭示项目间的相互作用与影响，反映财务效率和财务状况。动态分析是基于某一项目在不同时期的对比关系，揭示财务活动的变动及其规律。财务分析的最初形式主要是静态分析，当人们认识到单纯运用静态分析的缺陷后，开始引入动态分析形式，从而实现了两类分析形式的结合运用。

2. 内部分析与外部分析的结合

财务分析涉及的空间范围有日益扩展的趋势，内部分析与外部分析相结合是基本方向。内部分析是指财务分析人员属于所分析企业的内部人员，可以获得会计账簿和有关本企业的完全信息。外部分析则是指分析人员在企业外部，只能获取公开财务报表以及企业自愿披露的信息。财务分析最初产生于外部需求，随着企业对内部管理的不断强化，内部需求也不断地增长。应当注意到，由于企业自愿披露和强制披露的信息逐渐增多，可用于外部分析的信息正在不断增加，内部分析与外部分析的差异也在逐渐缩小。

1.3 财务分析的主体与客体

1.3.1 财务分析的主体

财务分析的主体是指与特定企业存在现实或潜在利益关系、为特定目的而对该企业进行财务分析的单位、团体和个人。一般而论，财务分析主体包括企业经营管理者、企业投资人、企业债权人、企业供应商、企业消费者、政府部门和社会公众等。

1. 企业经营管理者

经营管理者被认为是财务分析的最基本主体。在现代企业制度安排中，经营管理者受托代理企业的经营管理业务，对企业的财务状况和经营成果承担受托责任，并接受来自投资人、债权人等方面的考核与评价。因此，经营管理者需要进行全面的财务分析，以便于了解受托责任的履行情况，为经营管理工作提供全面、直接的信息。

2. 企业投资人

投资人是企业财务分析的重要主体之一。根据现代企业理论，企业投资人将企业视作一种投资工具，既有资本保全的要求，又有合理投资回报的要求。同时，作为企业委托代理关系中的委托人，还需要选择合适的经营管理者。因此，企业投资人一方面要对企业的财务状况和经营成果进行分析评价，为投资决策提供依据；另一方面又要对企业经营管理者的受托责任履行情况进行分析评价，为经营管理者的选任提供依据。

3. 企业债权人

债权人是企业财务分析的另一个重要主体。以企业贷款提供者为代表的债权人将资金提供给企业，一方面要求企业按期偿付本金，另一方面要求支付利息。资金使用权让渡给企业后，债权人当然会十分关心其资金的安全，因而需要对企业的信用状况和风险程度进行分析评价。

4. 企业供应商

企业供应商是企业原材料、动力等资源的提供者，是现代企业契约关系中的利益关系人之一；同时，在赊购业务中供应商又与企业形成商业信用关系。因此，企业供应商必然要关心企业信用、风险状况以及偿债能力，对其进行必要的财务分析，是制定相关销售策略和信用政策的重要环节。

5. 企业消费者

企业产品或劳务的消费者也是现代企业契约关系中的利益关系人。企业为客户提供消费品，同时承担着质量担保的责任和义务，客户自然就会关心企业这种担保责任的履行情况，分析企业履行这种义务的能力。因此，消费者也构成企业财务分析的主体。

6. 政府部门

一些政府综合职能部门出于宏观经济管理和财务会计监管的需要，常常也会对特定企业进行财务分析，以便于评价和监督企业财务活动；政府审计部门、税务机关在履行其监管和稽查义务时，也常常借助财务分析来了解企业的整体情况。

7. 社会公众

这里的社会公众主要是指企业潜在投资者和消费者个人，他们基于投资决策和消费选择目的而越来越关心企业的财务状况与经营成果，通常会对企业的盈利能力和售后服务能力等进行分析。

1.3.2 财务分析的客体

财务分析的客体，亦即财务分析的对象，也就是企业的基本活动。

企业的基本活动分为筹资活动、投资活动、经营活动和分配活动四类。财务分析就是对有关筹资活动、投资活动、经营活动及分配活动的状况和结果进行分析与评价。

（1）筹资活动是资本取得过程，主要运用发行股票和债券、取得借款以及利用内部积累资金等途径筹集企业投资和经营所需要的资金，这些资金构成企业自有资本和负债资本。

（2）投资活动是企业资本运用或资产的取得过程，也就是将所筹集到的资金分配于各资产项目，包括购置各种长期资产和流动资产，从而形成流动资产、固定资产、长期投资、无形资产等具体占用形式。

（3）经营活动是企业资本耗费与回收过程，包括发生各种耗费和取得各项收入。经营活动是企业收益的基本来源。

（4）分配活动是企业资本退出和盈余分配过程，包括计提盈余公积、分配股利和留用利润等。

企业各项基本活动是相互联系的，它们共同决定着企业的最终财务表现，在分析、评价时不应把它们割裂开来。在进行财务分析时，应将整体分析与具体财务活动过程分析相结合，以获得正确的分析结论，如图1.2所示。

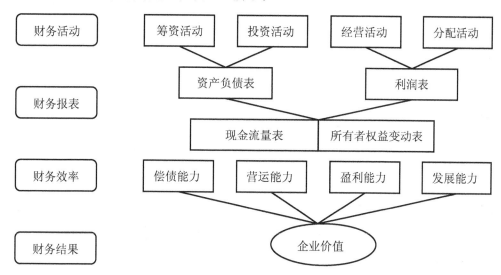

图1.2 财务活动、财务报表与财务表现之间的关系

1.4 财务分析的目的与作用

1.4.1 财务分析的目的

财务分析的目的是指财务分析主体对企业进行财务分析所要达到的目的。财务分析的目的受财务分析主体的制约，财务分析主体不同，财务分析的内容就有所区别，从而可达成的目的也就不同。

1. 财务分析的基本目的

财务分析的基本目的是为企业各利益主体进行相关决策和评价提供可靠的信息依据。财务分析的目的不是代替利益主体进行决策和评价，而是通过对企业财务信息进行分类、比较、类比、归纳、演绎、分析和综合等信息再加工步骤和方法，提供企业过去的经营业绩、现在的财务状况和未来的发展趋势的更加具体、全面和便于利用的信息，以解决原始财务信息难以满足需要和信息传递不畅等矛盾。

2. 财务分析的特定目的

不同的财务分析主体,进行财务分析的目的不尽相同。

1) 企业股权投资者财务分析的目的

企业股权投资者包括企业的现有股东和潜在投资者,股权投资者最为关心的是其投入资本的保值和增值情况。因此,他们进行财务分析的首要目的是考察企业的盈利能力状况。其次,股东和潜在投资者基于维持或追加投资、获取或转让股权等决策的需要,他们还关心企业的资本结构、支付能力以及运营能力状况,用以判断企业发展前景。同时,为了评价和选择经营者,正确行使股东权力,他们也需要对经营业绩进行评价。

2) 企业债权人财务分析的目的

企业债权人一般包括银行、金融机构等资金供应者以及购入企业债券、提供赊销商品的单位或个人。债权人最关心的是其资金安全性与收益水平,在获取必要报酬的前提下,他们会谨慎地分析和判断企业的信用状况和持续经营能力。因此,债权人进行财务分析的主要目的:一是分析其对企业的借款或其他债权是否能及时、足额收回,即研究企业偿债能力状况;二是分析债务人的收益状况与风险程度是否相适应,即进行盈利能力与偿债能力的综合分析。

3) 企业经营者财务分析的目的

企业经营者主要是指企业经营管理层,作为受托经营者,他们进行财务分析的目的是综合的、多方面的。经营者履行受托责任,对股东负责,必须关注企业的盈利能力,全面分析企业盈利过程、结果及原因,包括资产结构、营运状况、风险状况、支付能力与偿债能力状况等各个方面,其目的是及时发现生产经营中存在的问题与不足,并采取有效措施解决这些问题,不仅使企业利用现有资源获得更多盈利,而且使企业盈利能力保持继续增长。

4) 其他主体财务分析的目的

其他财务分析主体主要是指与企业有关的供应商、消费者以及政府监管部门等。对于与企业经营有关的企业或个人而言,他们出于保护自身利益的需要,往往关心往来企业的财务状况,因而也会对目标企业进行财务分析,其主要目的在于了解企业的信用状况,包括商业信用和财务信用。商业信用是指企业按时、按质履行经济交易的程度;财务信用则是企业及时清算各种款项的程度。企业信用状况常常可以借助企业支付能力和偿债能力的分析来进行评价。与企业经营有关的行政管理与监督部门主要包括工商、物价、财政、税务、审计等部门,他们进行财务分析的目的主要是监督、检查企业对国家相关政策、法律法规和各种制度的执行情况,获取宏观经济决策所需的相关信息。

1.4.2 财务分析的作用

随着经济发展、体制改革与现代公司制的出现,财务分析在资本市场、企业重组、绩效评价、企业评估等领域的应用也越来越广泛,其作用也越来越重要。

站在不同角度,财务分析的作用是不同的。从财务分析的服务对象看,财务分析不仅对改善企业内部生产经营管理有着重要作用,而且对企业外部投资决策、贷款决策、赊销决策等也有着重要信息支持作用。从财务分析的职能看,它对于正确预测、决策、计划、控制、考核、评价等都能够发挥其特有的重要作用。但从根本上看,财务分析的作用主要体现在评价过去、反映现状、揭示未来。

1. 财务分析可用来正确评价企业的过去

正确评价过去是说明现在和揭示未来的基础。财务分析通过对实际会计报表等资料的分析，能够准确地反映企业过去财务状况、经营业绩、存在的问题及其原因，为企业总结经验、提高财务管理水平提供有益帮助，同时对外部投资者进行相关决策提供必要依据。

2. 财务分析可用于全面反映企业现状

财务会计报表是企业生产经营活动的综合反映，这些报表所提供的信息是在一般会计原则的约束下生成的，以满足一般需要而设计的，不可能全面、完整地提供满足不同目的报表使用者需要的信息。财务分析可根据不同分析主体的分析目的，采用不同的分析手段和方法，全面提供企业生产经营和财务活动现状的具体信息，使信息使用者获得关于企业的完整、系统的认识和了解。

3. 财务分析可用于预测企业未来

财务分析更重要的作用体现在它可以通过对过去与现状的分析和评价，预测企业的未来发展状况与趋势。这些预测信息，可以为企业未来的财务预测、财务决策和财务预算等提供基本信息，以此为基础可以评估企业的价值及价值创造能力，为企业进行经营者绩效评价、资本经营和产权交易等提供基础信息。

1.5 财务分析的内容和形式

1.5.1 财务分析的内容

财务分析是由不同的利益主体实施的，他们各自关注的重点有所不同，在分析内容上也有一定区别，但各利益主体在进行财务分析时也有共同关心的问题，这些问题就构成了财务分析的基本内容，归纳起来主要包括以下几个方面。

1. 财务报表分析

财务报表是企业财务活动的综合反映，财务分析一般是以阅读财务报表为起点的。通过对财务报表的系统分析，我们可以具体揭示企业的财务结构及其成因，从而有利于更好地分析企业财务效率。企业的财务结构一般可归纳为四类，即收入利润结构、成本费用结构、资产结构和资本结构。因此，财务报表分析中的结构分析亦可分为四个方面的内容：①收入利润结构分析；②成本费用结构分析；③资产结构分析；④资本结构分析。

2. 财务效率分析

现代企业的生存与发展，在很大程度上取决于企业的财务效率，财务效率又通过具体的财务能力具体表现出来。企业财务能力归纳起来主要有四个方面，即偿债能力、营运能力、盈利能力和发展能力。相应地财务效率分析就有四个方面的内容：①偿债能力分析；②营运能力分析；③盈利能力分析；④发展能力分析。

3. 信用风险分析

在市场经济环境中,企业是整个社会信用体系中极其重要的环节,也是风险的主要载体。企业既接受信用,又提供信用,企业经营活动过程也伴随着大量的风险。因此,各利益主体在进行财务分析时往往都很关注企业的信用与风险状况,并构成财务分析的重要内容。

4. 财务综合分析

从不同侧面、不同环节或不同角度进行财务分析是必要的,但具体的单项分析不能替代综合分析,有时更需要对企业进行综合财务分析,以便对企业财务状况和经营情况有一个更加全面和完整的理解与把握,如企业前景分析、企业发展趋势分析等都需要运用综合分析。

1.5.2 财务分析的形式

为了实现财务分析的目的,不同财务分析主体除了应准确把握财务分析的内容外,还要注意采用适当的财务分析的形式。根据不同的标准,财务分析形式可以作如下划分。

1. 按财务分析主体的不同,可分为内部财务分析与外部财务分析

1) 内部财务分析

内部财务分析是指企业内部经营管理人员对企业财务状况的分析。其目的在于判断和评价企业生产经营状况。如通过流动性分析,判断企业资金周转速度、支付能力与偿债能力;通过收益性分析,评价企业盈利能力、资本保值增值能力。内部财务分析能够及时、准确地发现企业取得的成绩和存在的不足,为未来生产经营活动提供借鉴。

2) 外部财务分析

外部财务分析是指企业外部的投资者、债权人以及其他利益主体根据自身需要或特定目的,对企业财务状况进行的分析。投资者分析的重点是企业的盈利能力和发展能力;债权人分析则偏重于企业信用状况与偿债能力。

应当指出,内部分析与外部分析的划分不是绝对的,两者常常需要结合,以防止分析结论的片面性。由于外部分析者只能利用企业公开披露的信息,相对于内部分析主体而言,其信息不够充分,所以需要考虑或借鉴内部分析的结论。

2. 按分析方法的不同,可分为静态分析与动态分析

1) 静态分析

静态分析是根据某一时点或一个时期报表数据或信息,分析报表中各项目或报表间各项目关系的分析形式。如将同期资产负债表中的流动资产与流动负债比较,形成流动比率指标,就是静态分析形式。静态分析的目的是探究财务活动的内在联系,揭示其相互影响,用以反映财务效率和财务状况。

2) 动态分析

动态分析是指运用若干个时期的财务报表或分析信息,构成时间序列,借以分析财务状况变动情况的分析形式。如水平分析、趋势分析都属于动态分析。动态分析的目的在于反映不同时期财务活动的发展变化,揭示财务活动的变动及其规律。

3. 按分析范围的不同，可分为全面分析与专题分析

1）全面分析

全面分析是指对企业一定时期的财务活动各环节和过程进行全面、系统、综合的分析与评价。全面分析的目的是发现企业本期取得的成绩和存在的问题，为协调企业生产经营活动提供依据。全面分析通常在年终进行，并形成综合分析报告。

2）专题分析

专题分析是指根据分析主体或分析目的的不同，对企业生产经营过程中某一特定问题所进行的比较深入的分析。专题分析能够及时、深入地揭示某一领域的财务状况，为决策者提供详细的、有针对性的信息，对解决企业的关键性问题有重要作用。

本 章 小 结

财务分析是以报表资料及相关财务资料为依据，采用一系列专门的分析技术和方法，对财务主体过去和现在的偿债能力、盈利能力、营运能力和发展能力等进行分析与评价，为投资者、债权人、经营管理者及其他利害关系人进行正确决策提供准确的信息或依据的专门技术。

财务分析的产生与发展与财务会计技术、财务报表的发展密切相关。同时，对会计信息需求日益精细也推动了财务分析技术的不断进步。

财务分析的主体是指与特定企业存在现实或潜在利益关系、为特定目的而对该企业进行财务分析的单位、团体和个人。一般而论，财务分析主体包括企业经营管理者、企业投资人、企业债权人、企业供应商、企业消费者、政府部门和社会公众等。

财务分析的客体，亦即财务分析的对象，也就是企业的基本活动。财务分析就是对有关筹资活动、投资活动、经营活动以及分配活动的状况和结果进行分析与评价。

财务分析的目的是指财务分析主体对企业进行财务分析所要达到的目的。财务分析的目的受财务分析主体的制约，财务分析主体不同，财务分析的内容就有所区别，从而可达成的目的也就不同。

随着经济发展、体制改革与现代公司制的出现，财务分析在资本市场、企业重组、绩效评价、企业评估等领域的应用也越来越广泛，其作用也越来越重要。从根本上看，财务分析的作用主要体现在评价过去、反映现状、揭示未来。

各利益主体在进行财务分析时也有共同关心的问题，这些问题构成了财务分析的基本内容，主要包括财务报表分析、财务效率分析、信用风险分析和财务综合分析，从分析形式上分为内部财务分析与外部财务分析、静态分析与动态分析、全面分析与专题分析等不同类型。

中英文对照专业名词

财务分析 financial analysis

财务报表分析 financial statement analysis

财务报告分析 financial report analysis

经济活动分析 economic activity analysis

财务分析技术 financial analysis technology

静态分析 static analysis

动态分析 dynamic analysis
内部分析 internal analysis
外部分析 external analysis

本章链接

国家发改委(http：//www.sdpc.gov.cn/)
国家统计局(http：//www.stats.gov.cn/)
中注协网站查询(www.cicpa.org.cn)
中国证券网(http：//www.cnstock.com/)
巨潮资讯网(http：//www.cninfo.com.cn/)
中国会计学会，《会计研究》（Accounting Research）
中国财政杂志社，《财务与会计》（Finance & Accounting）

思考与练习

一、选择题

1. 财务分析主体包括（   ）。
   A. 企业投资人　　　B. 企业债权人　　　C. 企业消费者
   D. 筹资活动　　　　E. 投资活动　　　　F. 政府部门
2. 财务分析的基本内容包括（   ）。
   A. 偿债能力分析　　　　　　　　B. 财务报表分析
   C. 财务效率分析　　　　　　　　D. 财务综合分析
   E. 信用风险分析　　　　　　　　F. 资产结构分析
3. 财务效率分析的内容包括（   ）。
   A. 筹资能力分析　　　　　　　　B. 投资能力分析
   C. 偿债能力分析　　　　　　　　D. 营运能力分析
   E. 盈利能力分析　　　　　　　　F. 发展能力分析
4. 财务报表分析中的结构分析的内容包括（   ）。
   A. 收入利润结构分析　　　　　　B. 成本费用结构分析
   C. 资产结构分析　　　　　　　　D. 资本结构分析
   E. 静态结构分析　　　　　　　　F. 动态结构分析

二、简答题

1. 财务分析需求是如何推动财务分析技术发展的？
2. 财务分析为什么不是单纯的财务问题？
3. 简要说明财务活动、财务报表与财务表现之间的关系，财务分析又是如何体现这种关系的？
4. 财务分析与经济活动分析有何区别和联系？
5. 做好财务分析应具备哪些条件？
6. 作为财务分析人员应具备哪些基本的专业素质？

7. 财务分析的内容与形式之间有何关系？
8. 为什么说内部分析与外部分析的差异会越来越小？
9. 不同财务分析主体有不同需求，他们共同关心的问题可能有哪些？
10. 讨论财务分析未来可能拓展的应用领域。

第 2 章　财务分析的程序与方法

教学目标与要求

本章主要讨论财务分析的程序与方法问题。通过学习，应当了解财务分析的一般程序和财务分析基本方法，掌握比较分析法、比率分析法、因素分析法和趋势分析法的基本原理和应用条件。知悉财务分析信息的内涵和基本类型，理解财务分析信息的要求，掌握财务分析标准的种类及选择规则。

本章知识要点

知识要点	能力要求	相关知识
财务分析的一般程序	熟练掌握财务分析的程序	(1) 财务分析标准的确定 (2) 财务分析方法的选择
财务分析方法	掌握财务分析方法的种类及其运用条件	(1) 比较分析法 (2) 比率分析法 (3) 趋势分析法 (4) 因素分析法
财务分析信息	了解财务分析信息的作用、分类与质量要求	(1) 财务分析信息的作用 (2) 财务分析信息的分类 (3) 财务分析信息的质量要求 (4) 财务分析信息的标准信息

第2章 财务分析的程序与方法

导入案例

2003年年初,刘姝威被评为中央电视台"2002年经济年度人物"和"感动中国—2002年度人物"。2001年,刘姝威应约撰写《上市公司虚假会计报表识别技术》一书,选取了十几家上市公司作为案例。此时,蓝田股份公告称,该公司正在接受证监会调查。刘姝威随即把目光投向蓝田。刘姝威分析蓝田股份所依据的全部是公开资料,从蓝田招股说明书到2001年中期财务报告。经过分析,她却被自己的分析结果吓呆了:"我没去过蓝田,就能看出这么多明摆着的毛病。最基础、最简单的分析方法就能看穿的骗局,怎么早没人吱声呢?"出于职业责任感,刘姝威觉得应该提示一下银行。于是,她撰写了600字的短文《应立即停止对蓝田股份发放贷款》,作为《金融内参》的联系作者,10月26日刘姝威把分析结果传真给《金融内参》编辑部。文章刊登后不久,有关银行相继停止对蓝田股份发放新的贷款。刘姝威在不经意中闯进了蓝田禁地,也因此捅破了神秘的蓝田股份泡沫。

蓝田股份造假案成了中国证券史上不可抹去的污点,蓝田总裁瞿兆玉也被判刑,2005年5月中共中央组织部研究室原主任兼政策法规局局长王法雄因接受瞿兆玉的贿赂、巨额财产来历不明,经检察机关提起公诉。同年9月农业部财务司原司长、总经济师孙鹤龄因违纪被开除党籍。

发现这些弊案仅仅依靠勇气是不够的,还需要一定的专业知识和技能。刘姝威所说的最基础、最简单的分析方法是些什么方法呢?这些财务分析技术又是如何发展和运用的?

2.1 财务分析的一般程序

财务分析是一项较为复杂的工作,应遵从科学的分析程序。财务分析的基本程序包括以下几个步骤:确定分析目的、明确分析范围、收集分析资料、确定分析标准、选择分析方法和形成分析结论。

2.1.1 确定分析目的

按照行为学原理,行为的目的对行为过程起着重要的引导和统驭作用。财务分析作为一项管理行为也符合行为学这一原理。财务分析的目的是财务分析的出发点,决定着分析内容范围大小、收集资料详细程度、分析标准与分析方法选择等整个财务分析过程。如前所述,财务分析主体不同,财务分析内容不同,财务分析目的也就不同。因此,要求分析者在实施财务分析时应首先确立分析目的,并将其明确化,以利于分析工作的逐步推进。

2.1.2 明确分析范围

按照成本效益原则,并非每一项财务分析都需要对企业进行全面分析,更多的情况是根据分析目的,有选择地重点分析某一个方面或几个方面的财务问题,做到有的放矢。因此,财务分析主体在明确分析目的的基础上,应确定具体分析范围和分析内容,以便提高财务分析的效率。

2.1.3 收集分析资料

确定了分析范围和分析内容后,应根据分析目的收集分析所需数据资料,分析资料是进行财务分析的基础。财务分析的主要依据是财务数据,而财务报表是财务数据的主要载体，因此财务报表是需要收集的最基本的材料，它包括企业的资产负债表、利润表、现金流量表和所有者权益变动表等。当然，报表附注是对报表项目的补充说明，也是财务分析需要参照的重要资料。此外，企业内部供产销各方面的统计核算、业务核算资料以及企业外部的宏观经济形势、行业发展、同类企业经营状况等信息资料亦是财务分析所依据的重要信息来源。

资料收集可以通过内部收集、专题调研、访谈、座谈或小型专题会议等多种渠道完成。

应该说明，财务分析的一个重要前提是财务报表及相关信息能够真实地反映企业财务状况和经营成果，否则，财务分析就无任何意义。因此，在收集资料过程中，需要对所取得的资料进行必要的整理和核实，对财务报表和相关信息的真实性、准确性给予必要的关注。

2.1.4 确定分析标准

财务分析过程也是一个判断和评价的过程，而判断和评价就必须要有标准，建立相应分析标准是进行判断和评价、进而得出相关结论的前提。由于财务分析的具体对象是特定企业，判断和评价企业财务状况和经营成果好坏、优劣，需要选择与该特定企业相适应的分析标准进行比较。同时，由于财务分析所依据的数据资料的归属期可能不同，如历史数据、现实数据和未来的预测数据，在具体分析时应根据分析问题的时间属性合理地选择分析标准。

2.1.5 选择分析方法

常用的分析方法有比较分析法、比率分析法、因素分析法和趋势分析法等，这些方法各有特点，分别适合于不同的分析项目。在全面的财务分析中，应将不同方法结合运用。

2.1.6 形成分析结论

通过上述步骤，运用特定方法计算出相关指标值，并与选定的分析标准进行比较后，可以就相关财务状况和经营成果作出相应的判断，形成相应的分析结论。对于内部财务分析，还需要揭示企业财务管理中存在的问题或不足，对一些重大问题，还需要进行深入、细致的进一步分析，找出问题背后的原因，采取相应对策加以改进。得出财务分析结论后，在必要时应形成分析报告，并通过适当方式将这些分析结论或分析报告传递给决策者，为相关决策提供依据。

2.2 财务分析方法

财务分析是一项技术性较强的工作，比较讲究方式、方法。财务分析方法多种多样，概括起来，主要有四种：①比较分析法；②比率分析法；③因素分析法；④趋势分析法。

2.2.1 比较分析法

比较分析法是通过分析项目或指标值变化的对比，确定差异、分析和判断企业经营情况和财务状况的一种方法。比较分析法是财务分析中最常用的方法之一，比较的方法是人们认识和了解客观事物或现象的基本方法，通过比较分析，可以发现差异，揭示差异产生的原因；通过比较分析，可以判断企业经营活动和财务状况的发展方向。

按照比较对象的不同，比较分析法可以细分为绝对数比较分析、绝对数增减变动分析和百分比增减变动分析三种形式。

1. 绝对数比较分析

绝对数比较分析是将各报表项目的绝对数额与比较对象（基础）进行对比，寻找差异及原因的一种方法。绝对数比较分析一般通过编制比较财务报表进行，包括比较资产负债表和比较利润表。比较资产负债表是将两期或两期以上的资产负债表项目分期并列于一张报表上，以直接观察资产、负债及所有者权益各项目增减变化的绝对数；比较利润表是将两期或两期以上的利润表项目分期并列于一张报表上，以直接观察利润表内每个项目增减变化的情况。比较财务报表的具体编制方法将在后面详细介绍。

2. 绝对数增减变动分析

从绝对数角度比较资产负债表、利润表、现金流量表和所有者权益变动表，虽然可以观察各项目的增减变化，但还不够直观和明朗。绝对数增减变动分析就是在上述比较财务报表内每期增加"增减变动金额"一栏，计算比较对象各项目之间的差异额，从而将增减变动情况更加具体化，帮助报表使用者获得更加明确的数额。因此，绝对数增减变动分析实际上是绝对数比较分析的一种补充。

3. 百分比增减变动分析

绝对数增减变动分析虽然比绝对数比较分析提供更多、更具体的信息，但仍然是以绝对数为基础的比较，不可避免地要受到规模因素的影响，进而影响分析和判断。如通过绝对数比较，资产负债表某项目增加 10 万元，但仅依靠这一数据分析者无法判断被分析企业与分析标准之间是否存在较大差异，倘若该项目的基数是 10 000 万元，这一差异是可以忽略的；反过来如果项目基数是 20 万元，那么这一差异就是显著的，具有重要性，需要作进一步的深入分析。为消除项目绝对规模要素对比较结果的影响，可将增减变动的绝对数额简化为百分比形式，即在计算增减变动额的同时，计算出增减变动百分比，其计算公式为：

增减变动额＝项目本期额－项目基期额

增减变动百分比＝(项目本期额－项目基期额)÷项目基期额×100%

通过计算增减变动百分比并列示于比较财务报表中，可以显示不同年度增减变动的相关性，使报表使用者更一目了然，见表 2-1。

按照比较标准的不同，可以将比较分析法分为：与经验标准比较、与目标标准比较、与历史标准比较、与行业标准比较等。分析过程中可以根据实际情况选择其中的一种或多种标准进行比较。

表2-1　XYZ公司比较资产负债表(资产部分简化)

资　产	20×1年 (1)/元	20×2年 (2)/元	增减变动 金额(3)/元 (3)=(2)-(1)	增减变动 百分比/% (4)=(3)/(1)
货币资金	154 000	167 890	13 890	9.02
应收账款	16 874 990	12 778 000	-4 096 990	-24.28
存货	35 887 000	34 932 100	-954 900	-2.66
预付账款	34 900	127 600	92 700	265.62
其他流动资产	300 000	300 000	0	0.00
长期投资	200 000	300 000	100 000	50.00
固定资产净值	58 790 000	64 755 000	5 965 000	10.15
递延资产	35 000	23 000	-12 000	-34.29
其他资产	256 000	453 000	197 000	76.95
资产总计	112 531 890	113 836 590	1 304 700	1.16

必须指出，使用比较分析法时，应注意指标的可比性，包括指标内容、时间长度、计算口径、计价基础等各个方面，在企业间进行同类指标对比时，还要考虑企业间的可比性，以防止得出偏颇或错误的结论。同时，计算变动百分比虽然可以在一定程度上反映企业经营的增长性，但由于受计算基数的影响，也有其局限性，具体表现在以下几方面：①如果计算基数的金额为零，不管实际金额是多少，变动百分比就无意义；②如果计算基数的金额为负值，变动百分比就为负值，出现与实际增加的结果相反的情况；③如果计算基数的金额太小，实际变动很小的金额也会获得较大的变动百分比，容易引起误解。因此，当出现计算基数为零或较小时，应放弃使用变动百分比分析法；若出现计算基数为负值的情况，则应按照计算出来的百分比的相反数表示。

2.2.2　比率分析法

比率分析法是利用指标间的相互关系，考察、计量和评价企业经济活动效益的一种方法。比率分析技术是财务分析中最基本、最重要的分析方法。比率是一种相对指标，用以揭示指标之间的相互关系，可以将一些不可比的绝对数指标值转化为可比指标。借助财务比率分析，可以有效地发现企业财务管理中的问题，同时对于外部分析者准确把握企业财务状况也是一种简单、快速的科学分析方法。比率分析的形式有三种：①百分率形式。如投资报酬率为40%；②数量比形式。如速动比率为1∶1；③分数形式。如资产负债率为1/2。

根据分析内容和要求的不同，比率分析法主要分为相关比率分析和结构比率分析两种。

1. 相关比率分析

相关比率分析就是根据经济活动客观存在的相互依存、相互联系关系，将两个性质不同但又相互关联的指标加以对比,求得比率,以便从经济活动的客观联系中认识企业生产经营状况。相关比率分析用途广泛,形式灵活,可比性强,在财务分析实践中被广泛运用。如将经营活动净现金流量、流动资产、速动资产等项目分别与流动负债对比,可分别得到净现金流量负债比、流动比率和速动比率等指标,从而获得比经营活动净现金流量、流动资产、速动资产等各项目更为深刻、更有意义的短期偿债能力信息;净现金流量负债比、流动比率和速动比率等指标则可以从不同侧面和角度揭示企业短期偿债能力的大小。

2. 结构比率分析

结构比率分析也叫构成比率分析,是指通过计算某项财务指标的各个组成部分占总体的比重,分析指标内部结构的变化,从而把握该项经济活动的特点与变化趋势。结构比率分析具有细化、深化分析的作用,如将各资产项目与总资产比较,可得到各资产项目的比重,获得企业资产结构、投资结构等重要信息,为优化企业投资结构指明重点和方向;如果把利润表各构成项目分别与营业收入比较,可得到各构成项目的营业收入比,可将企业盈利能力分析进一步深化到盈利结构,从而获得企业盈利能力的来源与重点等关键信息。

虽然比率分析法被认为是财务分析的基本方法,但应用比率分析法时仍应注意其局限性:①比率的变动可能仅仅被解释为两个要素之间的变动,而事实上可能并非如此,单个因素、其他因素也可能影响比率的变化;②难以综合地反映比率与据以计算该比率的财务报表之间的联系;③比率给人不可靠的印象,因为两个因素之间的比率往往都是局部的联系;④比率不能给分析者关于财务报表关系的综合观点,而这种综合观点在财务分析中是非常重要的。

 延伸阅读

真正重要的是人

温斯托克勋爵(Lord Weinstock)是一位颇有影响力的实业家,他的经营风格和哲学影响着许多英国公司的经营行为。他长期管理着一家大型工程公司——英国通用电气公司(GEC PLC)。在经营中,温斯托克勋爵很看重用财务比率来评价公司业绩和实施对公司的管理,特别是重视与营业成本、应收账款、利润和存货有关的财务比率。不过,他也十分清楚财务比率的局限性并始终相信利润本质上是由人创造的。

温斯托克勋爵在他为英国通用电气公司经理人员所写的备忘录中指出,财务比率只能帮助而不能替代优秀的经理层。他写道:经营比率是非常有价值的效率评价指标,但这些比率仅是衡量指标而不是效率本身。产品设计的改进、成本的下降和营业收入的上升不是靠统计来完成的。如果滥用这些比率,那么这些比率会诱使人们为取得表面的、假的增长而折耗资源……管理永远指的是判断,对产品和生产过程的了解,还有人际沟通及其技能。财务比率反映的是上述各项活动的执行情况以及与他人的比较,财务比率绝对不会告诉人们如何执行这些任务,而这些任务则需要由经理人员来完成。

2.2.3 因素分析法

因素分析法是根据分析指标与其影响因素之间的关系,按照一定的程序和方法确定各因素对分析指标差异影响程度的一种技术方法。因素分析法是经济活动分析中主要方法之一,在财务分析中也有广泛的运用。

因素分析法依据其分析特点,可以分为连环替代法和差额计算法两种。

1. 连环替代法

连环替代法是因素分析法的基本形式。为准确理解和运用该方法，首先应明确连环替代法的一般程序。

1) 连环替代法的一般程序

连环替代法的一般程序由以下几个步骤组成。

(1) 确定分析指标与其影响因素之间的关系。要认识分析指标与其影响因素之间的关系，最常用的方法就是指标分解法，即将财务指标在计算公式的基础上进行分解或扩展，从而得出各影响因素与分析指标之间的关系表达式。如总资产报酬率指标，按其形成过程作如下分解：

$$酬率 = \frac{息前利}{平均} \times 100\% = \frac{收入}{平均} \times \frac{息前利}{收入} \times 100\%$$

$$= \frac{值}{平均} \times \frac{收入}{值} \times \frac{息前利}{收入} \times 100\%$$

$$= 值率 \times 品售率 \times 售利率$$

分析指标与影响因素之间的关系式，既能说明哪些因素影响分析指标，又能说明这些因素与分析指标之间的关系及其顺序。上式中，影响总资产报酬率的因素可以分解为三个：总资产产值率、产品销售率和销售利润率，它们均与总资产报酬率成正比例关系，其排列顺序是总资产产值率在前，产品销售率居次，销售利润率最后。

(2) 确定分析指标体系和分析对象。根据分析指标，分别按基期、报告期列出表达式，即可得到相应的指标体系。使用因素分析法的目的是了解各因素影响的差异，因此，分析对象就是各指标变动对分析指标的影响额。对于上例总资产报酬率指标而言，可以形成两个指标体系：

基期总资产报酬率＝基期总资产产值率×基期产品销售率×基期销售利润率
实际总资产报酬率＝实际总资产产值率×实际产品销售率×实际销售利润率

分析对象＝实际总资产报酬率－基期总资产报酬率

(3) 连环顺序替代，计算替代结果。所谓连环顺序替代就是以基期指标体系为计算基础，用实际指标体系中的每一因素的实际数顺序地替代其相应的基期数，每次替代一个因素，替代后的因素就被保留下来；计算替代结果，就是在每次替代后，按关系式计算其结果。有几个因素就需要替代几次。

(4) 比较各因素替代结果，确定各因素影响程度。将每次替代所形成的结果与该因素被替代前的结果进行比较，二者的差额就是替代因素对分析指标的影响额。

(5) 检验分析结果。检验过程就是将各因素对分析指标的影响额加计求和，其代数和应等于分析对象，即报告期与基期的指标值差异额。如果二者相等，说明分析结果可能是正确的；如果二者不相等，则说明分析结果一定是错误的。

2) 运用连环替代法必须特别注意的要点

连环替代法的程序或步骤是紧密相连、不可或缺的，任何一个步骤出现错误，都会导致分析结论的错误。因此，运用连环替代法必须特别注意以下几个要点。

(1) 因素分解的相关性。因素分解的相关性是指分析指标与影响因素之间必须真正相关，或者说有实际的经济意义，这里的因素分解不同于数学上的因式分解。比如，把材料费用作如下两种分解，在数学上都是成立的：

材料费用＝产品产量×单位产品材料费用

材料费用＝工人人数×每人消耗材料费用

但从经济意义上看，只有第一个分解式是正确的，后一个分解式在经济上没有任何意义，并不能具体解释任何生产经营问题。有的时候有经济意义的因素分解式并非唯一的，一个指标从不同角度可能能够分解为具有不同经济意义的表达式。因此，应根据分析目的和要求，确定适当的因素分解式，以寻求分析指标变动的真正原因。

（2）因素分析法的假设条件。运用因素分析法在考察某一因素对分析指标的影响时，总是假定其他因素不变，否则就无法分清各个具体因素的影响。但事实上有些因素对分析指标的影响是多因素共同作用的结果，共同影响的因素越多，这种分析的准确性就越差。因此，在因素分解时，并非分解得越细越好，而是要分析各因素的具体特点，避免将那些相互影响较大的因素进行再分解。

（3）因素替代的连环性与顺序性。连环性是指因素替代环环相扣，即将某一因素替代后的结果与该因素替代前的结果对比，依此类推；顺序性实际上是保证连环性的内在要求，即在因素替代时应严格地按照分析指标的内在构成顺序进行。一般规则是：先替代数量因素，后替代质量因素；先替代简单因素，后替代复杂因素。

【例 2－1】 某公司连续两年有关总资产报酬率、总资产产值率、产品销售率和销售利润率的资料见表 2－2。试分析各因素对总资产报酬率的影响程度。

表 2－2 总资产报酬率及其影响因素资料表

单位：%

指 标	20×2 年（报告期）	20×1 年（基期）
总资产产值率	98.50	92.0
产品销售率	98.0	95.0
销售利润率	40.0	34.50
总资产报酬率	38.612	30.153

根据连环替代法的程序和总资产报酬率指标的分解式，可得出：

报告期指标体系（20×2 年）：$98.5\% \times 98\% \times 40\% = 38.612\%$

基期指标体系（20×1 年）：$92\% \times 95\% \times 34.5\% = 30.153\%$

分析对象：$38.612\% - 30.153\% = 8.459\%$

在此基础上，进行顺序连环替代，并计算替代后的结果：

基期指标体系：$92\% \times 95\% \times 34.5\% = 30.153\%$

替代第一个因素：$98.5\% \times 95\% \times 34.5\% = 32.283\%$

替代第二个因素：$98.5\% \times 98\% \times 34.5\% = 33.303\%$

替代第三个因素：$98.5\% \times 98\% \times 40\% = 38.612\%$

据此，可确定各因素对总资产报酬率的影响如下：

总资产产值率的影响：$32.283\% - 30.153\% = 2.130\%$

产品销售率的影响：$33.303\% - 32.283\% = 1.020\%$

销售利润率的影响：38.612%－33.303%＝5.309%

最后检验分析结果：2.130%＋1.020%＋5.309%＝8.459%

分析结果说明，该公司报告期总资产报酬率比基期上升了8.459%，这一结果受到三个因素影响，其中总资产产值率上升使总资产报酬率提高了2.130%，产品销售率提高贡献了1.020%，而销售利润率提高则贡献了5.309%。

2. 差额计算法

差额计算法是连环替代法的一种简化形式，其原理与连环替代法相同，区别只在于分析程序上更为简化，即它可直接利用各影响因素的实际数与基期数的差额，在其他因素不变的情况下，计算各因素对分析对象的影响程度。也可以这样理解，差额计算法是将连环替代法的第三、四步合并为一个步骤，具体做法是：确定各因素的实际数与基期数的差额，并乘以排列在该因素前面各因素的实际数和排列在该因素后面各因素的基期数，所得的乘积就是该因素变动对分析指标的影响数。以上述［例2-1］的资料，运用差额计算法进行分析的过程和结果如下：

分析对象：38.612%－30.153%＝8.459%

要素分析：

总资产产值率的影响：(98.5%－92%)×95%×34.5%＝2.130%

产品销售率的影响：98.5%×(98%－95%)×34.5%＝1.020%

销售利润率的影响：98.5%×98%×(40%－34.5%)＝5.309%

最后检验分析结果：2.130%＋1.020%＋5.309%＝8.459%，与连环替代法分析结果相同。

运用差额计算法除了应遵循连环替代法的基本要求外，还应注意其运用时的限制，并不是所有的连环替代法都可以按照差额计算法进行简化，除非所有的影响因素均可表达为连乘关系，否则就不应使用简化方法。试观察下列的例子：

【例2-2】 某公司有关成本见表2-3，要求确定各因素变动对产品总成本的影响程度。

表2-3 某公司成本资料

项目	20×2年(报告期)	20×1年(基期)
产品产量/件	1 200	1 000
单位变动成本/元	11	12
固定成本总额/元	10 000	9 000
产品总成本/元	23 200	21 000

产品总成本与其影响因素之间的关系式为：

产品总成本＝产品产量×单位变动成本＋固定成本总额

运用连环替代法可分析如下：

分析对象：23 200－21 000＝＋2 200

20×1年(基期)：1 000×12＋9 000＝21 000

20×2年(报告期)：

替代产品产量：1 200×12+9 000=23 400

替代单位变动成本：1 200×11+9 000=22 200

替代固定成本总额：1 200×11+10 000=23 200

产品产量变动的影响：23 400−21 000=2 400

单位变动成本变动的影响：22 200−23 400=−1 200

固定成本总额变动的影响：23 200−22 200=1 000

各因素影响之和为：2 400−1 200+1 000=2 200

与分析对象相同。

如果直接运用差额计算法，则有：

产品产量变动的影响：(1 200−1 000)×12+9 000=11 400

单位变动成本变动的影响：1 200×(11−12)+9 000=7 800

固定成本总额变动的影响：1 200×11+(10 000−9 000)=14 200

各因素影响之和为：11 400+7 800+14 200=33 400

不等于分析对象 2 200，说明存在显然的错误，原因在于产品总成本的因素分解式之间不是纯粹的乘积关系，具体而言就是固定成本总额因素是单独发挥作用的，与其他因素之间不存在相互影响。此时，运用差额计算法对连环替代法的简化应按下列方式进行分析：

产品产量变动的影响：(1 200−1 000)×12=2 400

单位变动成本变动的影响：1 200×(11−12)=−1 200

固定成本总额变动的影响：10 000−9 000=1 000

各因素影响之和为：2 400−1 200+1 000=2 200

与分析对象相等。因此，可以得出这样的规则：凡是在因素分解式中存在加、减、除运算时，不能直接运用差额计算法的一般程序进行简化。

2.2.4 趋势分析法

趋势分析是根据企业连续数期的财务报表，运用指数确定分析期各有关项目的变动情况和发展趋势的一种分析方法。趋势分析法一般以第一期(年份)或选择某一期(年份)为基础，计算每期各项目与基期同一项目的趋势百分比或趋势比率及指数，形成一系列具有可比性的百分数或指数，以揭示各期财务状况和经营情况的增减变化的性质和方向，故一般又被称为水平分析。

趋势分析法将各分析期间的报表和分析资料按照同一基础予以换算，并以指数或百分比表示，不但能够化繁为简，反映企业总体财务状况和经营成果以及各单项内容的发展趋势，而且也可以从对过去历史情况的研究、观察和分析中把握企业未来的发展趋势。趋势分析法的核心概念是趋势百分比，它是用来表示财务报表项目在不同期间的百分比关系，按其基期选择的不同有定基趋势百分比和环比趋势百分比两种形式，其计算公式分别为：

定基趋势百分比=分析期数额/确定基期数额×100%

环比趋势百分比=分析期数额/上期数额×100%

定基趋势百分比是以某一确定时期的各项目数额为比较标准，计算并分析各期相对于此确定时期的各项目之间的差异；环比趋势百分比是以上期各项目数额为比较标准，计算并分析各期相对于上期各项目数额之间的差异。上述两种分析方法的实质是一致的，只是分别侧重于从不同角度对财务趋势进行考察，在实际财务分析过程中，可以根据实际情况和分析需要，选择其中一种分析方法，或者将两种分析方法结合起来使用。

2.3 财务分析信息

2.3.1 财务分析信息的作用

财务分析信息是指用于财务分析的所有信息。财务分析信息是财务分析的基础和不可分割的组成部分。它对于保证财务分析工作的顺利进行，提高财务分析的质量与效果都有着重要的作用，概括起来主要体现在以下几方面。

（1）财务分析信息是财务分析的基本依据。财务分析实际上是对财务信息和其他信息的分析，离开这些信息，财务分析就是"无源之水""无米之炊"。所以，占有必要的财务分析信息是进行财务分析的基础和前提。

（2）获取财务分析信息是财务分析的重要内容。财务分析过程在一定程度上可以理解为财务分析信息搜集、整理和加工的过程，如何根据财务分析的不同目的和要求，获取满足财务分析需要的财务分析信息也就构成财务分析的重要步骤和内容。

（3）财务分析信息的充分性决定着财务分析的质量与效果。充分的信息是形成准确财务分析结果的必要保障，财务分析的质量与效果取决于占有财务分析信息的数量和质量，而财务分析信息是否充分又取决于信息的完整性、可靠性和及时性。

2.3.2 财务分析信息的分类

财务分析信息是多种多样的，从不同角度可以进行不同的划分。

1. 按信息来源可分为内部信息和外部信息

1）内部信息

内部信息是指从企业内部可取得的财务分析信息。具体又包括会计信息、统计与业务信息、计划及预算信息和公司治理信息等。

（1）会计信息。会计信息是由企业会计系统生成并提供的，是财务分析信息的最主要的来源渠道和最重要的组成部分。会计信息可分为对外报送的财务会计信息和内部报送的管理会计信息。财务会计信息主要指财务会计报告，是向外部相关利益主体定期提供的、反映企业在一段时期内的财务状况、经营成果和现金流量的书面文件。根据《企业会计准则第 30 号—财务报表列报》的要求，企业应当定期向外部相关利益人报送资产负债表、利润表、现金流量表、所有者权益变动表和会计报表附注。除了定期对外报送信息外，会计系统还编制一些仅供内部管理使用的管理会计信息，主要包括责任会计报告、决策会计信息、成本报告和内部绩效评价方法与结果信息等内容。这些信息作为企业内部信息，往往涉及企业商业机密，一般不对外公开披露，而且国家相关部门也不强制企业对外报告。

（2）统计与业务信息。统计信息主要指各种统计报表和企业内部统计信息；业务信息则是指与企业各部门经营业务即技术状况有关的核算信息与报告。

(3) 计划及预算信息。主要指企业管理过程中执行的管理目标和标准，包括企业生产计划、经营计划、财务计划、财务预算以及各种消耗定额、储备定额、资金定额等。

(4) 公司治理信息。主要指关于公司所有者与经营者之间权力与责任配置的制度安排信息。公司治理涉及股东会、董事会、经理层等决策和执行层次，其责权利配置的合理性直接关系到企业未来发展。所以财务分析人员获取这种信息非常重要，这将有助于判断企业的发展前景状况。

2) 外部信息

外部信息是指从企业外部取得的各种信息。包括国家经济政策与法规信息、政府综合部门发布的信息、中介机构信息、媒体信息、企业交换的信息和国外有关信息等。

(1) 国家经济政策与法规信息。国家经济信息主要是指与企业财务活动密切相关的物价与通货膨胀率、银行利率、税率等；有关法规信息则包括会计法、税法、会计准则、审计准则、会计制度等。

(2) 政府综合部门发布的信息。即政府综合部门如统计部门、商务部门、发改委等机构发布的相关信息，常用的信息主要包括定期公布的统计公报和统计分析、经济形势分析、国民经济计划及经济形势预测、证券市场和资本市场有关股价、债息信息等。

(3) 中介机构信息。主要指会计师、资产评估等中介机构提供的公开或提交给企业管理当局的各种报告，包括审计报告、管理建议书、管理咨询报告、审核报告、资产评估报告等。

(4) 媒体信息。指各种媒体报道的各种与企业财务活动有关的信息，包括经济著作、研究成果、调查报告、经济分析和其他经济信息等。

(5) 企业交换的信息。主要指企业与同行业企业或其他业务往来企业之间相互交换的报表、业务信息等。

(6) 国外有关信息。即从国外获取的各种经济信息，获取渠道主要是国外考察、订购外国报纸杂志、国际会议交流以及互联网等。

2. 按取得信息时间的确定性可分为定期信息和不定期信息

1) 定期信息

定期信息是指企业经常需要、可定期获取的各种信息，包括年度和中期会计报表、统计月报、季报和年报、会计师审计报告等。定期信息为企业定期进行财务分析提供了可能。

2) 不定期信息

不定期信息是根据临时需要搜集的各种信息，包括宏观经济政策信息、企业不定期交换的信息、国外经济信息、报纸杂志信息等。

3. 按信息实际发生与否可分为实际信息和标准信息

实际信息是指反映各项经济指标实际完成情况的信息；标准信息是指用于作为评价标准而搜集与整理的信息，如预算信息、行业平均先进水平等。财务分析通常是以实际信息为基础进行的，而标准信息则用于评价和判断过程，通过两者的对比可分析企业财务状况和经营情况是否良好。

2.3.3 财务分析信息的质量要求

财务分析信息的质量决定着财务分析的质量与效果,如果信息是错误、过时或不准确的,就不可能保证财务分析的正确性。因此,为了保证财务分析的质量和效果,财务分析信息必须满足以下几方面的要求。

1. 财务分析信息的准确性

财务分析信息的准确性是保证财务分析质量和效果的关键,也是对财务分析信息质量的基本要求,错误的财务分析信息必然导致财务分析结论的错误,使用者只有依据准确的分析信息才能得出正确的分析结论。财务分析信息的准确性取决于信息本身的准确性和获取信息过程的准确性或信息使用的准确性。为保证财务分析信息的准确性,应全面准确地掌握企业各种信息的范围、计算方法等,并紧密结合企业具体情况进行相关的数据处理。

2. 财务分析信息的完整性

财务分析信息应当反映企业财务活动的全貌,只有完整的财务分析信息才能满足各方面对财务信息的需要。财务分析信息的完整性是保证财务分析效果和质量的必要条件,要求财务分析信息必须在数量和种类上满足财务分析目的的需要,如果必需的数量有所欠缺或者所应依据的种类不齐全,则难以得出客观公允的分析结果。比如,进行投资收益率分析时,必须兼备利润表和资产负债表信息,二者都不可缺少。在通货膨胀情况下,投资收益的相关分析还要获取通货膨胀率信息,以真实地评价企业投资报酬水平。

3. 财务分析信息的相关性

财务分析信息的相关性也称财务分析信息的目的性,其含义包括两方面:一是各种财务分析信息的用途可以获知,如各种财务报表能提供哪些具体的信息,这些信息又可用于哪种分析等;二是不同的分析目的所需要的信息可以获知,如进行盈利能力分析依赖利润表信息,进行偿债能力分析依赖资产负债表信息等。财务信息的相关性为准确、及时地搜集和整理财务分析信息提供了重要保证。

4. 财务分析信息的系统性

财务分析信息的系统性要求包括两方面:一是财务分析信息的连续性,即各期进行财务分析所依据的信息在各分析期之间保持连贯性;二是财务分析信息的分类、保管的科学性,即应该按照科学的方法和合理的程序对财务分析信息进行分类和管理,使进行各种目的的财务分析都可便利地获取所需的信息。

5. 财务分析信息的及时性

及时性是财务分析信息的重要特征和基本要求,财务分析信息的及时性是指按照财务分析的不同目的和要求,在财务分析所需要的时限内提供信息。财务分析信息只有及时地传递给信息使用者,才能为使用者的决策提供依据,否则,即使是真实可靠和内容完整的信息,由于提供不及时,对报表使用者而言,也是没有任何价值的。定期分析的及时性取决于定期分析信息的及时性,比如,只有及时编报财务报表,才能保证报表分析的及时性。不定期的财务信息也有重要作用,在日常工作中应注意搜集和整理,以便在需要时能及时地提供出来，满足临时性财务分析的需要。

2.3.4 财务分析标准信息

财务分析标准信息是财务分析过程中据以评价分析对象的基准信息。对企业财务状况和经营成果的分析和评价，需要进行比较和鉴别，以便区分优劣。财务分析是进行优劣判断的过程，而"优""劣"都是相对的，孤立的财务指标不能反映分析对象的状态，通常必须借助比较方法，而进行比较就必须首先建立标准。因此，财务分析过程也就是采用特定方法进行比较的过程，这一比较的基准就是财务分析的标准信息，获取这种标准信息是进行财务分析的前提。实践中财务分析标准通常有以下几种。

1. 经验标准

经验标准指该标准的形成主要是依据大量的财务活动实践的经验总结并经财务活动实践检验、被广泛接受和采纳的标准。经验标准是财务分析过程中经常采用的一种判断标准，如流动比率一般不低于2就是一种经验标准。

2. 目标标准

目标标准亦称预计标准、理想标准等，它是指企业内部或外部分析者根据企业预算、企业计划等管理目标所确定的预计最佳标准或理想标准。目标标准主要用于企业内部考核，通过实际完成情况与理想标准之间的比较，可以对企业实现目标程度或计划完成情况进行分析和判断。

3. 历史标准

历史标准是指以企业历史上的最佳状况作为比较基准。运用历史标准可以剔除外部因素的影响，以真实地反映企业发展状况和业绩水平。因此该标准是一种内部标准，由于不受横向企业间各种差异的影响，在内部评价中比较可靠。但采用历史标准可能导致保守倾向，同时当企业生产经营条件发生较大改变时，这一标准的适用性就会降低。

4. 行业标准

行业标准是指同行业企业在相同时期的平均水平。行业标准是财务分析中最常用的分析标准，它按行业制定，反映行业财务状况和经营状况的基本水平。通过企业实际数据与行业标准的比较，能够直接反映企业在行业中所处地位与水平，并据以作出判断。

上述各种标准信息中，目标标准可以根据企业计划或预算，在各种预计财务报表中获得；历史标准和行业标准则可以直接查询或通过算术平均法、中位数法和报表汇总法等确定。

财务分析标准的实质是从不同侧面形成比较的参照物，实际运用时应根据分析目的，选择恰当的分析基准。如果财务分析的目的是考察计划或预算执行情况，则应选择目标标准；若对企业发展趋势进行评估，则应使用历史标准；外部分析者对企业进行独立评价时，应首选行业标准；若企业所处行业的相关数据容易获得，可使用行业标准，否则可考虑选用其他标准。总体而言，分析标准的选择是相对灵活的，并且在分析过程中通常也未必只选择一种标准，更多情况下是综合运用各种标准，以对企业财务状况和经营成果进行全方位分析考察。此外，在选用分析标准时，必须注意分析对象与分析标准之间的可比性，即据以形成标准的同行业其他企业与本企业历史时期、预算期内的企业性质、生产规模、会计期间、会计政策和财务政策等方面应尽可能地保持一致。当通货膨胀比较严重时，还应采用适当方法将物价波动对企业财务状况和经营成果的影响予以消除。

阅读材料

审计报告的"马脚"

上市公司年报正文开始是"重要提示"部分，篇幅很短，只有两三百字，主要内容是上市公司董事、监事、高管以及会计师事务所对年报真实性所作的判断。其中，会计师事务所对年报中财务报表作出的审计报告类型，值得重视，它相当于会计师事务所对财务报表出具的一份质量鉴定书。

四种不合格产品

上市公司在年报中披露的财务报表，由上市公司自己编制，其真实性、准确性与完整性，除了需要上市公司董事、监事、高管担保外，还需要会计师事务所作为独立方进行审计。审计后，事务所要出具审计报告。

审计报告分为两种：一种是标准无保留意见审计报告；另一种是非标准意见审计报告。前者表明，会计师认为财务报表质量合格。非标准意见审计报告，是会计师认为财务报表质量不合格。

当然，不合格的程度也有所区分，按照程度不同，非标意见被分为四种：

带强调事项段的无保留意见审计报告；

保留意见的审计报告；

否定意见的审计报告；

无法表示意见的审计报告。

通俗地讲，第一种报告意味着会计师认为报表存在瑕疵；第二种是认为报表存在错误；第三种说明会计师认为报表存在相当严重的问题；而第四种无法表示意见，则说明会计师认为报表满纸荒唐言，已无话可说了。

有一点需提醒投资者注意，"重要提示"中只会列示审计报告的类型，而审计报告的具体内容则出现在年报财务会计报告的开始部分。标准意见审计报告的内容几乎完全一致，投资者不必看了；而非标意见则会因为各公司不同的情况，有很大区别，注册会计师会在其中明确阐述出具非标意见的原因。对这个审计报告，投资者要认真阅读。

君子不立危墙之下

一般而言，如果会计师事务所出具的是标准意见审计报告，则说明上市公司财务报表的可信度有了比较大的保证。

当然，这种保证也不是百分之百的。在现实中，也会出现被会计师事务所认为合格的财务报表，最终却被证实是"伪劣产品"的事例。在国内证券市场中，有名的"银广夏案"、"蓝田案"就是如此。当然，这是小概率事件，投资者恰巧遇到这样的事，并因此蒙受重大损失的可能性并不大。

如果会计师出具了非标意见，对这样的公司，投资者在投资时则要慎之又慎，特别是上述四种非标意见中的后三种，普通投资者对这样的上市公司，最好是避之唯恐不及。古语所谓君子不立危墙之下，就是这个道理。

事故多发地带

从过去几年的情况看，非标意见在全部审计报告中的比例，每年都维持在11%的水平，其中带强调事项段的无保留意见审计报告，在非标意见中所占的比例大概是60%。也就是说，在四种非标意见中，比较严重的后三种，在全部审计报告中所占比例一般保持在5%左右。

以往的事实表明，非标意见一般集中于资产质量差的公司、微利公司、亏损公司。对这些公司来说，它们面对业绩评价的巨大压力，较其他公司而言，更有粉饰报表进行财务造假的动机。比如，按照规定，连续三年亏损的上市公司会被暂停上市，有些公司为避免暂停上市，就铤而走险，在财务报表上做手脚。这样的公司被出具非标意见的概率就很大。

非标意见的多发地带，从一个侧面也说明了业绩差的公司财务报表造假的可能性较之其他公司要大。对此，投资者必须心中有数。

连锁后果不可小觑

上市公司的年报被出具非标意见，还会出现一系列连锁后果。

第一，上市公司再融资可能受阻。按照《上市公司证券发行管理办法》的规定，如果上市公司最近三年及最近一期的财务报表，被注册会计师出具保留意见、否定意见或无法表示意见的审计报告，则上市公司就失去了公开增发、配股、发行可转换债券的资格。

第二，上市公司股权激励可能无法实施。大多数上市公司实施股权激励时，都将会计师事务所对财务报表出具标准意见的审计报告作为前提条件。

第三，成份股剔除。在沪深交易所推出的一系列指数里，其指数成份股的选择标准中，不少就将上市公司财务报表未被出具非标意见审计报告作为前提条件，比较典型的如上证治理指数即是如此。由于一些投资基金将选股范围与指数成份股挂钩，因此，一旦上市公司被从成份股中剔除，必将导致机构投资者大规模抛售股票，从而造成股价大跌。

第四，股改追加对价。在上市公司股改时，一些公司的股改方案曾提出如果上市公司财务报表被出具非标意见的审计报告，原有的非流通股股东将向流通股股东送股票。相对前三种连带后果，这一后果对投资者可能较为有利。至于是否送股以及送多少股票，投资者可以查询上市公司当初的股改方案。

会计师事务所信誉

即使财务报表被会计师事务所出具了标准意见审计报告，也不能百分之百保证财务报表的真实性。那么投资者如何避免"踩雷"呢？

会计师事务所的生存发展，主要靠的是信誉，也就是说，只有其出具的审计报告没有问题或者出问题的概率很低，其审计的财务报表经得起考验，事务所才可能揽到更多的业务，才可能发展壮大。从这个意义上讲，那些知名的规模大的会计师事务所，较之不知名的规模小的事务所，其审计的财务报表出问题的概率要小。

至于哪些事务所规模大、能力强，投资者不妨参考一下中国注册会计师协会每年发布的"会计师事务所综合评价前百家信息"。投资者如果感兴趣可以登录中注协网站查询(www.cicpa.org.cn)。

更换会计师事务所

投资者在阅读年报时，要注意上市公司是否更换了出具审计报告的会计师事务所。在年报"重大事项"部分，对此有详细说明。

其原因在于，如果会计师事务所要出具非标意见的审计报告，而上市公司对此无法接受，当这种矛盾极端激化时，上市公司就有可能采取更换会计师事务所的方式，以得到其希望得到的审计报告。因此，上市公司更换会计师事务所，特别是更换理由不充分时，投资者就要保持高度警惕。现实中的案例说明，在进行财务造假的上市公司中，很多公司就出现过更换会计师事务所的行为。

按照规定，上市公司解聘会计师事务所或者会计师事务所辞聘，上市公司与会计师事务所均应报告中国证监会和交易所并披露其原因，并对所披露信息的真实性负责。被解聘的会计师事务所对被解聘的理由如有异议，有权向上市公司股东大会申诉，同时可以要求公司披露，公司也有义务对此披露。

投资者对更换会计师事务所的情况务必保持高度关注。

——摘自袁克成，明明白白看年报(有删改)

来源：第一财经日报

本 章 小 结

财务分析应遵从科学的分析程序,财务分析的基本程序包括确定分析目的、明确分析范围、收集分析信息、确定分析标准、选择分析方法和作出分析结论等步骤。

财务分析方法具有多样性,主要有比较分析法、比率分析法、因素分析法和趋势分析法四种。比较分析是人们认识和了解客观事物或现象的基本方法,可分为绝对数比较分析、绝对数增减变动分析和百分比增减变动分析三种形式。比率分析法是利用指标间的相互关系,考察、计量和评价企业经济活动效益的一种方法。比率分析技术是财务分析中最基本、最重要的分析方法,具体包括相关比率分析和结构比率分析。因素分析法是根据分析指标与其影响因素之间的关系,按照一定的程序和方法确定各因素对分析指标差异影响程度的一种技术方法,可以分为连环替代法和差额计算法。趋势分析是根据企业连续数期的财务报表,运用指数确定分析期各有关项目的变动情况和发展趋势的一种分析方法。

财务分析信息是财务分析的基础和不可分割的组成部分,对于保证财务分析工作的顺利进行,提高财务分析的质量与效果都有着重要的作用。根据不同的分类标准,财务分析信息可进行内部信息和外部信息、定期信息和不定期信息、实际信息与标准信息等划分。财务分析信息必须满足准确性、完整性、相关性、系统性和及时性等方面的要求。财务分析标准信息通常包括经验标准、目标标准、历史标准和行业标准。

中英文对照专业名词

财务分析程序 financial analysis procedure
财务分析方法 financial analysis methods
比较分析法 comparative analysis method
比率分析法 ratio analysis method
趋势分析法 trend analysis method
因素分析法 factor analysis method
财务分析信息 financial analysis information
财务分析标准 financial analysis standard
经验标准 experience standard
目标标准 objective standard
历史标准 historical standard
行业标准 industry standard

本章链接

国家发改委(http://www.sdpc.gov.cn/)
国家统计局(http://www.stats.gov.cn/)
中注协网站(www.cicpa.org.cn)
中国证券网(http://www.cnstock.com/)
巨潮资讯网(http://www.cninfo.com.cn/)

中国会计学会，《会计研究》（Accounting Research）
中国财政杂志社，《财务与会计》（Finance & Accounting）

思考与练习

一、选择题

1. 财务分析方法包括（　　）。
   A. 比较分析法　　　B. 比率分析法　　　C. 结构分析法　　　D. 效率分析法
   E. 因素分析法　　　F. 趋势分析法
2. 按照比较对象的不同，比较分析法可以细分为（　　）多种形式。
   A. 绝对数比较分析　　　　　　　　　B. 相对数比较分析
   C. 绝对数增减变动分析　　　　　　　D. 相对数增减变动分析
   E. 百分比增减变动分析　　　　　　　F. 因素增减变动分析
3. 影响总资产报酬率的因素可以分解为（　　），它们均与总资产报酬率成正比例关系。
   A. 资产负债率　　　　　　　　　　　B. 净资产收益率
   C. 总资产产值率　　　　　　　　　　D. 产品销售率
   E. 销售利润率　　　　　　　　　　　F. 成本费用利润率
4. 运用连环替代法在因素替代时应严格地按照分析指标的内在构成顺序进行。一般规则是（　　）。
   A. 先替代质量因素　　　　　　　　　B. 后替代数量因素
   C. 先替代数量因素　　　　　　　　　D. 后替代质量因素
   E. 先替代简单因素，后替代复杂因素　F. 先替代复杂因素，后替代简单因素

二、简答题

1. 财务分析有哪些基本程序？
2. 比率分析的主要作用及其优缺点是什么？
3. 应用因素分析法应注意哪些问题？
4. 财务分析信息的质量应满足哪些要求？
5. 会计师的审计意见有哪几种类型？分别在什么情况下适用？
6. 会计师意见和审计报告对财务分析有何作用？
7. 行业标准适合在何种环境下使用？
8. 预算标准有何作用？
9. 举例说明经验标准在判断中如何运用。

三、计算分析题

XYZ公司2014年11月30日资产负债表（简化）见表2-4。

表2-4 资产负债表(简化)

编制单位：XYZ公司 2014年11月30日   单位：万元

资产		负债与所有者权益	
项目	金额	项目	金额
流动资产	201 000	流动负债	98 000
其中：速动资产	98 700	长期负债	119 100
固定资产净值	232 500	负债合计	217 100
无形资产	145 000	所有者权益	361 400
总计	578 500	总计	578 500

要求：(1) 计算流动比率、速动比率和资产负债率。

(2) 根据你所了解的经验标准进行简单评价。

第二篇

财务报表分析

第3章 资产负债表分析

教学目标与要求

本章主要介绍资产负债的基本理论。通过学习应该掌握资产负债表的基本结构、资产负债表的质量评价及各资产的含义和区分,要求学生学会通过资产的质量特征来处置和使用资产,判断企业资产的价值,预测企业未来的发展状况。

本章知识要点

知识要点	能力要求	相关知识
资产负债表的结构	掌握资产负债表的结构	(1) 资产负债表的基本结构 (2) 会计计量属性
资产负债表的质量评价	掌握资产负债表的质量评价	资产负债表的质量特征
资产负债表的综合分析	掌握各项资产的含义	各项资产的含义及区分

导入案例

研究一些中国企业的财务报表很快可以发现,2003年以来是企业资产负债表数据膨胀的时期,总资产和净资产的增长都很迅速,负债也大幅度攀升,国企尤其如此。资产负债表的数据膨胀,一方面来自资金投入的连年高速增长,另一方面来自资产价格的重估。在真实利率为负的情况下资产价格的重估,部分是因为营业收入高速增长使得资产估值可以更高,还有一个重要因素,就是土地等不动产和矿产资源的价格重估。

这是中国企业界一个值得深究的现象,过去几年工业领域的资本报酬率其实并没有明显的上升,甚至呈现下降的态势;但是,为什么投资规模日益膨胀?这实际上指向了一个非常重要的问题,中国企业的经营导向到底是什么?

3.1 资产负债表的作用与结构

3.1.1 会计计量属性

会计计量,是为了将符合确认条件的会计要素登记入账,并列于财务报表而确定其金额的过程。

计量属性,是指所计量的某一要素的特性方面。例如,物体的重量、高度、密度等。从会计的角度,计量属性反映的是会计要素金额的确定基础,它主要包括历史成本、重置成本、可变现净值、现值和公允价值等。

1. 历史成本

历史成本又称实际成本,就是取得或制造某项财产物资时所实际支付的现金或其他等价物。在历史成本计量下,资产按照其购置时支付的现金或者现金等价物的金额,或者按照购置资产时所付出的对价的公允价值计量。负债按照其因承担现时义务的合同金额,或者按照日常活动中为偿还负债预期需要支付的现金或者现金等价的金额计量。

2. 重置成本

重置成本又称现行成本,是指按照当前市场条件,重新取得同样一项资产需支付的现金或现金等价物金额。在重置成本计量下,资产按照当前市场条件,重新取得同样一项资产所需支付的现金或现金等价物金额计量;负债按照现在偿付该项债务所需支付的现金或现金等价物的金额计量。

3. 可变现净值

可变现净值是指在正常生产经营过程中,以预计售价减去进一步加工成本和预计销售费用以及相关税费后的净值。在可变现净值计量下,资产按照其正常对外销售所能收到现金或现金等价物的金额扣减该资产至完工时估计将要发生的成本、估计的销售费用以及相关税费后的金额计量。

4. 现值

现值是指对未来现金流量以恰当的折现率进行折现后的价值,是考虑货币时间价值的一种计量属性。在现值计量下，资产按照预计从其持续使用和最终处置中所产生的未来净现金流入量的折现金额计量；负债按照预计期限内需要偿还的未来净现金流出量的折现金额计量。现值通常用于非流动资产可收回金额和以摊余成本计量的金融资产价值的确定等。例如，企业在处置无形资产时，通常需要计算资产预计未来现金流量的现值。

5. 公允价值

资产和负债按照在公平交易中，熟悉情况的交易双方自愿进行资产交换或者债务清偿的金额计算。在公允价值计量下，资产和负债按照在公平交易中熟悉情况的交易双方自愿进行资产交换或者债务清偿的金额计量。公允价值主要应用于交易性金融资产、可供出售金融资产的计量等。

在各种会计要素计量属性中，历史成本通常反映的是资产或者负债过去的价值，而重置成本、可变现净值、现值以及公允价值通常反映的是资产或者负债的现时成本或者现时价值是与历史成本相对应的计量属性。当然这种关系也并不是绝对的。比如，资产或者负债的历史成本有时就是根据交易时有关资产或者负债的公允价值确定的，在非货币性资产交换中，如果交换具有商业实质，且换入、换出资产的公允价值能够可靠计量的，换入资产入账成本的确定应当以换出资产的公允价值为基础，除非有确凿证据表明换入资产的公允价值更加可靠；在非同一控制下的企业合并交易中，合并成本也是以购买方在购买日为取得对被购买方的控制权而付出的资产、发生或承担的负债等的公允价值确定的。

2006年财政部颁布的会计准则规定，企业在对会计要素进行计量时，一般应当采用历史成本，采用重置成本、可变现净值、现值、公允价值计量的，应当保证所确定的会计要素金额能够取得并可靠计量。

在选用公允价值计量属性时，2006年财政部颁布的会计准则充分借鉴并考虑了国际财务报告准则中公允价值应用的三个级次，即：第一，资产或负债等存在活跃市场的，活跃市场中的报价应当用于确定其公允价值；第二，不存在活跃市场的，参考熟悉情况并自愿交易的各方最近进行的市场交易价格或参照实质上相同或相似的其他资产或负债等的市场价格确定其公允价值；第三，不存在活跃市场，且不满足上述两个条件的，应当采用估值技术等确定公允价值。

我国引入公允价值是适度、谨慎和有条件的。原因是考虑到我国尚属新兴的市场经济国家，如果不加限制地引入公允价值，有可能出现公允价值计量不可靠，甚至借机人为操纵利润的现象。因此，在投资性房地产和生物资产等具体准则中规定，只有存在活跃市场、公允价值能够取得并可靠计量的情况下，才能采用公允价值计量。

3.1.2 资产负债表的结构

资产负债表汇总公司在某一特定时点的财务状况。大多数公司需按公认会计实务的要求披露分类的资产负债表。

所谓资产负债表的结构是指其组成内容及各项目在表内的排列顺序。在资产方面，每项资产按其变现能力的强弱按顺序排列为流动资产和非流动资产；按负债偿还的先后顺序将负债分为流动负债和非流动负债；所有者权益列示在负债的下方。资产负债表遵守"资产＝负债＋所有者权益"的会计恒等式，因此资产负债表也是一个静态报表。资产负债基本框架如图3.1所示。

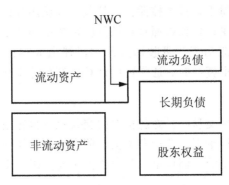

资产总额=负债+所有者权益

图 3-1 资产负债表基本框架

1. 资产负债表的作用

1）反映企业资产的构成及其状况

资产代表企业的经济资源,是企业经营的基础,资产总量的高低一定程度上可以说明企业的经营规模和盈利基础大小,企业资产的结构即资产的分布,有时能反映其生产经营过程的特点。

表 3-1 某股份有限公司资产项目结构百分比分析表

资产类别	2010年12月31日		2011年12月31日		2012年12月31日		2013年12月31日		2014年12月31日	
	金额/万元	构成比重/%	金额/万元	构成比重/%	金额/万元	构成比重/%	金额/万元	构成比重/%	金额/万元	构成比重/%
流动资产	5 789.2	31.41	7 541	35.36	9 635.2	38.72	17 253.25	42.75	14 253.27	30.78
长期投资	2 055.12	11.15	3 021.32	14.17	3 321.15	13.35	10 252.36	25.40	15 253.75	32.94
固定资产	10 015.84	54.34	10 150.81	47.59	11 250.1	45.21	11 523.25	28.55	15 264.35	32.96
无形资产	572	3.10	602.3	2.82	663.1	2.66	1 325.1	3.28	1 524.8	3.29
其他资产			13.2	0.06	15.2	0.06	8.23	0.02	10.6	0.02
资产总计	18 432.16	100.00	21 328.63	100.00	24 884.75	100.00	40 362.29	100.00	46 306.77	100.00

从表 3-1 中可以看出,该公司的流动资产总额总体上来说是呈上升趋势,但 2014 年与 2013 年相比又有所下降,下降了 11.97%;固定资产比重上升了,近两年上升了 7.54%;长期投资、无形资产等项目也有不同程度的变化。总的来说,公司资产的流动性有所下降,但固定资产投资增加了。在本例中,流动资产大约占了资产总额的 1/3,从某种程度来说,公司的生产经营是平稳的,但近两年流动资产比重又有所下降,而固定资产比重上升,这可以理解为伴随着公司的发展,公司需要进行生产规模的扩大,当然这些还需要结合公司的具体情况具体分析。

2）可以反映负债总额及其结构

资产负债表也反映企业目前与未来需要支付的债务数额,负债总额表示企业承担的债务的多少。资产负债表可以帮助我们了解负债在全部资产中的比重及负债总额的增减情况，确定企业近期和远期的偿付能力。

负债结构是指负债中短期负债与长期负债占总负债的比重，它影响到企业的财务风险。通常短期负债的风险要高于长期负债的风险，这是因为短期负债需要企业在较短时间内筹集资金偿还债务，如果有大量短期负债，企业就要经常为偿还债务而准备资金，一旦不能按时偿还，企业就有可能因为这些负债而陷入偿债危机，进而影响企业信用和再融资能力。同时，负债结构影响资金成本。企业通过不同的渠道取得资金，其资金成本是不一样的。一般而言，长期借款的资金成本要高于短期借款资金成本，债券的资金成本要高于银行借款的资本成本，企业在进行负债融资时，都希望成本越低越好，因而企业要选择合理的负债结构，降低资本成本。

3）可以反映企业所有者权益的情况

所有者权益是企业投资者对企业净资产的所有权，从数值上看，它是企业资产总额扣除负债总额后的余额。所有者权益属于企业的自有资金，可以由企业长期使用。企业所有者权益数额变动，对企业财务状况将发生重大影响。投资者投资资本增加，企业的营运资金就会增加；企业提取盈余公积、资本公积和盈余公积转增资本等虽不影响营运资金，但对企业当期和未来的财务状况有重大影响。在进行报表分析时，应特别分析所有者权益数额的变动。

表3-2 凯迪电力股份有限公司所有者权益相关数据近五年来变动情况

单位：百万元

报表日期	2014年	2013年	2012年	2011年	2010年
实收资本（或股本）	943	590	368	368	281
资本公积	12	26	230	227	77
盈余公积	197	177	143	133	135
未分配利润	1360	1150	916	774	681
归属于母公司股东权益合计	2520	1960	1680	1500	1170
少数股东权益	629	1340	1100	999	623
所有者权益（或股东权益）合计	5661	5243	4437	4001	2967

分析表3-2表明，凯迪电力股份有限公司股东权益近几年来一直呈上涨趋势，引起股东权益增加的主要有：①股本金额持续上升；②盈余公积增长速度较快；③归属于母公司股东权益在增加。从整体上来看，公司的自有资本还是很雄厚的。

4）资产负债表还可以提供进行财务分析的基本资料

如将流动资产与流动负债进行比较，计算出流动比率；将速动资产与流动负债进行比较，计算出速动比率等，可以表明企业的变现能力、偿债能力和资金周转能力，从而有助于报表使用者作出经济决策。

3.2 资产负债表的质量评价

3.2.1 资产负债表质量评价的意义

所谓资产负债表质量评价，是指资产、负债和所有者权益在不同的环境下，针对某些企业所处的不同发展阶段所表现出来的价值特性。也就是说在评价和估计资产负债表中各项的质量时不能脱离宏观环境、企业环境及企业背景，同一种资产或负债对某些企业来说是有利的，也许对另一些企业来说就成为负担甚至会危及企业破产。以负债为例，较高的负债率是房地产行业的特性之一。2008年年底至2009年秋，房地产开发企业在行业内进行了一次小规模的整合，原因之一就是当时的负债影响。由于当时整个市场处于房价及销售量的双下滑阶段，对一些规模小的房地产企业而言房子卖不出去，不能及时收回资金，偿还负债的现金不够，同时由于企业自身规模不大，在银行的资信不是很强也很难进行再融资，从而更进一步影响企业信誉，为了避免破产，许多小房地产企业选择了被并购。而对一些大型房地产开发企业而言，由于固定资产——土地的持有数量很多，对债务的抵押保证自然很好，负债的负担远远不及土地增值的快，因此这些企业反而在大环境的影响下成了整合的受益者。这时负债就充分表现出其两面性的影响，而这与企业自身状况是密不可分的。

3.2.2 资产质量的特征

企业资产质量是企业管理能力与公司治理能力的综合表现，是企业盈利能力的基础。国有资产监督管理委员会2006年对中央企业进行综合绩效评价时强调了对资产质量的评价，指出企业资产质量分析与评判主要通过资产周转速度、资产运行状态、资产结构以及资产有效性等方面的财务指标，综合反映企业所占用经济资源的利用效率、资产管理水平与资产的安全性[1]。资产的质量特征可以表述为资产的盈利性、变现性、周转性及与其他资产组合的增值性。

1. 资产的盈利性

所谓资产的盈利性，是指资产在使用过程中能够为企业创造经济利益的能力。资产的质量越高，盈利能力就越强，而盈利能力的高低影响着企业资产的流动性强弱和抵御风险的能力。盈利是企业承担风险的主要保证之一，当企业发生亏损时，首先要用积累起的收益补亏。因此，资产较高的盈利性对资本起着保护作用，可使企业经受住较大的损失。在评价资产质量时，资产的盈利性就成为必须要考虑的因素。

2. 资产的变现性

资产的变现性，是指非现金资产通过交换能够变为现金的能力，这种能力包括转变为现金的数量性和时间性。在资产负债表中同等价值的500万元的应收账款和存货在转变为现金500万元时所耗用的时间和取得的金额是不等的，因此资产负债表中的资产按照其变现能力进行了排序。资产的变现能力对于企业应对一些突发事件是至关重要的，因此企业资产能否按账面价值、高于或低于账面价值顺利及时变现是评价资产质量的重要因素。

3. 资产的周转性

资产的周转性，是指资产在企业经营活动过程中被利用的效率和周转的速度，强调的是使用效率。按照马克思的劳动价值理论，资产价值产生的根源并不在于拥有资产的时间变化，而在于劳动者在资产的周转使用过程中为社会劳动所创造的剩余价值的存在。因为企业的资产在投入经营活动后，劳动者利用资产不仅生产出新的产品，还创造了新价值，实现了价值的增值。因此，资产的周转的次数越多创造的价值也就越大，如果资产闲置，资产的周转性必然会受到损害，资产质量也不会好。马克思在《资本论》中提出，提高资本周转速度对实现剩余资本增值至关重要。

4. 与其他资产组合的增值性

与其他资产组合的增值性是指资产在特定的经济背景下，有可能与企业中的其他相关资产在使用中产生协同效应，这种能力所产生的价值要远远大于单项资产所产生的价值。从企业整体角度来分析，管理的协同性在于管理资产组合的放大作用。

3.2.3 资产质量的属性

1. 资产质量的相对性

同一种资产在不同的企业里，由于企业的经营策略和方向等的不同所产生的价值含量是相对不同的。即使在同一企业里，由于企业所处的发展阶段不同，其所发挥的效用也会相对不同。通常我们所谈的资产质量是指其物理质量，资产的物理质量通过资产的结构、性能、耐用性等方面表现出来，这些对企业来说是显而易见的。对于企业财务报表的外部使用者来说可能更多的是基于其物理性质量来预计其在未来的生产经营中所发挥的作用，而这种作用是要结合企业环境背景、企业的发展阶段及发展战略等因素的。

2. 资产质量的时效性

技术改进、消费者偏好改变、宏观环境变化等因素对企业资产价值均会产生影响，这就使得有时资产负债表中所反映出来的某项资产的数值往往和其在市场中所存在的实际价值不一样，因为我们的财务报表是对过去现象的反映，而报表使用者是基于过去对现在、未来作某些决策。如家电行业，由于技术进步特别快，对于像空调、冰箱、电视这种产品，往往半年就会有很大程度的更新，所以在分析这类企业的财务报表时，其存货的实际折价程度有时会大大地超过其计提的跌价准备，这就反映出资产质量的时效性。还例如在企业进行收购兼并时，当分析到交易性金融资产，都会根据对经济环境的预期来对这类资产作个估价，因为在较好的经济环境下，这类资产的溢价是很多的，同时伴随着收购行为的发生，往往价格也会上涨。在一般情况下，企业的资产质量会随着时间的推移而不断发生变化，分析和估计资产的质量，就应综合其所处的特定时期及宏观经济背景，根据资产自身的特性和预期效用，确定资产的质量。

3. 资产质量的层次性

所谓资产质量的层次性，是指在分析企业资产质量时不能一概而论，要注意发现个别资产的特殊性。当企业总体资产质量不好时，也许有某些资产是优质的。在一些收购与重组活动中，我们会发现，目标企业很多情况是破产或濒临破产的，但这种企业的某些资产项目却有很大的潜在价值。例如，我国从 2003 年开始取消土地协议出让方式，只能通过招——拍——挂形式获得土地，这对一些房地产开发企业来说成本会增加很多，于是很多房地产开发企业就通过收购一些已经破产或将要破产的企业来取得其土地资产。分析报表所列示各资产项目时不但要从总体上研究，确定企业资产质量的好坏，还要有目的地分层次有针对性地研究企业个别资产。

3.3 资产负债表的综合分析

3.3.1 流动性资产

流动资产(Current Assets)，是指企业可以在一年或者超过一年的一个营业周期内变现或者运用的资产，是企业资产中必不可少的组成部分。流动资产在周转过渡中，从货币形态开始，依次改变其形态，最后又回到货币形态(货币资金→储备资金、固定资金→生产资金→成品资金→货币资金)，各种形态的资金与生产流通紧密相结合，周转速度快，变现能力强。按照各流动资产变现能力的强弱，依次为货币资金、交易性金融资产、应收票据、应收账款、预付款项、其他应收款、存货、一年内到期的非流动资产和其他流动资产。

1. 营业周期

营业周期，是指从外购承担付款义务，到收回因销售商品或提供劳务而产生的应收账款的这段时间。其计算公式为：营业周期＝存货周转天数＋应收账款周转天数。营业周期的长短是决定公司流动资产需要量的重要因素。较短的营业周期表明对应收账款和存货的有效管理。对大多数企业而言，如服务业、销售业，其营业周期通常小于一年；但有些企业如造船企业、工程建筑企业等，其营业周期通常大于一年。

企业对营运资本的需求受其预期的存货投资的影响，同时还受供应商提供的信用期和给客户提供的信用期之间关系的影响，因此就要考虑净营业周期，净营业周期＝应收账款周转期＋存货周转期－应付账款周转期。一般而言，净营业周期越长，营运资本需要量越大。减少应收账款和存货的周转期可以降低营运资本的需要量。增加供应商的信用天数将降低营运资本的需要量。

2. 流动资产的界定

流动性资产的界定往往超越其物理特性本身，更关注持有目的和最终可利用性。对于一些消耗品，如日常办公用品等是在短时间内被利用掉了，可以界定为流动资产。还有一些特殊的资产，虽然其物理寿命很长，但企业持有的目的仍然是在一年内或一次性消耗，也应该列为流动资产。如房产，如果企业持有的目的是自己使用，用作厂房，则应列为固定性资产，而如果是房地产开发企业在正常生产经营过程中销售的，或作为销售而正在开发的商品房和土地，就只能作为存货了。

3.3.2 非流动性资产

非流动资产(non-current assets),指企业资产中变现时间在一年以上或超过一个营业周期的资产,指流动资产以外的资产,其主要目的是满足企业长期正常的生产经营需要,保持企业适当的规模和竞争力,获取充分的盈利。非流动资产主要包括持有至到期投资、长期应收款、长期股权投资、固定资产、在建工程、无形资产、长期待摊费用等。

企业进行非流动资产投资目的是多种多样的,以长期股权投资为例,有的是为了建立和维持与被投资企业之间稳定的经济往来业务;有的是为了实现联合,扩大市场占有率,提升行业内竞争力。无论出于什么目的进行非流动资产投资,对企业来说这些资产所占用的时间较长,风险也会较高,企业的投资要谨慎。

3.3.3 流动负债

流动负债,是指在一年以内或超过一年的一个营业周期内应该偿还的债务,如短期借款、交易性金融负债、应付票据、应付账款、应付股利、其他应付款、一年内到期的非流动负债及其他流动负债等项目。

流动资产是一年内可以变现的资产,流动负债是一年内应该偿还的债务。在任一时点上,两者的数量对比关系对企业的短期经营活动均有十分重要的影响。

3.3.4 非流动负债

非流动负债又称长期负债,是指要在一年以上或者超过一年的一个营业周期以上偿还的债务,包括长期借款、应付债券等。非流动性负债作为企业长期资本的重要来源方式,相对于其他长期资本而言,持有非流动负债不影响企业原有股权结构和股票价格,对原有股东的控制权也没有影响,同时由于负债的杠杆作用,在经营环境和预期收益较好的情况下负债还可以增加股东的收益,非流动性负债的另一个优点就在于其利息有抵税作用。

非流动负债由于金额较大,因此对于在一年内即将到期的负债要特别注意,预防现金短缺或其他原因造成企业无力偿还债务而使信誉降低或破产。

3.3.5 所有者权益

所有者权益,是指企业所有者对企业净资产的要求权。所谓净资产,在数量上等于企业全部资产减去全部负债后的余额,这可以通过对会计恒等式的变形来表示,即:资产一负债=所有者权益。所有者权益的来源包括所有者投入的资本、直接计入所有者权益的利得和损失、留存收益等。

直接计入所有者权益的利得和损失,是指不应计入当期损益、会导致所有者权益发生增减变动的、与所有者投入资本或者向所有者分配利润无关的利得或者损失。利得,是指由企业非日常活动所形成的、会导致所有者权益增加的、与所有者投入资本无关的经济利益的流入。分为:直接计入所有者权益的利得和直接计入当期利润的利得。损失,是指由企业非日常活动所发生的、会导致所有者权益减少的、与向所有者分配利润无关的经济利益的流出。分为:直接计入所有者权益的损失及直接计入当期利润的损失。

3.3.6 资产负债表的总体质量分析

1. 变化的质量

资产负债表作为企业总体财务状况的一个整体表现载体，其各项目列示上多少存在一些主观判断因素，企业掌握会计规则精准程度也存有一些差异，所以在具体分析时，不仅需要考察大类，还要注意审核一些突然发生巨大数额变化的项目，结合资产负债表的附注信息，了解变化的质量。

案例分析

预付款项剧增为什么？

上海航天汽车机电股份有限公司（以下简称航天机电）2013年年末预付款项仅2 629.29万元，占流动资产与总资产的比重仅分别为2.64%与1.07%；而2014年中报该项数据高达15.96亿元，占流动资产与总资产的比重分别高达60.80%与33.24%。据航天机电中报介绍，预付款项变动的主要原因是神舟硅业二期3 000吨/年多晶硅项目预付款。与此相对应，航天机电6月末在建工程8.73亿元，亦比年初大幅增加，原因同样是神舟硅业二期3 000吨/年多晶硅项目建设投入。

根据《企业会计准则第30号——财务报表列报》，资产满足四项条件之一的，应当归类为流动资产：一是预计在一个正常营业周期中变现、出售或耗用；二是主要为交易目的而持有；三是预计在资产负债表日起一年内（含一年，下同）变现；四是在资产负债表日起一年内，交换其他资产或清偿负债的能力不受限制的现金或现金等价物。而对于流动资产以外的资产应当归类为非流动资产，并应按其性质分类列示。

据此判断，航天机电的巨额预付款项属建设项目的投入，似乎只符合"交换其他资产"的条件。不过，若按实质重于形式的原则来考核，实质上并非"交换"，而只是项目的移交或账项的转换。所以我们认为，航天机电的巨额预付款项应归类至非流动资产而不是流动资产。其实，航天机电对预付款项的分类问题很可能是受到准则指南的"误导"。根据企业会计准则指南附录中对主要账务处理的介绍，"预付账款"科目核算企业按照合同规定预付的款项，企业进行在建工程预付的工程价款，也在本科目核算；企业发包的在建工程，应按合理估计的发包工程进度和合同规定结算的进度款，借记"在建工程"科目，贷记"银行存款""预付账款"等科目。不过，财务处理是一个问题，而会计报表列示是另一个问题，二者同样需要专业判断，而不是机械地归并数字。航天机电将巨额建设项目款项计入流动资产后，至少对财务分析造成三方面不利影响：一是导致流动比率与速动比率的虚高，从而可能导致对公司偿债能力的误判；二是扭曲了公司的资产结构，不利于将资产与负债结合起来的配称性考察；三是不利于投资者对公司新项目投入的整体把握，进而影响对未来公司产能扩张与业绩预期的判断。

2. 资产负债表的整合性

资产负债表的整合性，是指表中所列各项目之间有一定的相关性，如库存现金、存货、应收票据等；短期负债、长期借款、股本等经过合理的整合之后能从整体上发挥效用，充分发挥效用的扩大性，达到1+1＞2的效用。任何资产项目，不管其自身的物理性能如何，如果不能很好地与其他资产进行合理的整合，为企业创造最大化的利润，在一定程度上来说都是有浪费存在的。

资产负债表各项目的整合，要求企业不断进行资产结构的优化，尽可能减少坏账、存货积压、投资损失等现象。

本 章 小 结

通过本章的学习，我们已经掌握了会计的计量属性，对历史成本法、重置成本法、可变现净值法、现值法及公允价值法的概念有了基本了解，这些都是资产负债表中各项目的计量基础，方便我们分析和考核数据的可靠性。

资产负债表是公司在某一特定时点的财务状况的汇总，在资产部分每项资产按其变现能力的强弱顺序进行排列，负债按持有时间的长短分为流动负债和非流动负债。资产负债表有利于我们分析企业资产的构成、负债总额及其结构、所有者权益各部分组成，也是我们进行更进一步财务分析的基础。

在对资产负债表质量进行评价时要注意其各项目的相对性、时效性及层次性，综合分析资产负债表时往往要作一些横向和纵向的比较分析，发现表中所列项目有剧增的要结合表外信息进行综合分析。

在对资产负债表进行分析时，一定要结合企业所处的经济环境、政治环境、自身环境及企业发战略综合分析。

中英文对照专业名词

资产 assets
负债 liabilities
所有者权益 owners equity
流动资产 current assets
非流动资产 non-current assets
资产负债表 balance sheet

思考与练习

一、简答题

1. 资产负债表的作用是什么？
2. 会计计量属性有哪些？
3. 如何评价流动资产的质量？
4. 如何评价企业资产质量？

二、案例分析题

1. 结合表格资料，回答下列问题。

项 目	期初余额/元	期末余额/元
流动负债：		
短期借款	55 000	37 600

续表

项　　目	期初余额/元	期末余额/元
应付票据	8 000	7 000
应付账款	7 500	6 600
其他应付款	230	387
应付工资	270	
应付福利费	3 000	4 000
未交税金	4 500	1 600
应付利润	2 000	1 100
预提费用	2 400	4 100
流动负债合计：	82 900	62 387
长期负债：		
长期借款	181 000	181 000
应付负债	17 000	18 400
长期应付款	25 000	20 000
长期负债合计	223 000	219 400
负债合计	305 900	281 787

(1) 对负债的变动情况进行分析。

(2) 分析负债的结构百分比。

2. 京能热电 2009 年中报显示，期末预付款项 11.02 亿元，占流动资产与总资产的比重分别为 74.54% 与 17.78%。据介绍，预付账款的欠款单位分别是上海电气集团股份有限公司、东方锅炉(集团)股份有限公司等，欠款原因包括预付设备款与预付工程款，合计达 5.44 亿元。京能热电 2009 年 6 月末流动负债合计 32.22 亿元，长期负债合计 10.02 亿元，而该两项指标的行业均值分别为 45.37 亿元与 57.31 亿元，行业中值分别为 14.05 亿元与 13.20 亿元。

要求：分析该公司预付账款的合理性。(提示：可以查阅京能热电 2009 年财务报表及报表附注。)

第4章 利润表与所有者权益变动表

教学目标与要求

本章以对利润表的作用和结构分析为基础,针对利润表中各因素的变化系统评估利润表的质量。就所有者权益变动表而言,其作用是用来反映公司期末股东权益增减变动情况的财务报表。本章要求学生掌握利润表的结构、质量评价方法、所有者权益变动表的结构。

本章知识要点

知识要点	能力要求	相关知识
利润表的作用及结构	掌握利润表的结构	利润表的结构
利润表的质量评价	掌握利润表的质量评价重点内容	(1) 利润来源 (2) 利润质量评价
所有者权益变动表	掌握所有者权益变动表的结构	(1) 编制目的 (2) 财务信息评价

导入案例

巴菲特 1988 年开始买入可口可乐股票,1989 年和 1994 年继续增持至 13 亿美元。1997 年年底其市值上涨到 133 亿美元,10 年赚了 10 倍,仅仅一只股票就赚了 120 亿美元。但 1988 年巴菲特买入之前,可口可乐在奥斯汀管理下,股价和业绩都不尽如人意。1974 年到 1986 年市值只上涨了 33%,远远落后于市场。1973 年到 1982 营业收入年均增长只有 6.3%,1973 年到 1980 年净利润年增长只有 8%,大幅下滑。1987 年 8 月到 1988 年年初股价一度大跌 30% 以上。巴菲特却逆势大量买入。更令人惊奇的是,1989 年股价大涨 50% 到年底甚至翻番,巴菲特继续大量买入。尤其是 1994 年股价上涨 4 倍之后巴菲特继续增持,为什么?巴菲特分析的结论是可口可乐未来将会长期保持并扩大竞争优势,值得长期投资:"可口可乐和吉列将会继续在全球市场占据主导地位。实际上,它们的主导地位很可能会增强。在过去的 10 年中,两家公司都已经极大地扩展了它们本来已经非常巨大的市场份额,而且所有的迹象表明在下一个 10 年中它们会再现这种业绩。"果然可口可乐盈利持续大幅增长。1987 年到 1997 年净利润 10 年复合增长率 16.3%,累计增长 4.53 倍,推动股价 1987 年年初至 1997 年年底 10 年上涨 15.53 倍,是同期标准普尔 500 指数涨幅的 4 倍以上。从某种意义上可以说,巴菲特用价值投资的低价格买到了一只超级成长股。

4.1 利润表的作用与结构

4.1.1 利润表的概述及作用

利润表是反映企业在一定会计期间的经营成果的会计报表。例如,反映某年 1 月 1 日至 12 月 31 日经营成果的利润表,它反映的就是该期间的利润情况。

利润表的列报必须充分反映企业经营业绩的主要来源和构成。了解利润表的来源与构成有助于使用者判断净利润的质量及其风险,有助于使用者预测净利润的持续性,从而作出正确的决策。通过利润表,可以反映企业一定会计期间收入的实现情况,如实现的营业收入有多少、实现的投资收益有多少、实现的营业外收入有多少等;可以反映一定会计期间的费用耗费情况,如耗费的营业成本有多少,营业税金及附加有多少及销售费用、管理费用、财务费用各有多少,营业外支出有多少等;可以反映企业生产经营活动的成果,即净利润的实现情况,据以判断资本保值、增值等情况。将利润表中的信息与资产负债表中的信息相结合还可以提供进行财务分析的基本资料。如将销货成本与存货平均余额进行比较,计算出存货周转率,有助于分析企业产品寿命周期,剖析企业的相关成本,便于报表使用者判断企业未来的发展趋势,作出正确决策。

4.1.2 利润表的结构

根据《企业会计准则第 30 号——财务报表列报(2006)》的规定,对于费用的列报,企业应当采用"功能法"列报,即按照费用在企业所发挥的功能进行分类列报。通常分为从事经营业务发生的成本、管理费用、销售费用和财务费用等,并将营业成本与其他费用分开披露。对企业而言,其活动通常可以划分为生产、销售、管理、融资等,每一种活动上发生的费用所发挥的功能并不相同,因此,按照费用功能法将其分开,有助于使用者了解费用发生的活动领域。如企业为销售产品发生了多少费用、为一般行政管理发生了多少费用、为筹措资金发生多少费用等。

利润表结构主要有单步式和多步式，我国通常使用多步式结构，即通过对当期的收入、费用、支出按性质加以归类，按利润形成的主要环节列示一些中间性利润指标。如表4-1所示。

表4-1　ABC股份有限公司利润表

2014年　　　　　　　　　　　　　　　　　　　　　　　　　　单位：元

一、营业总收入	661 858 000
营业收入	661 858 000
二、营业总成本	580 067 150
营业成本	470 226 000
营业税金及附加	7 008 080
销售费用	2 756 670
管理费用	57 735 200
财务费用	42 341 200
资产减值损失	0
公允价值变动收益	0
投资收益	－13 300 900
其中：对联营企业和合营企业的投资收益	12 742
三、营业利润	68 489 950
营业外收入	2 100 530
营业外支出	23 886
其中：非流动资产处置损失	0
利润总额	70 566 594
所得税费用	18 033 700
未确认投资损失	0
四、净利润	52 532 894
归属于母公司所有者的净利润	31 873 400
少数股东损益	20 659 200
五、每股收益	
基本每股收益	0
稀释每股收益	0
六、其他综合收益	0
七、综合收益总额	52 532 894
归属于母公司所有者的综合收益总额	31 873 400
归属于少数股东的综合收益总额	20 659 200

利润表主要反映几方面的内容：①营业收入：由主营业务收入和其他业务收入组成。②营业利润：营业收入减去营业成本（主营业务成本、其他业务成本）、营业税金及附加、销售费用、管理费用、财务费用、资产减值损失，加上公允价值变动收益、投资收益，即为营业利润。③利润总额：营业利润加上营业外收入，减去营业外支出，即为利润总额。④净利润：利润总额减去所得税费用，即为净利润。⑤每股收益，普通股或潜在普通股已公开交易的企业以及正处于公开发行普通股或潜在普通股过程中的，还应当在利润表中列示每股收益信息，包括基本每股收益和稀释每股收益两项指标。⑥综合收益，包括其他综合收益和综合收益总额。

4.2 利润表的质量评价

利润表是企业利润的呈现，作为财务报表的外部使用者，最关心的也是企业的利润，分析利润表一般要审核以下几个方面：第一，企业核心利润的来源；第二，企业利润的结构；第三，利润的运用。

4.2.1 利润来源的分析

2006年财政部颁布的新企业会计准则——30号财务报表列报中已对营业利润进行了调整，将投资收益调入营业利润，同时取消了主营业务利润和其他业务利润的提法，补贴收入被并入营业外收入，营业利润经营业外收支调整即得到利润总额。可见现行会计准则扩大了营业利润的概念，将营业利润扩展到包括投资收益的范围。但对一般企业而言，从企业资产负债表、利润表和现金流量表的内在逻辑关系来说，企业的经营性资产、核心利润和经营活动产生的现金流量净额之间存在必然的联系。企业的利润应该主要来源于自身的经营活动。

营业利润＝营业收入－营业成本－营业税金及附加－销售费用－管理费用－财务费用－资产减值损失±公允价值变动损益＋投资收益

1. 营业收入

营业收入是企业利润的主要来源之一。它是指企业在销售商品、提供劳务和让渡资产使用权等日常经营业务过程中所形成的经济利益的总流入。第一，营业收入是企业补偿生产经营耗费的资金来源，营业收入的实现关系到企业生产活动的正常进行，加强营业收入管理，可以使企业的各种耗费得到合理补偿，有利于再生产活动的顺利进行。第二，营业收入是企业的主要经营成果，是企业取得利润的重要保障，加强营业收入管理是实现企业财务目标的重要手段之一。第三，营业收入是企业现金流入量的重要组成部分，分析营业收入可以促使企业深入研究和了解市场需求的变化，以便作出正确的经营决策，避免盲目生产，这样可以提高企业的素质，增强企业的竞争力。

对营业收入的分析要注意以下几点。

1) 企业营业收入的品种构成

现阶段大多数企业不再从事单一商品的经营了，经营活动变得更加多元化、复杂化。企业不同品种商品或劳务的营业收入构成，对信息使用者具有十分重要的意义。占总收入比重大的商品或劳务是企业过去业绩的主要增长点，同时，可以通过对主要业绩的商品或劳务的未来发展趋势进行分析，预测企业业绩的持续性，分析企业的未来发展趋势。

2）营业收入的区域性

在对营业收入进行分析时，很容易忽略收入的区域性分析。进行区域性分析一般可以明确以下几点：①企业所在地区的营业收入如何，一般情况下只有先做好自身区域的经营，才谈得上对外扩展；②营业收入的区域性变化是否与消费者的收入区域性相对应，通常消费能力与营业收入是正相关的；③营业收入的主要来源地区，见表4-2。

表4-2 万科2011年12月31日经营收入状况

项目名称	营业收入/万元	占主营业务收入比例/%
广深区域	2 542 534.82	35.42
上海区域	2 081 139.41	28.99
北京区域	1 711 103.32	23.84
成都区域	787 199.63	10.97
其他（补充）	56 297.8	0.78
合计	7 178 274.98	100.00

3）关联交易收入

企业集团化经营趋势愈演愈烈，集团内各企业之间有可能发生关联交易。关联方很有可能为了某种特别的利益而人为制造或调整收入，这在很多上市公司中是经常发生的事情，例如，2012年4月24日，太极实业（600667.SH）发布年报显示，2011年度公司营业收入同比增长29.14%，而扣除非经常性损益后的净利润同比下降36.54%。根据年报披露，2011年度太极实业与关联方（株）海力士半导体（现更名为"SK海力士"）交易产生的营业收入占总营业收入的71.32%，交易金额达26.53亿元。海力士属上市公司的第一大客户，而第二大客户为上市公司贡献的营业收入仅占全部营业收入的1.77%，太极实业与海力士的关联交易多采用协议价格。年报还显示，2011年度太极实业资产收购、出售发生的关联交易累计达6716.19万元，该交易已经超过上市公司近一期经审计的净资产的5%，交易对象均是海力士，交易时间并未披露，交易标的为购买二手模组设备和出售闲置设备，具体是何闲置设备太极实业并未公告。由此可见在分析财务报表时，除了表内数据，还要参阅一些相关的其他信息，挖掘表外信息，发现类似事件发生的可能性。

2. 营业成本

营业成本是与营业收入直接相关的，已经确定了归属期和归属对象的各种直接费用，是企业经营业务所发生的实际成本总额。营业成本主要包括主营业务成本和其他业务成本。

3. 销售费用

销售费用是企业在销售产品、自制半成品和提供劳务等过程中发生的费用，包括由企业负担的包装费、运输费、广告费、装卸费、保险费、委托代销手续费、展览费、租赁费（不含融资租赁费）、销售服务费及销售部门人员的工资、职工福利费、差旅费、办公费、修理费、物料消耗、低值易耗品摊销以及其他经费等。企业在管理和控制销售费用时往往从一些酌量性成本如广告费用、销售部门人员工资、职工福利费来考虑，这样不利于企业的发展和人员的激励，但从短期来考虑还是可以有所调控的。

4. 管理费用

管理费用是企业为组织和管理企业生产经营活动所发生的各项费用，包括企业在筹建期间内发生的开办费、董事会会费和行政管理部门在企业的经营管理中发生的或者应由企业统一负担的经费等。公司经费包括行政管理部门职工工资、物料消耗、低值易耗品摊销、办公费和差旅费等，这些成本往往被称为酌量性成本。从企业管理层来说，控制和降低这些费用是比较容易的，但它和销售费用一样也会影响有关员工的工作积极性。另外，折旧费、摊销费等是企业以前各个会计期间已经支出的费用，不存在控制支出规模的问题，这类费用大多受企业会计政策的影响。

5. 财务费用

财务费用多指企业为筹集和运用资金而发生的各项费用，主要包括利息支出、汇兑净损失、筹集费用等，而利息支出是其中最主要的一种。控制利息费用对企业来说是非常复杂的问题，它和企业的筹资策略直接相关，受贷款规模、贷款期限、贷款利率及宏观环境的影响。企业筹资计划直接影响企业的发展战略，所以分析财务费用不能单独孤立地分析一项数据好坏，还要结合其发展战略、企业资本结构等因素综合考虑。

4.2.2 利润收入的结构

企业收入的多少直接影响其利润，由于企业的多元化生产经营，利润收入的来源也是不一样的，这就要求我们能够按产品或区域来分析收入构成，发现主要收入来源；同时，为了保护流通股股东的利益，遏制上市公司用募集的资金进行其他高风险投资而背离招股说明书的内容，我们也要分析企业收入的获取是不是按招股说明书所述内容一样，是否有高风险投资收益。分析企业主营业务收入有利于估计其现金流的持续性，了解其偿还债务本金及利息的能力。

例如，从图 4.1 中可以发现海南航空公司的主营业务收入主要来自于航空客运，占总收入的 88.6%，占绝对地位，收入占第二的是飞机租赁 4.7%，第三的是航空货运 3.5%，数据显示公司的收入来源很多，但主营还是航空客运。这些是收入的基本数据，除此之外，还可以根据收入的时间差别及环境作更详细的分析，就此例而言，航空业有很强的季

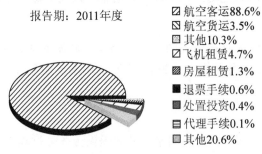

图 4.1 海南航空 2011 年收入结构百分比图

节性,如果再细化分析就可以了解其在每个季节及不同的区域的收入会有所不同。

4.2.3 利润质量的评价

利润质量的好坏直接影响企业投资者未来的收益,在评价利润质量时要注意以下几点。

1. 是否存在反常利润

在每个需要对外公布报表的时候,企业总会为了吸引投资者的眼球而或多或少地增加利润,这有时是可以被允许的,有时就会产生虚增利润。例如,对广告成本而言,它应该是与企业规模及营业收入相关的,有时也具有一定的线性相关性,如果企业规模没有很大变化而这部分费用却大幅度降低,就应该认定是反常压缩了,这很有可能是企业为了避免当期利润大幅下降,故意降低这项支出,有时也预示企业利润将会出现进一步恶化。

2. 是否存在会计政策和估计的变更

一般来说,企业编制会计报表依赖的会计政策及估计是不能随意变更的,但在某些特殊情况下,比如取得新的信息、积累了更多的经验、企业规模扩大了等原因,是可以对会计估计进行修订或变更的。

但一些企业在面临不良经营状况时,为了改善企业利润而变更会计政策和会计估计,这就是一种恶意行为了,如果企业以前也有过类似行为,则要更谨慎报表所反映信息的稳定性和正确性了。

3. 是否借债过度

由于债务融资的成本较低,在某些时候企业主观上非常愿意借债,同时债务的利息费用又可以帮助抵税,所以借债往往是很容易被用到的融资手段。而本期的过度借债一定也会影响企业未来利润及现金流,必然会引发未来财务费用的大量支出,仅仅只从这一个方面来说还是会减少企业利润的。

4. 企业利润是否过度依赖非营业收入

虽然企业的多元化收益是被认可的,但一般而言,核心利润、投资收益及利得项目组成企业利润总额的支点。在正常情况下,这三类在利润总额中占有一个相对稳定的比例,这个比例也反映出企业活动的重心。在此基础上企业当然也会争取寻找更多的非营业利润,如处置的固定资产,转让无形资产来增加利得,这种现象如果经常发生就有可能说明企业不能稳定地从正常营业项目中获取收益。

4.3 利润的综合分析

从利润表的结构和内容来看,利润主要来源于经营和投资所得,但分析时也要结合企业盈利模式全面深入研究。企业的盈利模式主要有以下几种。

4.3.1 经营主导型利润

以经营为主导的企业利润来源,在分析报表时应多关注经营性资产的消耗与取得,同时对于与经营相关的销售费用、管理费用等也要与销售量等结合起来分析。经营活动的利润在很大程度上都受季节性因素的影响，要多作同期的横向比较分析。

4.3.2 投资主导型利润

以投资活动来说，企业投资有对内投资和对外投资之分，这里所谈的主要是对外的间接性投资，主要是以企业取得各种金融性资产、长期股权投资为主。对投资性利润的分析，要结合投资的目的，投资目的不同，取得资产的成本、保有时间及出售价格都会不同，而利润也会有所变化。投资利润主要表现为：公允价值变动损益、股权收益和债权收益、收到现金股利和利息等。

4.3.3 混合型利润

根据企业发展阶段不同和宏观环境等因素的影响，企业取得利润的方式并不是永远不变的，企业可以将经营性资产和投资性资产进行重组以取得更多的利润。这种重组包括资产的置换、资产结构调整等，对于股份制公司而言，混合型利润并不是经常发生的，所以往往要将利润表与现金流量表的相关数据结合起来综合分析。

4.3.4 会计政策变化而产生的利润

企业所遵循的会计规则在一定长的时间内是不允许变更的，但企业由于某些原因，如重组、并购等活动，会对一些会计计量方法进行改变，这种改变有时会突然产生一些利润。另外，现行的会计准则允许对一些资产采用公允价值计量法，这也会增加企业的利润。例如，雅戈尔在年报中表示，公司2013年12月31日账面有已流通的中信证券股份212 835 116.47元，公司将其归类为可供出售的金融资产。该金融资产的公允价值大于账面价值，因此应追溯调整增加2014年1月1日的股东权益3 184 338 383.53元。

会计政策的变更很容易被一些别有用心的人操纵，进而产生利润操纵。这里的利润操纵是指利用会计法规或政策对财务信息进行账面调节为主要手段，在报表中直接产生利润。

企业对固定资产正确地计提折旧，对计算产品成本（或营业成本）、利润都将产生重大影响。在影响计提折旧的因素中，折旧的基数、固定资产的净残值两项指标还比较容易确定，但在固定资产使用年限的确定上较难把握。事实上，固定资产折旧除有形磨损外还有无形磨损，而且企业和行业不同，磨损情况也不相同，因此，企业往往有足够的理由变更固定资产折旧方式。

例如，某公司从2015年起对固定资产折旧由加速折旧法改为一般折旧法。折旧方法变更后，折旧率综合下降3%，折旧方法变更增加的税前利润约966万元。其实该公司的主营业务是制造电冰箱，电冰箱的升级换代较快，从正确地计算损益来讲，电冰箱生产线使用加速折旧方法可以比较真实地反映固定资产的损耗情况。此外，该公司2015年销售退回2 400万元未在当年入账，导致销售利润虚增约265万元。以上两项虚增利润之和1 231万元，略大于当年利润总额1 214万元。也就是说，该公司若在2015年不变更固定资产折旧方法，并且将销售退回按会计制度规定入账的话，公司当年必亏损无疑。

第4章 利润表与所有者权益变动表

案例分析

泰嘉新材募投项目效益高估 二股东涉嫌操纵利润

湖南泰嘉新材料科技股份有限公司（以下简称泰嘉新材）日前公布了招股说明书，不过从透露的信息看，泰嘉新材真实的盈利增长能力被大额政府补贴注水，募投项目能否实现预期效益尚存在较大不确定性，而持有公司 32% 股权的中联重科则涉嫌通过关联交易操纵公司利润。

补贴依赖性逐年提升

泰嘉新材的招股书显示，公司在 2011—2013 年间实现的净利润分别为 1 821 万元、4 600 万元、6 675 万元，2012 年和 2013 年的净利润增速分别达到 152.61%、45.11%，然而靓丽的数据背后却是政府补贴和税收优惠的鼎力扶持。

据泰嘉新材披露，作为湖南省和长沙市创新型试点企业，公司在 2011—2013 年间收到各类政府补贴总计约 1 260.47 万元，同时在此期间还享受到总计约 1 716.77 万元的税收优惠。特别是在提出 IPO 申请前夕的 2013 年，公司获得的政府补贴和税收优惠高达 1 579.04 万元，占当年公司净利润总额的 23.65%，大大高于 2012 年 16.88% 的水平。考虑到 2013 年泰嘉新材净利润同比增加金额也不过 2 075.14 万元，这也就意味着税收优惠及政府补贴同比增加金额，贡献了该公司盈利增长近 40% 的份额。

募投项目效益被高估

在泰嘉新材的募投项目中，计划耗资 2.486 亿元的"年产 1 300 万米双金属带锯条建设项目"是重中之重，泰嘉新材预计该项目投产后可新增收入约 4.717 2 亿元，不过泰嘉新材要想完全实现这一目标却并不容易。

据测算，如果要让"年产 1 300 万米双金属带锯条建设项目"实现每年新增收入 4.717 2 亿元的目的，那么泰嘉新材所产双金属带锯条的理论价格不能低于 36.29 元/米，但泰嘉新材招股书公布的数据显示，2011—2013 年间，公司所产双金属带锯条的售价基本维持在 27.06~27.89 元/米，也就是说为了实现募投项目的营收目标，泰嘉新材至少要在两年内将双金属带锯条的售价提高 30.12%，但 2012 年、2013 年泰嘉新材双金属带锯条的售价只分别微增了 2% 和 1%。

中联重科高价购产品

在泰嘉新材披露的股东名录中，还出现了上市公司中联重科的名字，中联重科持有泰嘉新材 32% 的股权，为公司的第二大股东。

根据招股说明书"关联交易情况"部分的信息披露，泰嘉新材 2011—2013 年间向中联重科的销售金额分别为 24.27 万元、13.33 万元和 11.86 万元，销售内容均为双金属带锯条，单价分别为 42.51 元/米、42.07 元/米和 38.36 元/米，而同期泰嘉新材双金属带锯条的市场平均售价从未超过 28 元/米。众所周知，较高的销售价格有助于提升公司的利润水平，因此中联重科以远高于市场均价的价格购买持股公司的产品的行为，存在通过关联交易进行利润操纵的嫌疑。

讨论题

（1）什么是关联交易？

（2）中联重科与泰嘉新材是如何进行关联交易的？

（3）为什么中联重科与泰嘉新材要进行关联交易？

4.4 所有者权益变动表

4.4.1 所有者权益变动表概述

1. 所有者权益变动表的含义

所有者权益变动表是反映构成所有者权益的各组成部分当期的增减变动情况的报表。该表应当全面反映在一定时期内所有者权益变动的情况，除了要反映所有者权益总量的增减变动，还应该反映其增减变动的重要结构性信息，特别是直接计入所有者权益的利得和损失，帮助报表使用者准确理解所有者权益增减变动的原因。

2. 理论依据

所有者权益变动表在一定程度上体现了企业综合收益。所谓综合收益，是指企业在某一期间与所有者之外的其他方面进行交易或发生其他事项所引起的净资产变动。国际会计准则及美国、英国等国家会计准则很早就提出和运用了综合收益观。我国在2009年6月印发《企业会计准则解释第3号》，正式引入"综合收益"的概念。

$$综合收益＝(收入－费用)＋(利得－损失)$$
$$＝净利润＋直接计入所有者权益的利得和损失$$

所有者权益变动表应该列示下列信息：

(1) 净利润。
(2) 直接计入所有者权益的利得和损失项目及其总额。
(3) 会计政策变更和差错更正的累积金额。
(4) 所有者投入资本和向所有者分配利润等。
(5) 按照规定提取的盈余公积。
(6) 实收资本(或股本)、资本公积、盈余公积、未分配利润的期初和期末余额及其调节情况。

4.4.2 分析所有者权益变动表的目的

(1) 所有者权益变动表可以清晰体现会计期间构成所有者权益各个项目的变动规模与结构，了解每个项目变动趋势，反映公司净资产的实力，提供保值增值的依据。

(2) 基于综合收益的观点，所有者权益变动表能够提供更全面、更有用的财务业绩信息，以满足报表使用者的各种经济决策需要。

(3) 所有者权益变动表中单独列示了会计政策变更所产生的相关项目的变动，这有利于报表使用者分析会计政策变更的合理性，研究会计差错更正的幅度，了解这些对所有者权益的影响数额。

(4) 此表反映了由于股权分置、股东分配政策、再筹资方案等财务政策对所有者权益的影响，这更有利于报表使用者分析公司的股权及与之相关的变动，这些对于公司的中长期投资决策尤其重要。

4.4.3 所有者权益变动表的列报方式

1. 所有者权益变动表的格式

项 目	本年金额						上年金额					
	实收资本(或股本)	资本公积	减：库存股	盈余公积	未分配利润	所有者权益合计	实收资本(或股本)	资本公积	减：库存股	盈余公积	未分配利润	所有者权益合计
一、上年年末余额												
加：会计政策变更												
前期差错更正												
二、本年年初余额												
三、本年增减变动金额（减少以"—"号填列）												
（一）净利润												
（二）直接计入所有者权益的利得和损失												
1. 可供出售金融资产公允价值变动净额												
2. 权益法下被投资单位其他所有者权益变动的影响												
3. 与计入所有者权益项目相关的所得税影响												
4. 其他												
上述（一）和（二）小计												
（三）所有者投入和减少资本												
1. 所有者投入资本												
2. 股份支付计入所有者权益的金额												
3. 其他												
（四）利润分配												
1. 提取盈余公积												
2. 对所有者（或股东）的分配												

续表

项 目	本年金额						上年金额					
	实收资本(或股本)	资本公积	减：库存股	盈余公积	未分配利润	所有者权益合计	实收资本(或股本)	资本公积	减：库存股	盈余公积	未分配利润	所有者权益合计
3.其他												
(五)所有者权益内部结转												
1.资本公积转增资本(或股本)												
2.盈余公积转增资本(或股本)												
3.盈余公积弥补亏损												
4.其他												
四、本年年末余额												

2．所有者权益变动表的填列方法

(1)"上年年末余额"，反映上年资产负债表中实收资本(或股本)、资本公积、库存股、盈余公积、未分配利润的年末余额。

(2)"会计政策变更""前期差错更正"，分别反映采用追溯调整法处理的会计政策变更的累积影响金额和采用追溯重述法处理的会计差错更正的累积影响金额。

(3)"本年增减变动金额"。

"净利润"，反映企业当年实现的净利润(或净亏损)金额。

"直接计入所有者权益的利得和损失"，反映企业当年直接计入所有者权益的利得和损失金额。

"可供出售金融资产公允价值变动净额"，反映企业持有的可供出售金融资产当年公允价值变动的金额。

"权益法下被投资单位其他所有者权益变动的影响"，反映企业对按照权益法核算的长期股权投资，在被投资单位除当年实现的净损益以外其他所有者权益当年变动中应享有的份额。

"与计入所有者权益项目相关的所得税影响"，反映企业根据《企业会计准则第18号——所得税》规定应计入所有者权益项目的当年所得税影响金额。

(4)"所有者投入和减少资本"，反映企业当年所有者投入的资本和减少的资本。

"所有者投入资本"，反映企业接受投资者投入形成的实收资本(或股本)和资本溢价或股本溢价。

"股份支付计入所有者权益的金额"，反映企业处于等待期中的权益结算的股份支付当年计入资本公积的金额。

(5)"利润分配"，反映企业当年的利润分配金额。

"提取盈余公积",反映企业按照规定提取的盈余公积。

"对所有者(或股东)的分配",反映对所有者(或股东)分配的利润(或股利)金额。

(6)"所有者权益内部结转",反映企业构成所有者权益的组成部分之间的增减变动情况。

"资本公积转增资本(或股本)",反映企业以资本公积转增资本或股本的金额。

"盈余公积转增资本(或股本)",反映企业以盈余公积转增资本或股本的金额。

"盈余公积弥补亏损",反映企业以盈余公积弥补亏损的金额。

4.4.4 所有者权益变动表的财务信息评价

1. "输入性"和"盈利性"所有者权益变化的财务评价

"输入性"所有者权益变化,是指企业股东注入的资本,"盈利性"所有者权益变化,是指企业靠自身的盈利而增加的资本。这两方面都会引起所有者权益的变化,在企业里却有不同的意义,通常情况下"输入性"变化靠投资者注入,有一定的主观性,其数额、来源方向、成本都是变化的,往往不具有持续性;相对而言,如果按持续经营假设原理,"盈利性"权益变化从数量、金额来说应该是可以估计的。

2. 所有者权益内部项目互相结转的财务评价

所有者权益内部项目是可以相互结转的,如用收益补亏,这些从总体上来说并没有改变资产的结构和质量,但这种结转会传递一种不好的信息,即公司用来分红的总金额会有所减少,股东得到的红利会减少,还有可能会波及股份下跌。因此分析时要特别注意一些内部结转,虽然它们不会改变所有者权益的总规模,但会影响企业的财务形象。

3. 企业股权结构变化与方向的财务评价

在进行财务分析时要特别注意股权结构变化,这可能会是原股东之间股权结构的变化,也有可能是引入了新的投资者、增加了新的投资者而发生的变化。这种股权的变化对企业来说是非常重要的,也很容易被分析者忽视,它往往伴随着企业发展战略、公司治理、人力资源等的变化,对企业未来发展影响重大。

4. 企业股利分配方式的财务评价

将所有者权益变动表中的"对所有者(或股东)的分配"金额与现金流量表中的"分配股利、利润或偿付利息支付的现金"、资产负债表中的"应付股利"项目结合分析,可以了解企业的股利分配方式,并评价此分配方式对投资者的影响。以现金股利为例,首先,企业所派发的现金股利,会导致现金流出,这会影响企业再投资规模,同时降低企业资产和所有者权益总额,这也影响企业的融资规模。其次,就发放现金股利的数额而言,一般情况下,企业收益较好,发放的现金股利会多一些,但太高的现金股利又会让投资者以为是企业大股东瓜分企业利润。最后,发放现金股利要有持续性,如果企业发放现金股利一会儿高,一会儿低,时有时无,会让投资者对企业的稳定性产生质疑。进一步而言,较多地分配现金股利会使得企业减少内部融资来源,有时不得不进入资本市场寻求外部融资。因此,在对企业股利分配方式评价时要多方面、多角度分析。

本章小结

通过本章学习，首先知道利润表是反映企业在一定会计期间的经营成果的会计报表，它反映的是该期间的利润情况。利润表可以帮助我们了解企业营业收入的数量与质量，分析企业的各种费用，如销售费用、管理费用、财务费用等，剖析企业生产经营活动的成果，即净利润的实现情况。

在对利润的质量评价是要关注企业是否存在反常利润、是否存在会计政策和估计的变更所产生的利润、是否会由于过度借债主观降低税务成本而产生的虚增利润、企业利润是否过度依赖非营业收入。

企业的盈利模式决定了利润的来源，在对利润进行分析时要区别分析经营主导型利润、投资主导型利润、混合型利润、会计操纵型利润。

所有者权益变动表是反映构成所有者权益的各组成部分当期的增减变动情况的报表。该表应当全面反映在一定时期内所有者权益变动的情况，除了要反映所有者权益总量的增减变动，还应该反映其增减变动的重要结构性信息，特别是直接计入所有者权益的利得和损失，帮助报表使用者准确理解所有者权益增减变动的原因。

所有者权益变动表分析应该注意这样几点：①"输入性"和"盈利性"所有者权益变化的财务评价；②所有者权益内部项目互相结转的财务评价；③企业股权结构变化与方向的财务评价；④企业股利分配方式的财务评价。

中英文对照专业名词

中英文对照专业名词
收入 revenue
利润 expense
利润表 income statement
权责发生制 accrual basis
所有者权益变动表 statement of stockholders equity

本章链接

http：//bbs.pinggu.org/forum.php?mod=viewthread&tid=589855&page=1&fromuid=228746

http：//money.163.com/12/0529/01/82KSN98500253B0H.html

思考与练习

一、简答题

1. 利润表的结构及作用是什么？
2. 如何评估利润的质量？

3. 影响企业利润变化的因素有哪些？

4. 利润确认的原则是什么？

二、案例分析题

结合下面案例，回答下列问题：

银广夏的利润

广夏（银川）实业股份有限公司（以下简称银广夏）是一家以中药材种植加工和葡萄种植酿酒为主的企业。20世纪90年代末，银广夏开发了利用超临界二氧化碳萃取技术对农副产品进行精深加工业务，使经营业绩迅速得到了提升。公司在2000年度财务报告披露，全年实现净利润4.18亿元，比上年增加2.9亿元，增长22.56%。在总股本扩张1倍的情况下，每股收益达到0.827元，比上年增加超过60%。公司2000年年末应收账款的金额占当年主营业务收入的59.85%，且应收账款与主营业务收入保持了大体一致的快速增长幅度。同时，2000年年末应收账款和货币资金的合计比上年同期增加5.06亿元，而短期借款也比上年增加了5.86亿元。

（1）银广夏应收账款与收入同比例增长的现象，是什么原因造成的？

（2）查阅该公司2000年财务报表，分析公司货币资金主要的来源是什么？

第 5 章　现金流量表分析

教学目标与要求

本章以现金流量表的结构和作用为基础，分析现金流量表中各组成部分的项目，了解现金的来源，分析各种性质的现金比重，比较现金的持有成本，评价现金未来的收益。本章介绍现金流量表的评价方法，引导读者对现金流量表变动的认识。

本章知识要点

知识要点	能力要求	相关知识
现金流量表	掌握现金流量表基本结构	(1) 现金流量表编制基础 (2) 现金流量表基本结构
现金流量表综合分析	掌握影响现金流量表变动的因素	现金流量表评价

第5章 现金流量表分析

 导入案例

2001年审计署对大唐电信进行了延伸审计,发现大唐电信在收入确认和费用认定方面存在重大问题,其中,2000年对外报告的 17 844 万元的净利润中,虚假利润高达 10 849 万元,占当年对外报告净利润的 61%。净利润持续高于经营活动产生的现金净流量,2003 年大唐电信首次报告了 18 683 万元的亏损,经营活动产生的现金流量为 —15 544 万元。也就是说企业利润虽然是正值,但经营活动的现金流量并不是可喜的,现金流量表分析有时可以帮助我们认识这种"纸面富贵"。

5.1 现金流量表概述

5.1.1 现金流量表的含义

现金流量表是反映企业在一定会计期间现金和现金等价物流入和流出的报表。编制现金流量表的主要目的,是为财务报表使用者提供企业一定会计期间内现金和现金等价物流入和流出的信息,便于报表使用者评价企业的支付能力、偿债能力和周转能力,是预测未来现金流的重要依据。

5.1.2 现金流量表的编制

1. 现金流量表的编制基础

现金流量表以现金及现金等价物为基础编制,划分为经营活动、投资活动和筹资活动,按现金收付实现制为编制原则,将权责发生制下的盈利信息调整为收付实现制下的现金流量。

1) 现金

现金,是指企业的库存现金以及可以随时用于支付的银行存款。现金流量表的现金不仅包括库存现金,还包括企业"银行存款"账户核算的存入金融企业、随时可以用于支付的存款,也包括"其他货币资金"账户核算的外埠存款、银行汇票等。

银行存款和其他货币资金中有些不能随时用于支付的存款,不应作为现金,而应列为投资;提前通知金融企业便可支取的定期存款则是现金。

2) 现金等价物

现金等价物是企业持有的期限较短、流动性强、易于转换为已知金额的现金、价值变动风险较小的投资。现金等价物通常包括三个月内到期的债券投资等。权益性投资变现的金额通常不确定,因而不属于现金等价物。

3) 现金流量

现金流量,是指在一段时间内企业现金和现金等价物流入和流出的数量。现金流量信息能够表明企业经营状况是否良好、资金是否紧张以及企业偿付能力大小等,从而为投资者、债权人、企业管理者提供非常有用的信息。

根据企业业务活动的性质和现金流量的来源,现金流量表准则将企业在一定期间产生的现金流量分为三类：经营活动现金流量、投资活动现金流量和筹资活动现金流量。

2. 现金流量表的编制方法

1）直接法和间接法

所谓直接法，是指按现金收入和现金支出的主要类别直接反映企业经营活动产生的现金流量，如销售商品、提供劳务收入得到的现金。在直接法下，一般是以利润表中的营业收入为起算点，调节与经营活动有关项目的增减变动，然后计算出经营活动产生的现金流量。

所谓间接法，是指以净利润为起算点，调整不涉及现金的收入、费用、营业外收支等有关的项目，剔除投资活动、筹资活动对现金流量的影响，据此计算出经营活动产生的现金流量。由于净利润是按照权责发生制原则确定的，且包括了与投资活动和筹资活动相关的收益和费用，将净利润调节为经营活动现金流量，实际上就是将按权责发生制原则确定的净利润调整为现金净流入，并剔除投资活动和筹资活动对现金流量的影响。

直接法有利于分析企业经营活动产生的现金流量的来源和用途，预测现金流量的未来前景；间接法便于将净利润和经营所得现金流量产生的现金流量净额进行比较，分析净利润与经营现金流量之间的差别，分别评价利润和现金流量的质量。

2）工作底稿法或 T 型账户法

工作底稿法指以工作底稿为手段，以资产负债表和利润表数据为基础，对每一项目进行分析并编制调整分录，从而编制现金流量表。

T 型账户法编制现金流量表，是以 T 型账户为手段，以资产负债表和利润表数据为基础，以每一项目进行分析并编制调整分录，从而编制现金流量表。

5.2 现金流量表的结构与作用

5.2.1 现金流量表的结构

1. 经营活动现金流量

经营活动往往指除了投资活动和筹资活动以外的所有交易和事项。以工商企业为例，经营活动主要包括：销售商品、提供劳务、经营性租赁、购买商品、缴纳税款等，主要可以从以下几个方面来分析。

1）销售商品、提供劳务收到的现金

本项目反映企业销售商品、提供劳务实际收到的现金，包括销售收入和应向购买者收取的增值税销项税额，具体包括：本期销售商品、提供劳务收到的现金，前期销售商品、提供劳务本期收到的现金和本期预收的款项，减去本期销售本期退回的商品和前期销售本期退回的商品支付的现金。

2）收到的其他与经营活动有关的现金

本项目反映企业收到的其他与经营活动有关的现金，如罚款收入、经营租赁固定资产收到的现金、流动资产损失中由个人赔偿的现金收入、除税费返还外的其他政府补助收入等。其他与经营活动有关的现金，如果价值较大的，应单列项目反映。

3）购买商品、接受劳务支付现金

本项目反映企业购买材料、商品、接受劳务实际支付的现金，包括支付的货款及与货款一并支付的增值税进项税额，如本期购买商品、接受劳务支付的现金以及本期支付前期购买商品、接受劳务的未付和本期预付款项，减去本期发生的购货退回收到的现金。

4）支付给职工以及为职工支付的现金

本项目反映企业实际支付给职工的现金以及为职工支付的现金，包括企业为获得职工提供的服务，本期实际给予各种形式的报酬以及其他相关支出，如支付给职工的工资、奖金津贴和补贴等，以及为职工支付的其他费用，不包括支付给在建工程人员的工资。

5）支付的各项税费

企业按规定支付的各项税费，包括本期发生并支付的税费以及本期支付以前各期发生的税费和预付的税金，如教育费附加、房产税等，但不包括本期退回的增值税。

2. 投资活动现金流量

1）收回投资收到的现金

本项目反映企业出售、转让或到期收回除现金等价物以外的交易性金融资产、持有至到期投资、可供出售金融资产、长期股权投资、投资性房地产而收到的现金。不包括债权性投资收回的利息、收回的非现金资产以及处置子公司及其他营业单位收到的现金净额。

2）取得投资收益收到的现金

本项目反映企业因股权投资而收到的现金股利，从子公司、联营公司或合营企业分回利润而收到的现金，因债权性投资而取得的现金利息收入。

3）处置固定资产、无形资产和其他长期资产现金净额

本项目反映企业出售固定资产、无形资产和其他长期资产所取得的现金，减去为处置这些资产而支付的有关费用后的净额。由于自然灾害等原因所造成的固定资产等长期资产报废、毁损而收到的保险赔偿收入，也在此项目中反映。

4）处置子公司及其他营业单位收到的现金净额

本项目反映企业处置子公司及其他营业单位所取得的现金，减去子公司或其他营业单位持有的现金和现金等价物以及相关处置费用后的净额。

5）收到的其他与投资活动有关的现金

本项目反映企业除上述各项外，收到的其他与投资活动有关的现金。其他与投资活动有关的现金，如果价值较大的，应单列项目反映。

6）购建固定资产、无形资产和其他长期资产支付的现金

本项目反映企业购买、建造固定资产，取得无形资产和其他长期资产支付的现金包括购买机器设备所支付的现金及增值税款、建造工程支付的现金、支付在建工程人员的工资等现金支出，不包括以购建固定资产、无形资产和其他长期资产而发生的借款利息资本化部分以及融资租入固定资产所支付的租赁费用。

7）投资支付的现金

本项目反映企业进行权益性投资和债权性投资所支付的现金，包括企业取得的除现金等价物以外的交易性金融资产、持有至到期投资、可代出售金融资产而支付的现金以及支付的佣金、手续费等交易费用。

8) 取得子公司及其他营业单位支付的现金净额

本项目反映企业取得子公司及其他营业单位购买出价中以现金支付的部分,减去子公司或其他营业单位持有的现金和现金等价物后的净额。

3. 筹资活动现金流量

1) 吸收投资收到的现金

本项目反映企业以发行股票、债券等方式筹集资金实际收到的款项净额,发行过程中支付的审计、咨询费用不在本项目中列示。

2) 借款收到的现金

本项目反映企业举债而收到的现金,如长期借款、短期借款。

3) 收到的其他与筹资活动有关的现金

本项目反映除了上述各项目外,收到的其他与筹资活动有关的现金,如果金额较大就单列项目反映。

4) 偿还债务所支付的现金

企业归还金融机构的借款本金、偿还到期的债券本金,在此项目中列示。借款利息、债券利息不在本项目中列示。

5) 分配股利、利润或偿付利息支付的现金

企业实际支付的现金股利、支付给其他投资单位的利润或用现金支付的借款利息、债券利息在本项目中列示。

4. 汇率变动对现金的影响

汇率变动,是指企业外币现金流量及境外子公司的现金流量折算成记账本位币时采用的是现金流量发生日的即期汇率或平均汇率,而现金流量表中最后一行"现金及现金等价物净增额"中外币现金净增加额,是按期末汇率折算的,两者之间的差额即为汇率变动对现金的影响。

5.2.2 现金流量表的作用

现金与现金等价物是最具有流动性的资产。几乎所有有关资产投资或支付费用的管理决策都要求现金的立即运用或最终运用。这势必导致管理当局重视现金而不重视其他流动资金,某些使用者有时将应收账款和存货这样的资产看作流动资产的一部分。

现金流量表有助于投资者、债权人评估企业未来的现金流量。投资者、债权人从事投资与信贷的主要目的是为了取得收益并增加未来的现金流量。投资者在作出是否投资的决策时需考虑原始投资的保障、股利的获得以及股票市价变动等有利或不利因素的影响。债权人在作出是否贷款的决策时,关心的是能否按时获得利息和到期足额收回本金。而所有这些都取决于企业本身的现金流量的金额、时间及不确定性。只有企业能产生必要的现金流量,才有能力按期还本付息和支付稳定的股利。由于投资者、债权人所作决策的正确与否和现金流量信息之间具有高度的相关性,因此现金流量表提供的信息能帮助投资者、债权人评估企业未来的现金流量,进而帮助他们作出是否投资和贷款的决策。

现金流量表有助于财务报表使用者分析本期净利与经营活动现金流量之差异的原因。就企业全部经营时间而言,创造净利的总额应等于其结束清算、变卖资产并偿还各种债务

后的净现金流入。但是，由于贯彻权责发生制原则，定期计算损益，会计上又必须将企业连续不断的经营活动划分为一个个首尾相接、等间距的会计期间。因此，就某一个会计期间而言，损益确认的时间与现金流动的时间就不可能完全一致。当企业所处经济环境发生变化时，尤其是当通货膨胀期间企业为逃避风险而将现金投放于存货和其他资产时，损益确认与经营活动净现金流入的时间差异必然扩大，以致在某些年份有可观的净利而无可支配的现金，而有些年份恰恰与此相反。现金流量表披露本期净利与经营活动现金流量之间的差异及产生的原因等有关信息，这便于投资者、债权人合理地预测与评价企业未来的现金流量。

ABC 公司现金流量表框架分析

表 5-1 ABC 公司简易现金流量表

项 目	金额/万元	百分比/%
现金流入总量	5 947.7	100.00
经营活动流入总量	4 356.4	73.25
投资活动流入总量	1 023.4	17.20
筹资活动流入总量	567.9	9.55
现金流出总量	5 523.7	100.00
经营活动流出总量	4 025.1	72.87
投资活动流出总量	756.3	13.69
筹资活动流出总量	742.3	13.44

1. 流入结构分析

在全部现金流入量中，经营活动所得现金占 73.25%，投资活动所得现金占 17.20%，筹资活动所得现金占 9.55%。由此可见该公司现金流入量主要来源于经营活动，投资活动、筹资活动对企业的现金流入贡献很少。

2. 流出结构分析

在全部现金流出量中，经营活动支出占 72.87%，投资活动占 13.69%，筹资活动占 13.44%。该公司现金流出主要是经营方面，其次是投资活动、筹资活动，经营活动现金支出远远大余其他活动支出，说明其以生产经营为主要的经济活动。

3. 流入流出比例分析

从表 5-1 中可以看出该公司经营现金流入总量是 5 947.7 万元，流出总量是 5 523.7 万元，经营现金流入量与流出量比是 1.08:1，表明公司 1 元的投入可以获得 1.08 元的收入，经营活动的收益并不是很高。投资活动中，现金流入量 1 023.4 万元，流出量 756.3 万元，流入量与流出量比是 1.35:1，流入量高于流出量，也许企业并没有很多，但这个比值比经营活动要高些，也许投资收益率更高。筹资活动中，现金流入量 567.9 万元，流出量是 742.3 万元，流入量与流出量比是 0.77:1，流出量高于流入量，估计公司处于借新债还旧债的阶段。

除以上分析外，还可以结合更为详细的资料，分析企业的现金收支情况，如经营活动现金流出的方向、投资方向与来源、筹资的收入与成本等，这些都是现金流量分析比较具体的内容。

5.3 现金流量表的综合分析

现金流量表以现金收付制为编制原则,不受权责发生制的应计、递延、摊销和分配程序的影响。因此,通常认为现金流量与权责发生制的盈余相比,不容易被操纵,是相对可靠的"硬"数字。但现金流量表准则的"三分法",即将现金收支分为投资、筹资和经营活动,为经营活动现金流的确认提供了"会计选择"余地,债权债务管理等各种理财策略的运用可以调节现金流在不同会计期间的分配。这就为经营现金流的操纵提供了技术性空间。因此在分析现金流量表时,要审核正常数据变化和人为的操纵。

5.3.1 影响经营活动现金流量变化的分析

企业经营活动受到多方面因素影响,长期来看有一定的规律性,但短期来看又是变化多样的。企业所处的行业不同,发展阶段不同,对现金的需求量是不同的。对制造性企业来说,在企业发展的初期,由于市场还不是很明确,大部分的投入都是自有投入,对现金的需求是巨大的。同时在销售中不可避免地会存在赊销情况,这种收付异常对企业现金流量的影响也是多变的。通常由于收款的季节性,每年的年中和年底的现金流量就会有所不同。现金收付发生的时间往往会成为人为操纵现金流量的方法,具体包括货款回收、清理资金占用、延长付款期限、通过关联方代垫费用支出等方式。因此在进行现金流量表的分析过程中,要参阅这些方法的选择,警惕企业以牺牲未来经营活动流量为代价而获得的经营活动现金净流量一次性提高。

延迟支付货款和其他款项

某公司 2010 年公开发行上市,发行当年和次年"经营活动现金流"为 −860 万元和 1 726 万元,远远小于"经营活动的利润"的 4 334 万元和 5 718 万元,说明各年度经营利润主要来自权责发生制下应计利润的增加,缺乏现金支撑,但这在当时并未造成该公司发行上市的障碍。2012 年,公司申请配股,该年度现金流量表显示"经营活动现金流"有所好转,达到 5 950 万元,已经接近经营活动的利润 6 126 万元。但分析会计报表附注不难发现,2012 年应付账款在年初 9 731 万元的基础上增加 15 393 万元,应付账款周转率也从 2012 年年初比 2011 年年初下降 25%~8.7%的基础上进一步降至 6.41%,说明公司通过延迟付款以减少当年现金支出。与此同时,公司其他应付款长期挂账,一年以上款项达 3 000 万元。假如公司在 2012 年不是有意推迟偿付应付账款和其他应付款,经营活动现金流将"难看"得多。公司为什么在 2010 年首次公开上市时对现金流指标并不在意,而在 2012 年申请配股时有意修饰呢?2011 年以来证券会在配股审核时对应计利润和现金流指标的关注也许是合理解释。

5.3.2 影响投资活动现金流量变化的分析

企业投资有对内投资和对外投资,由于投资往往涉及较大金额和较长时间的投入,对现金流量的影响是长时间的。比如,企业要扩大规模增加几条生产线,往往是在几年的时间里分批投入,还有上市公司经常进行的企业并购,这些都会影响现金流量。

值得注意的是按照 2006 年财政部颁布的新会计准则，收购企业资产（既包括固定资产，也包括应收账款、存货等流动资产）所支付的现金全部计入投资活动支出。但实务中收购资产中的应收账款产生现金回笼、存货实现现金销售时，却"理所当然"地被计入了经营活动收到的现金。因此有些公司仅仅依靠收购一些营运资本（非货币的流动性资产减去非货币的流动性负债）为正的子公司，就可以获得经营现金流的增长。另外，拟收购的子公司或经营单位在收购完成前结清债务，而在收购完成后债权陆续回收，也可以提高收购公司的经营现金流。在分析时就要注意它实质上并不属于经营活动的现金流，而是由于投资活动而产生的。

5.3.3 影响筹资活动现金流量变化的分析

筹资活动伴随企业的整个成长与发展，企业现金流很大程度上受筹资活动的影响，而筹资活动本身又受宏观经济环境影响，如国家的货币政策、银行放贷条件、二级市场的繁荣状况等，这些对企业获取资金的数量、途径及其成本等都有非常重要的影响。比如，对我国而言，2011 年是货币紧缩的财政年度，每个公司都非常难从银行筹集到资金。在这种情况下对于一些资金密集型企业来说，为了获得资金就必须花比平时更多的成本，资金流量也可能明显减少。

本 章 小 结

现金流量表是反映企业在一定会计期间现金和现金等价物流入和流出的报表。编制现金流量表的主要目的，是为财务报表使用者提供企业一定会计期间内现金和现金等价物流入和流出的信息，便于报表使用者评价企业的支付能力、偿债能力和周转能力，是预测未来现金流的重要依据。

现金流量表以现金收付实现制为编制原则，划分为经营活动现金流量、投资活动现金流量和筹资活动现金流量。现金流量表的编制方法有直接法、间接法、工作底稿法和 T 型账户法。

在进行现金流量表分析时要注意影响经营活动、投资活动及筹资活动变化的各种因素。

中英文对照专业名词

现金流量表 cash flow statement
营业收入 operating income
营运资金 working capital
自由现金流 free cash flow
贴现 discount
企业价值评估 business valuation

本章链接

现金流量表案例分析，http://www.youshang.com/content/2010/07/20/27999.html

思考与练习

一、简答题

1. 现金流量表的结构与作用是什么？
2. 现金流量表的编制基础是什么？
3. 如何综合分析现金流量表？
4. 影响经营活动现金流量的是什么？

二、案例分析题

假设你正在对 ABC 公司的长期现金流量进行预测，这一预测报告附有一份其普通股股票计划下月首次公开发行的说明。因此，该公司下个五年的净现金流量预测均为零或负数。在同期，ABC 公司预测净收益高于股东权益的 15％，有很多人怀疑这些预测的可靠性。

请分析其未来五年现金流量预测与净收益预测。

第6章 其他信息

教学目标与要求

在进行企业财务分析时，除了要对财务报表本身作深入分析，还要研究报表以外的信息。本章对财务报表以外的信息即报表附注、审计报告、宏观信息等作出阐述，分析其作用，介绍在作报表分析时应该如何利用这类信息。通过学习大家可以更深入、细致地分析报表数据，学会审核和运用报表以外的信息，为企业的经济决策提供有价值的信息。

本章知识要点

知识要点	能力要求	相关知识
重大事件	掌握重大事件的披露方法	重大事件对财务报表的影响
审计报告	掌握审计报告的基本概念	审计报告的作用
内部财务资料	掌握内部财务资料包括的内容	内部财务资料与财务报表的相关性

财务分析

 导入案例

鄂武商从2010年开始就一直被关注,其2012年第三季度报显示公司前三季共实现营业收入107亿元,同比增长16.75%,实现归属于上市公司股东的净利润3.02亿元,同比增长9.96%,其中三季度营收33.7亿元,净利润6 081万元,分别同比增长17.94%和11.81%。或许这个数据并不惊艳,但考虑到公司摩尔项目开业不久,管理费用和财务费用短期出现急剧增长,这个成绩并不容易。季报显示,2012年前三季管理费用高达1.76亿元,同比增长46%,财务费用达到5 691万元,同比增长69%。

尽管有着业绩向好的预期,机构投资者对公司的分歧仍相当严重。公司前十大流通股东中,除了武汉国资和银泰系各有三只代表外,长期由四家机构驻扎,对照三季度末的股东名单看,在过去几个月博时新兴成长基金进行了积极加仓,富国天瑞强势地区精选混合型基金则进行了较大幅度的减持,另两只基金汇添富和工银瑞信的持股量变化不大。

"由于武汉国资的增持成本非常高(要约价21.21元),但截止于2012年10月20日公司股价不到12元,银泰前期虽然减持了但完全有可能在未来拣回来,而且6个月不能增持的期限已经过了大半,公司管理层承受的经营压力可以想象,业绩应该有充分的保障。"

在做好传统主业的同时,鄂武商也在积极寻找新的增长点,公司公告,拟认购汉口银行1亿股定增股,认购价格为每股3.8~4元。汉口银行为一家总部位于武汉的区域性股份制商业银行,近年来扩张迅猛,计划实施新一轮增资扩股,募集9.5亿股后总股本将扩张到44.68亿股。

9月份两次遭到卓尔举牌的汉商集团今天也披露三季报,公司前三季度累计实现净利润137万元,同比增长53%。从股东持股情况看,在9月18日大举增持并二度举牌之后,卓尔控股及其实际控制人阎志在当月余下的交易日里没有继续增持公司股份。有消息人士称,即使阎志有意主汉商集团,在持股量已经超过10%并两次举牌之后,继续通过二级市场买入不仅成本高,以汉商集团目前的股权结构来分析也不一定能达到目的,理性的思路应该是和大股东方面进行积极沟通,继续增持并强行举牌的概率已经不大。

在进行财务分析时,不仅要分析表内数据,同时还要关注其表外信息,有必要根据分析目的的不同有针对性地寻找适合的信息及数据。

6.1 宏观信息

如果将企业比喻成一艘船,宏观环境就是水了,水能载船也能覆船。企业不能改变宏观环境,只能是自身不断调整来适应环境。由于财务报表只能代表过去的、历史的信息,而作财务报表分析的目的之一是对以后的经济情况进行有效的预测,因此很有必要结合宏观经济环境的变化做好预备。

例如,金融机构人民币存款准备金率,从2007年1月15日的9.5%到21%的历史高位时,可一次性冻结银行资金3 800多亿元,这种大幅度的变动对许多资金密集型企业来说具有非常大的影响,很多企业由于得不到融资,不能及时偿还贷款而不得不面临兼并或者破产的命运。

6.2 重大事件

这里的重大事件是指上市公司根据证券法则的要求，对企业发展有重大影响的经济事件。按照证券法规的相关要求，上市公司应及时、真实地对外公布重大事件的详细内容。市场的有效性假设在很大程度上说明这些信息对外公布的重要性。例如，(002252)上海莱士2012年2月21日对外公布，使用部分闲置募集资金暂时补充流动资金情况。上海莱士于2011年8月22日召开第二届董事会第十次会议审议通过了《关于继续使用部分闲置募集资金暂时补充流动资金的议案》，同意公司继续使用3 500万元闲置募集资金暂时补充流动资金，使用期限为自董事会批准之日起不超过六个月。鉴于公司经营的实际情况，公司未使用上述3 500万元闲置募集资金暂时补充流动资金，该笔资金目前仍存于募集资金专项账户中，该情况已及时通知了保荐机构及保荐代表人。这则信息最少说明两个意思：第一，公司有大量的闲置资金；第二，闲置资金并没有用出去。从财务的角度来分析，闲置资金太多对企业来说并不是很好的事情，在一定程度上说明企业投资项目不多，资金利用效率不高。

6.3 审计报告

审计报告是注册会计师根据独立审计准则的要求，在实施了必要的审计程序后出具的，对被审计单位年度会计报表发表审计意见的书面文件。一般来说，会计报表使用者的专业知识、时间及精力等条件都很有限，很难对企业会计报表的真实性和合理性进行有效及准确的判断，审计报告是由独立于企业外部的专业人士对会计报表发表的意见，具有很强的说明力及可信度，能很好地帮助报表使用者评估和预计企业的财务状况。

6.3.1 无保留意见的审计报告

当报表呈现出"无保留意见"时，分析应该明确以下几点：①审计人员对被审计单位的会计报表，依照独立审计准则的要求进行审查后，确认被审计单位采用的会计处理方法遵循了会计准则及有关规定；②会计报表反映的内容符合被审计单位的实际情况；③会计报表内容完整，表达清楚，无重要遗漏；④报表项目的分类和编制方法符合规定要求。根据这个评价，在分析报表时可以完全相信报表所列数据的真实性和正确性，也就是说报表数据是干净的，没有被人为地变动，报表数据能够反映企业的基本情况，由此所计算的相关比率数据或估计也应该是可以信服的，可以被采纳的。

6.3.2 保留意见的审计报告

当报表呈现出"保留意见"时，表明报表数据经过注册会计师审计后，认为被审计单位会计报表的反映就其整体而言是公允的，但存在下述情况之一时，应出具保留意见的审计报告：①个别重要财务会计事项的处理或个别重要会计报表项目的编制不符合《企业会计准则》及国家其他有关财务会计法规的规定，被审计单位拒绝进行调整；②因审计范围受到重要的局部限制，无法按照独立审计准则的要求取得应有的审计证据；③个别重要会计处理方法的选用不符合一贯性原则。这种评价虽然没有象"无保留意见"那样让人们能百分之百接受报表数据,但它也不是全盘否定,只是有些数据审计师也不能确定,还需要其他信息来佐证。根据这些,在分析报表时,就应该参照审计意见所指出的问题或待改进的地方,特别关注它们所引起的报表数据的变化,预测其可能对未来决策所发生的影响。例如,紫光古汉 2010 年被出具了保留意见的审计报告,原因是公司有关事项被立案稽查与诉讼中,截至财务报表批准日,审计部门无法获取相关外部证据预测该事项对公司财务状况、经营成果和现金流量的影响,在进行报表分析时就要针对这些收集其他信息,评估这些对企业未来的影响,评价企业的风险。

1. 否定意见的审计报告

当报表呈现"否定意见"时,则表明注册会计师经过审计后,认为被审计单位的会计报表存在以下问题:会计处理方法的选用严重违反《企业会计准则》及国家其他有关财务会计法规的规定,被审计单位拒绝进行调整;或者会计报表严重歪曲了被审计单位的财务状况、经营成果和资金变动情况,被审计单位拒绝进行调整。其实这种报表对分析者来说就是很糟糕的了,意味着许多数据都不是很正确的,也不能进行调整,在运用时就要谨慎。

2. 无法表示意见的审计报告

这种报告结果是所有报告中最差的一种,它表明注册会计师在审计过程中,由于审计范围受到委托人、被审计单位或客观环境的严重限制,不能获得必要的审计证据,以致无法对会计报表整体反映情况发表审计意见。因此这种报表所呈现的数据是没有真实性的,几乎不能为外部使用者所用,我们也无法用它来计算相关的比率,这种报表往往不为人们所使用。

6.4 内部财务资料

与会计报表不同,企业内部财务资料没有一定的格式要求,主要是根据企业内部经济事项编制,有很大的随意性,当然在一个较长的时间范围内也不会发生变动。内部财务资料所反映的信息有时比财务报表更详细、更具有针对性,也更有时效性,不同的企业内部财务资料各不相同,比较常见的有以下一些内容。

6.4.1 收入明细资料

企业内部收入明细资料往往不是特别强调主营业务收入和其他业务收入,更多的是反映收入的规模、季节性、市场分部等情况。借助此信息可以更深入、详尽了解企业各类营业收入的水平以及发展前景,为决策提供依据。

6.4.2 成本费用明细资料

成本费用明细资料往往在企业里是最复杂,也是最不容易对外公布的资料,它包含有生产成本详细资料、各类期间费用详细资料及相关的标准成本、预算费用资料等。通过成本明细资料分析,可以更透彻剖析企业成本费用水平的高低、导致成本费用变动的原因,方便寻找更多的利润增长空间。

6.4.3 负债明细资料

不同的负债种类、期限及债权人，对企业的现金流的影响是不同的，因此对企业进行财务分析，非常有必要对企业的负债明细资料进行深入分析，了解企业债务到期的时间、应还款金额以及如果不能及时偿还存在的潜在危机，为企业的继续筹资规划提供重要依据。

6.5 附 注

附注是财务报表不可或缺的组成部分，是对在资产负债表、利润表、现金流量表等报表中列示项目的文字描述或明细资料以及对未能在这些报表中列示项目的说明等。

财务报表中的数字是经过分类与汇总的结果，是对企业发生的经济业务的高度简化和浓缩的数字，如果没有对这些数字所使用的会计政策等的披露，财务报表就不可能充分发挥效用。

6.5.1 企业基本情况

通过企业基本情况分析，可以了解企业的注册地、所处行业、母公司及子公司等，通过分析这个往往可以了解企业税收政策、关联公司之间的交易等。

6.5.2 遵循企业会计准则的声明

在对报表所有数据分析之前，首先要了解企业编制报表的总体基调，也就是通常所指的企业编制财务报表所依据的制度基础，即要明确所编制的财务报表是否符合企业会计准则的要求，明确报表是真实、完整地反映了企业的财务状况、经营成果和现金流量等有关信息，只有确定了这些才能进一步作报表分析。

6.5.3 重要会计政策和会计估计

1. 重要会计政策的说明

对于报表使用者来说由于企业经济复杂性和多样化，某些经济业务可以有多种会计处理方法，也即存在不止一种可供选择的会计政策，例如，固定资产的折旧，可以有平均年限法、工作量法、双倍余额递减法等，企业选择不同的会计处理方法，可能极大地影响企业的财力状况和经营成果，进而编制出不同的财务报表。因此在作分析前要了解企业所选择的核算方法。

2. 重要会计估计的说明

《企业会计准则第 30 号——财务报表列报》强调了对会计估计不确定因素的披露要求，企业应当披露会计估计中所采用的关键假设和不确定因素的确定依据。报表分析者要关注这些关键假设和不确定因素，它们在下一会计期间内很可能导致对资产、负债账面价值的重大调整。例如，固定资产可收回金额的计算需要根据其公允价值减去处置费用后的净额与预计未来现金流量的现值两者之间的较高者确定。

案例分析

谁将主宰鄂武商

表 6-1　鄂武商 A 前十大股东股权结构

2014 年 3 月 31 日　　　　　　　　　　　　　　　　　　　　　　　单位:%

股东名称	持股比例	股本性质
武汉商联(集团)股份有限公司	20.17	国有法人
浙江银泰百货有限公司	14.4	境内非国有法人
湖北银泰投资管理有限公司	8.22	境内非国有法人
中国工商银行——汇添富均衡增长股票型证券投资基金	4.52	境内非国有法人
武汉国有资产经营公司	3.25	国有法人
武汉经济发展投资(集团)有限公司	2.88	境内非国有法人
浙江银泰投资有限公司	1.86	外商投资企业
武汉汉通投资有限公司	1.84	境内非国有法人
中国工商银行——诺安平衡证券投资基金	1.79	境内非国有法人
中国建设银行——工银瑞信精选平衡混合型证券投资基金	1.78	境内非国有法人

鄂武商 A 与浙江银泰百货有近两年的股权之争,从表 6-1 中可以看出银泰百货与银泰投资即银泰系拥有股份总额 24.48%,似乎为第一大股东,而鄂武商的最大股东武汉商联集团股份有限公司(以下简称武商联)只持有 20.17% 的股份,武汉最赚钱的企业貌似要成为浙江的企业了。但根据鄂武商 A 发布的公告,截至 2013 年 6 月 1 日公司大股东武商联集团与武汉经发投、武汉国有资产经营公司、武汉开发投资有限公司、武汉汉通投资有限公司、武汉钢铁(集团)公司实业公司、武汉市总工会、武汉阿华美制衣有限公司、武汉地产开发投资集团有限公司、中国电力工程顾问集团中南电力设计院签订协议,武商联作为公司一致行动人,共持有鄂武商 A 股份 24.67%,同时作为一致行动人向鄂武商 A 除收购人以外的全体流通股股东发出部分要约收购。根据要约收购方案,收购方拟以每股 21.21 元的价格收购鄂武商 A 合计不高于 2 536 万股的股份。其中,武商联集团决定以要约方式收购鄂武商 A 不高于 943 万股,武汉经发投收购不高于 943 万股,武汉国资公司收购不高于 650 万股,分别占总股本的 1.86%、1.86% 和 1.28%,合计占总股本 5%。

可以看出鄂武商 A 如果简单地只是分析报表数据很难发现公司的实质控制权,因此有时也要结合公司对外公告、报表的附注信息,从总体上分析报表所呈现出来的表面数据。

本 章 小 结

在进行财务报表分析时，除了要对四大报表进行内容和结构上的分析之外，还要参考报表外的其他信息。这些信息对分析报表、估计相关数据的变化、制定战略决策同样是重要的。本章中所谈的主要其他信息包括：

宏观信息，它直接影响到企业的发展方向和战略，分析财务报表的目的是很好地估计企业未来的情况并作出决定，因此必须要重视企业赖以生存的环境。

重大事件，按证券会的规定，公司有重大事件发生时，必须对外公布，这些信息虽然反映的是已经发生的事情，但过去发生的事在很大程度上都有延续性，这对于报表使用者预计未来将要发生的事情是很重要的。

审计报告是注册会计师根据独立审计准则的要求，在实施了必要的审计程序后出具的，对被审计单位年度会计报表发表审计意见的书面文件。审计报告只有四种结果，即无保留意见、保留意见、否定意见和无法表示意见，四种审计结果直接说明了财务报表的真实性。

内部财务资料，企业内部财务资料没有一定的格式要求，主要根据企业内部经济事项编制，有很大的随意性，当然在一个较长的时间范围内也不会发生变动。为了更深入分析企业财务状况，很有必要深入企业内部研究内部财务资料。

附注是财务报表不可或缺的组成部分，是对在资产负债表、利润表、现金流量表等报表中列示项目的文字描述或明细资料以及对未能在这些报表中列示项目的说明。

中英文对照专业名词

授信额度 credit limit
担保责任 guarantee liability
市场风险 market risk
企业价值 enterprise value
财务角度 financial perspective
财务困境 financial distress

思 考 与 练 习

一、简答题

1. 财务报表附注主要包括哪些内容？
2. 如何运用审计报告信息？
3. 财务报表综合分析应该考虑哪些内容？

二、计算题

1. 某公司 2014 年经营活动产生的现金净流量是 400 000 元，投资活动产生的现金净流量是 -450 000 元，筹资活动产生的现金净流量是 80 000 元；2015 年经营活动产生的现金净流量是 350 000 元，投资活动产生的现金净流量是 -300 000 元，筹资活动产生的现金净流量是 70 000 元。问 2014 年及 2015 年公司现金及现金等价物净额是多少？

2. 某公司生产 A 产品，该产品近四年来的营业收入分别是 600 万元、750 万元、950 万元和 1 369 万元，请计算各年的销售增长率并判断产品所处的生命周期阶段。

三、案例分析题

武汉凯迪电力股份有限公司对外担保分析

单位：万元

获得担保方	担保时间起始日	担保终止日	担保内容	担保金额
河南蓝光环保发电有限公司	2013-12-28	2014-12-28	银行贷款	2 000
平顶山市江岭环保建材有限公司	2013-11-20		贷款授信额度	2 600
郑州煤炭工业(集团)杨河煤业有限公司	2013-3-9	2014-3-9	银行贷款	10 000
武汉东湖高新集团股份有限公司	2012-12-31	2020-12-30	银行贷款	9 200
武汉东湖高新集团股份有限公司	2012-10-30		银行贷款	13 000
郑州煤炭工业(集团)杨河煤业有限公司	2012-10-17	2013-10-17	银行贷款	10 000

以上是武汉凯迪电力股份有限公司 2012—2013 年间对外进行的担保数据，结合公司的简易财务报表分析对外进行担保的目的。

武汉凯迪电力股份有限公司 2012 年、2013 年资产负债表

单位：元

报表日期	2013 年 12 月 31 日	2012 年 12 月 31 日
流动资产		
货币资金	1 531 540 000	709 530 000
交易性金融资产	180 655	156 355
应收票据	5 470 000	10 300 000
应收账款	805 711 000	357 589 000
预付款项	210 027 000	209 619 000
应收股利	8 655 700	0
其他应收款	284 254 000	327 681 000
存货	555 288 000	372 464 000
一年内到期的非流动资产	278 435	19 355
流动资产合计	3 401 404 790	1 987 358 700
非流动资产		
长期股权投资	681 462 000	643 829 000
投资性房地产	13 822 100	14 334 100

续表

报表日期	2013年12月31日	2012年12月31日
固定资产原值	3 263 040 000	2 882 630 000
累计折旧	395 724 000	333 494 000
其他非流动资产	904 811 900	1 108 712 900
非流动资产合计	5 258 860 000	4 983 000 000
资产总计	8 660 264 790	6 970 358 700
流动负债		
短期借款	1 105 900 000	1 206 000 000
交易性金融负债	5 052 870	31 899 300
应付票据	282 872 000	351 849 000
应付账款	746 170 000	568 431 000
预收款项	467 106 000	62 882 800
一年内到期的非流动负债	592 550 000	95 000 000
其他流动负债	529 079 130	516 097 900
流动负债合计	3 728 730 000	2 832 160 000
非流动负债		
长期借款	1 389 000 000	1 588 000 000
长期应付款	698 758 000	1 356 200
递延所得税负债	6 063 730	29 431 700
其他非流动负债	58 862 900	17 660 000
非流动负债合计	2 152 684 630	1 636 447 900
负债合计	5 881 414 630	4 468 607 900
所有者权益		
实收资本（或股本）	368 480 000	368 480 000
资本公积	249 326 700	226 768 000
盈余公积	143 419 000	132 987 000
未分配利润	916 002 000	774 073 000
归属于母公司股东权益合计	1 677 227 700	1 502 308 000
少数股东权益	1 101 630 000	999 443 000
所有者权益（或股东权益）合计	2 778 857 700	2 501 751 000
负债和所有者权益（或股东权益）总计	8 660 272 330	6 970 358 900

武汉凯迪电力股份有限公司 2012 年、2013 年利润表

单位：元

报表日期	2013 年	2012 年
一、营业总收入	2 005 880 000.00	1 855 140 000.00
营业收入	2 005 880 000.00	1 855 140 000.00
二、营业总成本	1 649 330 550.00	1 693 159 720.00
营业成本	1 244 430 000.00	1 216 780 000.00
营业税金及附加	47 082 800.00	43 233 000.00
销售费用	15 962 800.00	7 994 520.00
管理费用	203 543 000.00	218 452 000.00
财务费用	129 036 000.00	166 214 000.00
资产减值损失	9 275 950.00	40 486 200.00
公允价值变动收益	26 870 800.00	-31 939 400.00
投资收益	21 283 100.00	81 542 100.00
其中：对联营企业和合营企业的投资收益	26 294 200.00	29 219 800.00
汇兑收益	238 887.00	0.00
三、营业利润	404 942 237.00	211 582 980.00
营业外收入	5 374 340.00	36 944 400.00
营业外支出	5 232 460.00	15 595 600.00
其中：非流动资产处置损失	2 728 940.00	0.00
利润总额	405 084 117.00	232 931 690.00
所得税费用	94 814 100.00	89 974 300.00
四、净利润	310 270 017.00	142 957 390.00
归属于母公司所有者的净利润	190 879 000.00	42 319 000.00
少数股东损益	119 392 000.00	100 631 000.00
五、每股收益		
基本每股收益	0.52	0.11
稀释每股收益	0.52	0.11
六、其他综合收益	0.00	0.00
七、综合收益总额	310 270 017.00	0.00
归属于母公司所有者的综合收益总额	190 879 000.00	0.00
归属于少数股东的综合收益总额	119 392 000.00	0.00

武汉凯迪电力股份有限公司 2012 年、2013 年现金流量表

单位：元

报表日期	2013 年 12 月 31 日	2012 年 12 月 31 日
一、经营活动产生的现金流量		
销售商品、提供劳务收到的现金	2 295 960 000	2 165 900 000
收到的其他与经营活动有关的现金	153 582 000	217 840 000
经营活动现金流入小计	2 449 542 000	2 383 740 000
购买商品、接受劳务支付的现金	911 903 000	1 056 000 000
支付的其他与经营活动有关的现金	703 957 000	769 850 000
经营活动现金流出小计	1 615 860 000	1 825 850 000
经营活动产生的现金流量净额	833 682 000	557 890 000
二、投资活动产生的现金流量		
收回投资所收到的现金	0	15 713 100
取得投资收益所收到的现金	672 024	408 036
其他投资所得	8 995 100	66 855 901
投资活动现金流入小计	9 667 124	82 977 037
购建固定资产、无形资产和其他长期资产所支付的现金	704 670 000	552 708 000
投资所支付的现金	50 695 990	105 619 905
投资活动现金流出小计	755 365 990	658 327 905
投资活动产生的现金流量净额	−745 698 866	−575 350 868
三、筹资活动产生的现金流量		
吸收投资收到的现金	50 000 000	0
其中：子公司吸收少数股东投资收到的现金	50 000 000	0
取得借款收到的现金	1 781 800 000	2 662 900 000
收到其他与筹资活动有关的现金	848 900 000	0
筹资活动现金流入小计	2 680 700 000	2 662 900 000
偿还债务支付的现金	1 743 350 000	2 149 000 000
分配股利、利润或偿付利息所支付的现金	188 965 000	236 806 000
支付其他与筹资活动有关的现金	15 502 300	0
筹资活动现金流出小计	1 947 817 300	2 385 806 000
筹资活动产生的现金流量净额	732 882 700	277 094 000

第三篇

财务能力分析

第 7 章 偿债能力分析

教学目标与要求

本章主要介绍企业短期偿债能力和长期偿债能力的相关分析方法。通过本章学习，应当掌握有关偿债能力指标的含义、计算和分析技术，理解短期偿债能力和长期偿债能力的关系，并能够对企业的综合偿债能力作出评价。

本章知识要点

知识要点	能力要求	相关知识
偿债能力分析	了解偿债能力分析的相关基础理论	(1) 偿债能力分析的含义 (2) 偿债能力分析的目的 (3) 偿债能力分析的分类
短期偿债能力分析	重点理解和掌握各种短期偿债能力指标的含义和计算方法	(1) 营运资金 (2) 流动比率 (3) 速动比率 (4) 现金比率 (5) 现金流动负债比率 (6) 影响短期偿债能力的因素
长期偿债能力分析	重点理解和掌握各种长期偿债能力指标的含义和计算方法	(1) 资产负债率 (2) 产权比率 (3) 已获利息倍数 (4) 长期资产适合率 (5) 经营亏损挂账比率 (6) 影响企业长期偿债能力的因素

> **导入案例**
>
> **尚德危情：债务、亏损、骗局、官司**
>
> 陷入反担保骗局所引发的连锁反应正在将短期偿债能力很差的光伏巨头——尚德电力（STP. NYSE，下称尚德）推向债务违约的边缘。
>
> 部分分析人士向《第一财经日报（微博）》表示，尚德已处于资不抵债的状态。而尚德今年一季度财报显示，该公司有短期债务 15.74 亿美元，手持现金及现金等价物仅 4.74 亿美元。在全行业短期内难以扭亏的大背景下，尚德如不能出售子公司股份或继续举债以换取周转资金，则将最迟于明年一季度末短债到期时陷入无力偿债的危局。
>
> 就在这最需要信用和资金的关头，尚德一项海外投资的反担保面临受骗落空局面，或将影响尚德出售该项目股份以回笼资金的可行性。
>
> 而美国两家律所也意欲代表投资者对尚德发起集体诉讼，要求其承担未能避免陷入骗局的责任。
>
> （资料来源：严俞."尚德危情：债务、亏损、骗局、官司"[N]．第一财经日报．2012年8月8日）

7.1 企业偿债能力分析概述

7.1.1 偿债能力分析的含义

偿债能力是指企业偿还到期债务（包括本息）的能力。偿债能力分析包括短期偿债能力分析和长期偿债能力分析两个方面。企业偿还债务能力的强弱，是判断企业财务状况好坏的主要标准之一。

《企业会计准则——基本准则》第二十三条规定"负债是指企业过去的交易或者事项形成的、预期会导致经济利益流出企业的现时义务。现时义务是指企业在现行条件下已承担的义务。未来发生的交易或者事项形成的义务，不属于现时义务，不应当确认为负债。"显然，偿还债务的方式可以是用企业资产偿还，也可以是以提供劳务抵偿。但是由于以提供劳务抵偿债务受到很多主客观因素的限制，因而不是偿还债务的常见方式，在分析偿债能力时，我们不将它作为主要因素来考虑。所以，我们主要考虑以资产偿还债务的能力。

在全部资产中，除现金及现金等价物外，其他资产常常不能形成现时的直接偿付能力。因此，分析企业偿债能力的另一个关键问题是资产变现力，即企业各项资产转化成现金及现金等价物的能力。在一定期间，企业拥有多少现金、具有多大的资产变现力，决定了企业偿还债务的保证能力。

将一项资产转化为现金流入，通常要经过销售业务来实现。对制造业企业而言，在销售业务之前，还要经过生产制作过程。因而，分析企业偿债能力，还需要结合企业销售和利润的实现以及生产经营情况进行综合分析。

企业偿债能力的强弱除了取决于企业资产的流动性外，还取决于企业负债的规模以及负债的流动性。因此，分析企业偿债能力还必须结合企业的负债情况来进行分析。

7.1.2 偿债能力分析的目的

偿债能力分析是财务分析的重要组成部分。企业能否有足够的现金和偿还债务的能力是企业各利益相关者都非常关心的问题。

对于企业的债权人来讲，企业的偿债能力直接关系到其债权能否到期收回以及能否得到约定的利息回报；对于企业的股权投资人而言，企业如果不能按时偿还到期债务，将影响到企业的日常经营，使企业的盈利能力受到影响，并最终影响股权投资人自身的利益；对于企业经营者来讲，对企业偿债能力的分析，既有监督、控制偿债能力的目的，又有保证生产经营过程正常进行的目的，他们对企业偿债能力进行分析，有助于对企业的经营状况作出判断，发现企业经营中存在的问题并进行合理解决；对于企业的潜在债权人而言，分析企业偿债能力，有助于他们根据企业的偿债能力确定贷款的金额、期限和利率。

7.1.3 偿债能力分析的分类

按照偿还债务的期限长短不同，企业的偿债能力可以分成短期偿债能力和长期偿债能力两种。短期偿债能力反映企业偿付即将在一年内到期的债务的能力；长期偿债能力则是衡量企业偿还长于一年的债务本金及按约定支付债务利息的能力。

1. 短期偿债能力与长期偿债能力的区别

（1）两者的偿债资产不同。支撑企业短期偿债能力的力量源泉是流动资产，而企业长期偿债能力的强弱则取决于资产、负债与所有者权益之间的比例关系及企业盈利能力的大小。

（2）两者的稳定程度不同。一般而言，企业短期偿债能力具有较大的波动性，因为企业的短期负债是具有较大波动性的流动性支出；而企业长期偿债能力则具有相对稳定性，因为长期负债往往都有其约定的用途，常用于企业有计划的固定支出，长期负债的偿还期往往也是事先约定好的。所以，企业所具有的长期偿债能力往往比其短期偿债能力要稳定一些。

2. 短期偿债能力与长期偿债能力的联系

（1）对两者的评价都可用以揭示企业的财务风险。对这两种能力进行评价的财务指标，主要都是特定资产与特定负债的比值，从而反映了资产与负债的相对关系。

（2）两者存在相互影响和转化的关系。所谓短期负债和长期负债，只是一种静态上的划分。从动态的角度看，在长期借款取得的初期，因为借入的款项大多以现金的形式存在，所以随着长期借款资金的流入，会使得长期资产对长期负债比率下降，而流动资金对流动负债的比率上升，即反映为企业长期偿债能力下降而短期偿债能力提高；但随着时间的推移，长期负债总会转化为短期负债，在资产结构及负债规模一定的情况下，就会导致短期偿债能力指标的下降。

（3）从根本上讲，两种偿债能力的提高都有赖于企业的经营能力。企业经营能力强，表明企业资产周转快、变现能力强，从而企业能维持较强的短期偿债能力；同时，企业经营能力强，能使特定数量的资产在一定时期内的经营利润增大，这必将使企业的资产和所有者权益同时增加，进而增强了企业的长期偿债能力。

总之，企业短期偿债能力与长期偿债能力共同构成了企业对各种债务压力的承受程度，认识到这两种偿债能力的区别和联系，有利于各利益相关者对企业的偿债能力进行综合全面的分析和评价。

为了便于举例分析，本篇给出 SHJH 公司 2013 年度的主要会计报表：资产负债表（见表 7-1）、利润表（见表 7-2）、现金流量表（见表 7-3）和所有者权益变动表（见表 7-4）。

表 7-1 资产负债表

编制单位：SHJH 股份有限公司　　　　2013 年 12 月 31 日　　　　单位：元　币种：人民币

项　目	期末余额	年初余额
流动资产：		
货币资金	499 900 547.98	475 349 419.26
交易性金融资产		
应收票据		
应收账款	397 765 646.51	174 457 773.15
预付款项	9 040 769.26	5 932 464.05
应收利息		
应收股利	5 517 531.76	8 263 314.41
其他应收款	3 510 997.01	7 583 397.68
存货	155 252 309.30	148 636 695.75
一年内到期的非流动资产		
其他流动资产		
流动资产合计	1 070 987 801.82	820 223 064.30
非流动资产：		
可供出售金融资产		
持有至到期投资		
长期应收款		
长期股权投资	1 037 967 227.40	727 750 476.20
投资性房地产		
固定资产	204 196 099.11	206 985 183.44
在建工程	28 360 757.87	27 819 622.77
工程物资		
固定资产清理		
生产性生物资产		

续表

项　目	期末余额	年初余额
油气资产		
无形资产	23 897 536.64	15 666 388.88
开发支出		
商誉		
长期待摊费用		
递延所得税资产	9 608 626.51	5 372 983.88
其他非流动资产		
非流动资产合计	1 304 030 247.53	983 594 655.17
资产总计	2 375 018 049.35	1 803 817 719.47
流动负债：		
短期借款		
交易性金融负债		
应付票据	504 103 288.73	306 678 799.53
应付账款	249 161 283.80	271 808 306.20
预收款项	2 380.00	2 380.00
应付职工薪酬	6 242 622.00	
应交税费	49 898 892.96	31 012 446.77
应付利息		
应付股利		
其他应付款	170 373 566.98	17 625 496.77
一年内到期的非流动负债		
其他流动负债		
流动负债合计	979 782 034.47	627 127 429.27
非流动负债：		
长期借款		
应付债券		
长期应付款		

续表

项　　目	期末余额	年初余额
专项应付款		
预计负债		
递延所得税负债		
其他非流动负债	2 849 000.00	4 799 925.41
非流动负债合计	2 849 000.00	4 799 925.41
负债合计	982 631 034.47	631 927 354.68
所有者权益（或股东权益）：		
实收资本（或股本）	423 032 064.00	325 546 905.00
资本公积	369 662 741.45	353 804 455.68
减：库存股		
专项储备		
盈余公积	119 042 588.03	87 166 718.62
一般风险准备		
未分配利润	480 649 621.40	405 372 285.49
所有者权益（或股东权益）合计	1 392 387 014.88	1 171 890 364.79
负债和所有者权益（或股东权益）总计	2 375 018 049.35	1 803 817 719.47

表 7-2　利润表

编制单位：SHJH 股份有限公司　　2013 年 1—12 月　　单位：元　币种：人民币

项　　目	本期金额	上期金额
一、营业收入	2 038 110 916.93	1 664 836 266.19
减：营业成本	1 444 380 097.14	1 183 389 645.08
营业税金及附加	6 259 847.14	6 345 127.89
销售费用	87 826 168.86	74 058 278.97
管理费用	173 460 128.59	197 826 148.50
财务费用	−3 861 430.89	−1 284 525.29
资产减值损失	63 779 905.49	49 771 377.66
加：公允价值变动损益（损失以"−"号填列）		
投资收益（损失以"−"号填列）	91 657 966.97	25 713 458.77
其中：对联营企业和合营企业的投资收益	88 106 966.97	21 688 509.36
二、营业利润（亏损以"−"号填列）	357 924 167.57	180 443 672.15

续表

项　　目	本期金额	上期金额
加：营业外收入	4 702 614.68	1 939 805.80
减：营业外支出	187 271.24	1 507 809.63
其中：非流动资产处置损失	−1 832 531.23	1 376 779.63
三、利润总额（亏损总额以"−"号填列）	362 439 511.01	180 875 668.32
减：所得税费用	43 680 816.94	30 326 102.51
四、净利润（净亏损以"−"号填列）	318 758 694.07	150 549 565.81
五、每股收益		
（一）基本每股收益		
（二）稀释每股收益		
六、其他综合收益		
七、综合收益总额	318 758 694.07	150 549 565.81

表7-3　现金流量表

编制单位：SHJH股份有限公司　　　　2013年度　　　　单位：元　币种：人民币

项　　目	本期金额	上期金额
一、经营活动产生的现金流量		
销售商品、提供劳务收到的现金	2 112 075 180.26	1 942 680 736.90
收到的税费返还		
收到其他与经营活动有关的现金	7 994 201.39	5 882 548.85
经营活动现金流入小计	2 120 069 381.65	1 948 563 285.75
购买商品、接受劳务支付的现金	1 278 785 894.54	1 217 869 233.80
支付给职工以及为职工支付的现金	69 840 558.72	71 972 240.96
支付的各项税费	194 345 725.01	96 418 265.91
支付其他与经营活动有关的现金	148 162 923.23	122 290 246.88
经营活动现金流出小计	1 691 135 101.50	1 508 549 987.55
经营活动产生的现金流量净额	428 934 280.15	440 013 298.20
二、投资活动产生的现金流量		
收回投资收到的现金		

续表

项　　目	本期金额	上期金额
取得投资收益收到的现金	20 040 025.89	17 793 171.08
处置固定资产、无形资产和其他长期资产收回的现金净额	2 049 771.97	43 138.46
处置子公司及其他营业单位收到的现金净额		2 935 681.93
收到其他与投资活动有关的现金		
投资活动现金流入小计	22 089 797.86	20 771 991.47
购建固定资产、无形资产和其他长期资产支付的现金	34 188 925.04	24 803 183.20
投资支付的现金	277 660 000.00	46 667 130.00
取得子公司及其他营业单位支付的现金净额		
支付其他与投资活动有关的现金		
投资活动现金流出小计	311 848 925.04	71 470 313.20
投资活动产生的现金流量净额	-289 759 127.18	-50 698 321.73
三、筹资活动产生的现金流量		
吸收投资收到的现金		
取得借款收到的现金		5 000 000.00
发行债券收到的现金		
收到其他与筹资活动有关的现金		
筹资活动现金流入小计		5 000 000.00
偿还债务支付的现金		105 000 000.00
分配股利、利润或偿付利息支付的现金	113 941 416.75	44 788 153.90
支付其他与筹资活动有关的现金	682 607.50	
筹资活动现金流出小计	114 624 024.25	149 788 153.90
筹资活动产生的现金流量净额	-114 624 024.25	-144 788 153.90
四、汇率变动对现金及现金等价物的影响		
五、现金及现金等价物净增加额	24 551 128.72	244 526 822.57
加：期初现金及现金等价物余额	475 349 419.26	230 822 596.69
六、期末现金及现金等价物余额	499 900 547.98	475 349 419.26

表 7-4 所有者权益变动表

编制单位:SHJH 股份有限公司　　　　　　　　　　　　2013 年 1—12 月　　　　　　　　　　　　单位:元　币种:人民币

项　目	本期金额							
	实收资本（或股本）	资本公积	减:库存股	专项储备	盈余公积	一般风险准备	未分配利润	所有者权益合计
一、上年年末余额	325 546 905.00	353 804 455.68			87 166 718.62		405 372 285.49	1 171 890 364.79
加:会计政策变更								
前期差错变更								
其他								
二、本年年初余额	325 546 905.00	353 804 455.68			87 166 718.62		405 372 285.49	1 171 890 364.79
三、本期增减变动金额（减少以"—"号填列）	97 485 159.00	15 858 285.77			31 875 869.41		75 277 335.91	220 496 650.09
（一）净利润							318 758 694.07	318 758 694.07
（二）其他综合收益								
上述（一）和（二）小计							318 758 694.07	318 758 694.07
（三）所有者投入和减少资本	−178 913.00	15 858 285.77						15 679 372.77
1. 所有者投入资本	−178 913.00	−503 694.50						−682 607.50
2. 股份支付计入所有者权益的金额		16 361 980.27						16 361 980.27

续表

项目	本期金额							
	实收资本（或股本）	资本公积	减：库存股	专项储备	盈余公积	一般风险准备	未分配利润	所有者权益合计
3. 其他								
（四）利润分配							−243 481 358.16	−113 941 416.75
1. 提取盈余公积					31 875 869.41		−31 875 869.41	
2. 提取一般风险准备								
3. 对所有者（或股东）的分配							−211 605 488.75	−113 941 416.75
4. 其他								
（五）所有者权益内部结转								
1. 资本公积转增资本（或股本）								
2. 盈余公积转增资本（或股本）								
3. 盈余公积弥补亏损								
4. 其他								
（六）专项储备								
1. 本期提取								
2. 本期使用								
（七）其他								
四、本期期末余额	423 032 064.00	369 662 741.45			119 042 588.03		480 649 621.40	1 392 387 014.88

续表

项 目	上年同期金额						
	实收资本(或股本)	资本公积	减:库存股	专项储备	盈余公积	一般风险准备	未分配利润	所有者权益合计
一、上年年末余额	217 031 270.00	428 426 090.68			72 111 762.04		313 283 930.26	1 030 853 052.98
加:会计政策变更								
前期差错更正								
其他								
二、本年年初余额	217 031 270.00	428 426 090.68			72 111 762.04		313 283 930.26	1 030 853 052.98
三、本期增减变动金额(减少以"-"号填列)	108 515 635.00	−74 621 635.00			15 054 956.58		92 088 355.23	141 037 311.81
(一)净利润							150 549 565.81	150 549 565.81
(二)其他综合收益								
上述(一)和(二)小计							150 549 565.81	150 549 565.81
(三)所有者投入和减少资本		33 894 000.00						33 894 000.00
1.所有者投入资本		33 894 000.00						33 894 000.00
2.股份支付计入所有者权益的金额								
3.其他								
(四)利润分配							−58 461 210.58	−43 406 254.00
1.提取盈余公积					15 054 956.58		−15 054 956.58	
2.提取一般风险准备								

续表

项　目	上年同期金额							
	实收资本（或股本）	资本公积	减：库存股	专项储备	盈余公积	一般风险准备	未分配利润	所有者权益合计
3.对所有者（或股东）的分配							−43 406 254.00	−43 406 254.00
4.其他								
(五)所有者权益内部结转								
1.资本公积转增资本（或股本）	108 515 635.00	−108 515 635.00						
2.盈余公积转增资本（或股本）	108 515 635.00	−108 515 635.00						
3.盈余公积弥补亏损								
4.其他								
(六)专项储备								
1.本期提取								
2.本期使用								
(七)其他								
四、本期期末余额	325 546 905.00	353 804 455.68			87 166 718.62		405 372 285.49	1 171 890 364.79

7.2 短期偿债能力分析

短期偿债能力，是指企业以流动资产偿还流动负债的能力。它反映企业偿付日常到期债务的实力。企业能否及时偿付到期的流动负债，是反映企业财务状况好坏的重要标志。

短期偿债能力也是企业的债权人、经营者、股权投资者、供应商等都十分关心的重要问题。对债权人而言，企业要具有充分的短期偿还能力，才能保证其债权的安全，按期取得利息，到期收回本金；对经营者而言，如果企业的短期偿债能力发生问题，就会牵制企业经营管理人员的大量精力去筹措资金、应付还债，难以全神贯注于经营管理；对股权投资者而言，如果企业的短期偿债能力发生问题，就会增加企业筹资难度，加大紧急筹资成本，从而影响企业的盈利能力；对供应商而言，则可能影响其应收账款收回。因此，财务人员必须十分重视短期债务的偿还能力，维护企业的良好信誉。

反映企业短期偿债能力的财务指标主要有：营运资金、流动比率、速动比率、现金比率和现金流动负债比率。

7.2.1 营运资金

1. 营运资金指标的计算

营运资金也称净营运资本，是企业流动资产减去流动负债后的剩余部分。该指标是计量企业短期偿债能力的绝对指标。其计算公式为：

$$营运资金 = 流动资产 - 流动负债$$

计算营运资金时使用的"流动资产"和"流动负债"项目，通常可以直接取自资产负债表。

【例 7-1】 根据表 7-1 所示 SHJH 公司 2013 年 12 月 31 日的资产负债表数据：

本年营运资金 = 1 070 987 801.82 − 979 782 034.47 = 91 205 767.35(元)

上年营运资金 = 820 223 064.30 − 627 127 429.27 = 193 095 635.03(元)

可见，与上年营运资金相比，该公司本年的营运资金下降了 101 889 867.68 元 (193 095 635.03 − 91 205 767.35)，下降比率为 52.77%，属于大幅下降。

因为债务的到期与流动资产的变现往往不能等量同步，所以企业必须保持流动资产大于流动负债，即保有一定数额的营运资金作为缓冲。如果流动资产与流动负债相等，是不足以保证能够到期偿债的。

一般而言，营运资金越多，流动负债的偿还越有保障，短期偿债能力越强。但是，过多地持有营运资金也不合理。因为高额营运资金意味着流动资产多而流动负债少，大量资金闲置，不利于提高企业的盈利能力，同时也说明企业可能缺乏投资机会，其发展能力受到影响。所以，企业应当保持适当的营运资金规模。当然，营运资金保持多少才算合理没有统一的标准。不同行业的营运资金规模有很大差别。

2. 营运资金指标的局限性

由于营运资金是一个绝对数，所以如果企业之间规模相差很大，就不能使用该指标来比较企业之间的短期偿债能力。同时，即使两个企业的营运资金完全相同，也可能由于流动资产的结构不同而形成不同的短期偿债能力。此外，即使营运资金为负数，也不一定就表明企业没有短期偿债能力，因为该企业可能具有较强的融资能力，能够保证其流动负债的偿还。

为消除绝对数指标的缺陷，实务中经常将流动资产与流动负债进行比率计算，以判断营运资金数额的合理性，即引入"流动比率"指标来评价。

7.2.2 流动比率

1. 流动比率指标的计算

流动比率是流动资产与流动负债的比率，表示企业每1元流动负债有多少流动资产作为偿还的保证，反映了企业用流动资产偿还流动负债的能力。其计算公式为：

$$流动比率 = 流动资产 \div 流动负债$$

【例7-2】 根据表7-1所示 SHJH 公司 2013 年 12 月 31 日的资产负债表数据：

本年流动比率＝1 070 987 801.82÷979 782 034.47＝1.09

上年流动比率＝820 223 064.30÷627 127 429.27＝1.31

可见，该公司的流动比率下降了 0.22(1.31－1.09)，即与上年相比，本年为每 1 元流动负债提供的流动资产保障减少了 0.22 元。

流动比率是衡量企业短期偿债能力最通用的指标。该指标是个相对数指标，排除了企业规模大小不同的影响，适合不同企业之间及同一企业不同历史时期的比较。

如果流动比率过低，则表示企业可能难以如期偿还债务。通常认为，流动比率越高，企业的偿债能力越强，财务风险越小，债权人的权利越有保障。因为该比率越高，不仅反映企业拥有较多的流动资产抵偿短期债务，而且表明企业可以变现的资产数额较大，债权人的风险越小。

流动比率的合理性标准是个复杂的问题。流动比率是否合理，不同国家、不同行业及同一企业在不同时期的评价标准都是不同的。根据经验，我国企业的流动比率维持在 2 左右是比较合理的，这表明企业财务状况稳定可靠，除了满足日常生产经营的流动资金需要外，还有足够的财力偿付到期短期债务。近年来，由于新的经营方式使得企业所需要的流动资产逐渐减少，所以企业平均流动比率有不断下降的趋势。因此，流动比率的合理性，必须通过动态分析、历史比较和企业间横向比较来评价。

需要注意的是，流动比率不宜过高。过高的流动比率即表明企业流动资产占用较多，会影响资金的使用效率和企业的盈利能力。流动比率过高，还可能是由于应收账款占用过多、在产品和产成品积压的结果。因此，分析流动比率还需注意流动资产的结构、流动资产的周转等情况。

此外，在分析流动比率时，还应关注是否存在企业管理当局粉饰流动比率的情况。由于报表使用者注重以流动比率衡量企业的短期偿债能力，所以有的企业会有意在会计期末采用推迟赊购货物等方法，粉饰其流动资产和流动负债的状况，提高流动比率。因此，在进行报表分析时，除了观察流动比率和现金流量的变化之外，还应当对不同会计期间流动资产和流动负债状况的变化进行对比分析。

2. 流动比率指标分析时应注意的问题

(1) 流动比率是一个静态指标，其计算数据来源于资产负债表，是一种存量概念，只表明在某一时点每1元流动负债的保障程度。而实际上，流动负债具有循环性，即在不断偿还债务的同时会有新的到期债务出现。在某些情况下，如对于季节性经营的企业、大量使用分期付款结算方式的企业等，流动比率并不能正确反映企业的偿债能力。只有债务的出现与资产的周转完全均匀发生时，流动比率才能正确反映企业的短期偿债能力。

（2）由于流动资产中包含的存货、预付款项等的变现能力不确定，所以当这些流动资产的流动性较差时，即使企业的流动比率很高，也不能说明企业短期偿债能力很强。

为了更真实地揭示企业的短期偿债能力，我们还应引入"速动比率"这一指标进行评价。

7.2.3 速动比率

1. 速动比率指标的计算

速动比率又称酸性测试比率，是企业速动资产与流动负债的比率。这一比率用以衡量企业流动资产中可以立即用于偿付流动负债的财力。其计算公式为：

$$速动比率 = 速动资产 \div 流动负债$$

其中：速动资产 = 流动资产 - 存货

速动比率假设速动资产是可以直接用于偿债的资产，表明每1元流动负债可以有多少速动资产作为偿还保障。

计算速动比率时，从流动资产中扣除存货，是因为存货在流动资产中变现速度较慢，它通常要经过产品的售出和账款的收回两个过程才能变为现金，有些存货还可能滞销，无法变现。此外，预付款项根本不具有变现能力，只是减少企业未来的现金流出量，所以理论上也应加以剔除。但实务中，如果预付款项在流动资产中所占的比重较小，计算速动资产时也可以不扣除。

【例7-3】 根据表7-1所示SHJH公司2013年12月31日的资产负债表数据：

本年速动资产 = 1 070 987 801.82 - 155 252 309.30 = 915 735 492.52(元)

上年速动资产 = 820 223 064.30 - 148 636 695.75 = 671 586 368.55(元)

本年速动比率 = 915 735 492.52 ÷ 979 782 034.47 = 0.93

上年速动比率 = 671 586 368.55 ÷ 627 127 429.27 = 1.07

可见，该公司的速动比率下降了0.14(1.07-0.93)，即与上年相比，本年为每1元流动负债提供的速动资产保障减少了0.14元。

速动比率是流动比率的一个重要辅助指标。有时企业流动比率虽然较高，但流动资产中易于变现、可用于立即支付的资产很少，则企业的短期偿债能力仍然较差。因此，速动比率能更准确地反映企业的短期偿债能力。

如果速动比率过低，说明企业的偿债能力存在问题；但如果速动比率过高，则又说明企业在速动资产上占用资金过多，可能失去一些有利的投资和盈利机会。传统经验认为，速动比率维持在1左右较为正常，它表明企业的每1元流动负债就有1元易于变现的速动资产来抵偿，短期偿债能力有可靠的保证。但这一评判标准也并不是绝对的。与对流动比率值的评价类似，企业应将速动比率与同行业平均速动比率、本企业历史的速动比率进行比较，才能得出合理的结论。

2. 速动比率指标分析时应注意的问题

（1）速动比率同流动比率一样，它反映的是会计期末时点的短期偿债能力情况。企业为筹措资金可能会人为地粉饰速动比率。报表使用者应进一步对企业不同会计时点的速动资产、流动资产和流动负债情况进行分析。

（2）速动资产只是从流动资产中扣除了存货，其中还包含不具有变现能力的预付款项，使速动比率所反映的短期偿债能力仍被质疑。因此，在流动资产扣除存货的基础上再减去预付款项，然后再与流动负债相比，称为保守速动比率。保守速动比率能更准确地体现企业流动资产中可以快速变现用于偿付流动负债的能力。

（3）速动资产中仍含有应收款项，如果应收款项的金额过大或质量较差，事实上也会高估速动比率。因此，在评价速动比率指标时，还应结合应收账款周转率指标进行分析。

7.2.4 现金比率

1. 现金比率指标的计算

现金比率是企业现金类资产与流动负债的比率。现金类资产包括企业所拥有的货币资金和现金等价物。现金比率假设可直接用于偿债的资产是现金类资产，而不包括应收款项等资产，因为应收款项存在发生坏账损失的可能，某些到期的款项也不一定能按时收回，因此现金类资产最能反映企业直接偿付流动负债的能力。现金比率的计算公式如下：

现金比率＝现金类资产÷流动负债

现金比率指标表明每1元流动负债有多少现金类资产作为偿还保障。

【例7-4】 根据表7-1所示SHJH公司2013年12月31日的资产负债表数据：

本年现金比率＝(499 900 547.98＋0)÷979 782 034.47＝0.51

上年现金比率＝(475 349 419.26＋0)÷627 127 429.27＝0.76

可见，该公司的现金比率下降了0.25(0.76－0.51)，即与上年相比，本年为每1元流动负债提供的现金类资产保障减少了0.25元。

现金比率是最严格、最稳健的短期偿债能力衡量指标，它反映企业随时还债的能力。现金比率过低，反映企业即期偿付债务存在困难；现金比率越高，表明企业可立即用于支付债务的现金类资产越多，偿还其债务的能力就越强。

2. 现金比率指标分析时应注意的问题

（1）现金比率不应过高。现金比率越高，表明企业通过负债方式所筹措的流动资金没有得到充分利用，企业失去投资盈利的机会越大，所以并不鼓励企业保留过多的现金类资产。一般认为该比率应在0.2左右，在这一水平上，企业直接偿付流动负债的能力不会有太大的问题。

（2）对于经营活动具有高度投机性和风险性、存货和应收账款停留时间比较长的行业，更应重视现金比率指标的分析。

（3）对于财务发生困难的企业，特别是发现企业的应收账款和存货的变现能力存在问题的情况下，计算现金比率就更具有实际意义，它能更真实、更准确地反映企业的短期偿债能力。

7.2.5 现金流动负债比率

1. 现金流动负债比率指标的计算

现金流动负债比率，是企业一定时期的经营现金净流量同流动负债的比率。该指标是从现金流入和流出的动态角度对企业实际偿债能力进行考察，反映本期经营活动所产生的现金净流量足以抵付流动负债的倍数。该指标的计算公式为：

现金流动负债比率＝年经营现金净流量÷年末流动负债

上式中，年经营现金净流量，是指当年由企业经营活动所产生的现金及现金等价物的流入量与流出量的差额。

由于净利润与经营活动产生的现金净流量有可能背离，有利润的年份不一定有足够的现金（含现金等价物）来偿还债务，所以利用以收付实现制为基础计量的现金流动负债比率指标，能充分体现企业经营活动所产生的现金净流量，可以在多大程度上保证当期流动负债的偿还，直观地反映出企业偿还流动负债的实际能力。

【例7－5】 根据表7－1、表7－3所示SHJH公司2013年12月31日的资产负债表数据和2010年的现金流量表数据：

本年现金流动负债比率＝428 934 280.15÷979 782 034.47＝0.44

上年现金流动负债比率＝440 013 298.20÷627 127 429.27＝0.70

可见，该公司的现金流动负债比率下降了0.26(0.70－0.44)。

一般认为，该指标大于1则表示企业流动负债的偿还有可靠保证。该指标越大，表明企业经营活动产生的现金净流量越多，越能保障企业按期偿还到期债务，但也并不是越大越好，该指标过大则表明企业对流动资金的利用不充分，盈利能力不强。

2. 现金流动负债比率指标分析时应注意的问题

(1) 计算企业现金流动负债比率时所取的数值仅为经营活动产生的现金净流量。企业的现金净流量分为三大类，即经营活动产生的现金净流量、投资活动产生的现金净流量、筹资活动产生的现金净流量。计算本指标时所取的数值仅为经营活动产生的现金净流量。这是因为企业的现金净流量来源主要取决于该企业的经营活动，评价企业的财务状况也主要是为了衡量企业的经营活动业绩。投资及筹资活动仅起到辅助作用且其现金净流量具有偶然性、非常规性，因此用经营活动产生的现金净流量来评价企业业绩更具有可比性。

(2) 计算企业现金流动负债比率时，如果一个企业存在大量的预收款项，则计算所采用的流动负债金额中应扣除预收款项部分。因为流动负债总额中包含有预收款项，而预收款项并不需要企业当期用现金来偿付。当然，对于预收款项数额不大的企业，也可以不予考虑。

(3) 经营活动产生的现金净流量是过去一个会计年度的经营结果，而流动负债则是未来一个会计年度需要偿还的债务，二者的会计期间不同。因此，这个指标是建立在以过去一年的经营活动现金净流量来估计未来一年的现金流出量的假设基础之上的。使用这一财务比率时，还需要考虑未来一个会计年度影响经营活动的现金净流量变动的因素。

7.2.6 影响短期偿债能力的因素

上述短期偿债能力指标都是从财务报表资料中取得的，还有一些财务报表资料中没有反映出来的因素，也会影响企业的短期偿债能力，甚至影响力相当大。财务报表的使用者应多了解一些这方面的情况，才有利于作出正确的判断。

1. 增强短期偿债能力的因素

（1）可动用的银行贷款指标。银行已同意、企业尚未办理贷款手续的银行贷款限额，可以随时增加企业的现金，提高支付能力。

（2）准备变现的非流动资产。由于某种原因，企业可能将一些非流动资产出售转变为现金，这将增加企业资产的流动性。企业出售非流动资产，应根据近期和长期利益的辩证关系，正确处理出售非流动资产的决策问题。但在处理此类问题时应特别谨慎，因为非流动资产是企业经营活动所必需的生产资料，即使是过剩的非流动资产在短期内也不宜变现。

（3）良好的商业信用。如果企业拥有良好的商业信用，如企业拥有著名品牌，或者与债权人关系良好，或者有能力通过发行股票和债券等方式筹集资金等，那么企业就拥有了缓解短期偿债危机的重要保证。

2. 削弱短期偿债能力的因素

削弱企业短期偿债能力的因素主要指或有事项。或有事项，是指过去的交易或者事项形成的，其结果须由某些未来事项的发生或不发生才能决定的不确定事项。常见的或有事项主要包括：未决诉讼或仲裁、债务担保、产品质量保证、环境污染整治等。根据《企业会计准则第13号——或有事项》的相关规定，或有事项由于其结果具有不确定性，只能在财务报表附注中进行披露；只有在或有事项相关义务满足确认为预计负债的条件时，才在财务报表中披露；而如果披露未决诉讼、未决仲裁信息预期会对企业造成重大不利影响的，企业无须披露这些信息，但应当披露该未决诉讼、未决仲裁的性质以及没有披露这些信息的事实和原因。此时，对于财务分析者而言，即使企业未披露相关的影响数额，也应当对其财务影响作出适当的分析，降低对企业短期偿债能力的评价。

7.3 长期偿债能力分析

长期偿债能力是指企业偿还长期负债的能力。企业的长期负债，包括长期借款、应付债券、长期应付款等。评价企业长期偿债能力，从偿债的义务看，包括按期支付利息和到期偿还本金两个方面；从偿债的资金来源看，则应是企业经营所得的利润。在企业正常生产经营的情况下，企业不可能依靠变卖资产还债，而只能依靠实现利润来偿还长期债务。因此，企业的长期偿债能力是和企业的盈利能力密切相关的。在此，我们仅从债权人考察借出款项的安全程度以及企业考察负债经营的合理程度出发，来分析企业对长期负债还本付息的能力。

企业长期偿债能力的分析指标主要包括资产负债率、产权比率、已获利息倍数、长期资产适合率、经营亏损挂账比率等几项。

7.3.1 资产负债率

1. 资产负债率指标的计算

资产负债率又称负债比率,是企业的负债总额与资产总额的比率。它表示企业资产总额中,债权人提供资金所占的比重以及企业资产对债权人权益的保障程度。这一比率越小,表明企业的长期偿债能力越强。其计算公式为:

$$资产负债率 = (负债总额 \div 资产总额) \times 100\%$$

一般认为,如果资产负债率超过1,则说明企业资不抵债,有濒临倒闭的危险,债权人将受损失。

【例7-6】 根据表7-1所示SHJH公司2013年12月31日的资产负债表数据:

本年资产负债率 = 982 631 034.47 ÷ 2 375 018 049.35 × 100% = 41.4%

上年资产负债率 = 631 927 354.68 ÷ 1 803 817 719.47 × 100% = 35%

可见,该公司的资产负债率上升了6.4%(41.4%-35%),但该公司连续两年的资产负债率均不算高,这有利于增强债权人对企业出借资金的信心。

2. 资产负债率指标分析时应注意的问题

(1) 资产负债率的高低对企业的债权人和所有者具有不同的意义。债权人希望该比率越低越好,此时,其债权的保障程度就越高;而对所有者而言,最关心的是投入资本的收益率,只要企业的总资产收益率高于借款的利息率,那么资产负债率越大,企业就可以利用越少的自有资本投资,形成越多的生产经营用资产,不仅扩大了生产经营规模,还可以利用财务杠杆的原理,使所有者得到较多的投资利润。

(2) 企业的长期偿债能力与其盈利能力密切相关,因此报表分析者应当将资产负债率指标与盈利能力指标结合起来进行综合分析。一般认为,资产负债率的适宜水平是40%~60%。

7.3.2 产权比率

1. 产权比率指标的计算

产权比率也称资本负债率,是指负债总额与所有者权益总额的比率,是企业财务结构稳健与否的重要标志。其计算公式为:

$$产权比率 = (负债总额 \div 所有者权益总额) \times 100\%$$

该比率反映了所有者权益对债权人权益的保障程度。该指标越低,表明企业的长期偿债能力越强,债权人权益的保障程度越高,承担的风险越小,但企业不能充分地发挥负债的财务杠杆效应。

【例7-7】 根据表7-1所示SHJH公司2013年12月31日的资产负债表数据:

本年产权比率 = 982 631 034.47 ÷ 1 392 387 014.88 × 100% = 70.6%

上年产权比率 = 631 927 354.68 ÷ 1 171 890 364.79 × 100% = 53.9%

从计算结果看,SHJH公司本年度债权人提供的资金额是股东提供资金额的70.6%,表明该公司举债经营的程度不高,财务结构比较稳定。

产权比率与资产负债率的计算,都以负债总额为分子,而计算时所用的分母不同,产权比率的分母是资产总额与负债总额之差，资产负债率的分母是资产总额。它们分别从不同的角度表示对债权的保障程度和企业长期偿债能力。因此，两者的经济意义是相同的，具有相互补充的作用。

2. 产权比率指标分析时应注意的问题

（1）由于产权比率是对资产负债率的必要补充，它们具有共同的经济意义。因此，资产负债率分析中应注意的问题，在产权比率分析中也应引起关注。比如，该指标必须与其他企业及行业平均水平对比才能评价指标的高低；将本企业产权比率与其他企业对比时，应注意计算口径是否一致等。

（2）尽管产权比率是资产负债率的补充，但两指标反映长期偿债能力的侧重点不同。产权比率侧重于揭示债务资本与权益资本的相互关系，说明企业资本结构的风险性以及所有者权益对偿债风险的承受能力；资产负债率侧重于揭示总资产中有多少是靠负债取得的，说明债权人权益的受保障程度。

7.3.3 已获利息倍数

1. 已获利息倍数指标的计算

已获利息倍数又称利息保障倍数，是企业息税前利润与利息费用的比率，是衡量企业偿付负债利息能力的指标。其计算公式为：

已获利息倍数＝息税前利润÷利息费用＝（利润总额＋利息费用）÷利息费用

理论上，利息费用是指本期发生的全部应付利息，包括流动负债的利息费用，长期负债中计入损益的利息费用以及计入固定资产原价中的资本化利息。但是，我国现行的利润表没有将"利息费用"单列，而是合入"财务费用"之中。由于利息费用往往在财务费用中占绝对比重，因此外部财务报表使用者在计算该指标时，可以用"财务费用"来替代"利息费用"。

已获利息倍数越高，说明企业支付利息费用的能力越强。该比率越低，说明企业难以保证用经营所得来及时足额地支付负债利息。因此，已获利息倍数是衡量企业偿债能力强弱的主要指标。

究竟企业息税前利润应是利息费用的多少倍，即已获利息倍数应为多少才算适宜，这要根据历史经验并结合行业特点来判断，即：将该指标与其他企业，特别是同行业平均水平进行比较。

【例7-8】 根据表7-1、表7-2所示SHJH公司2013年12月31日的资产负债表和2013年的利润表上的数据：该公司2013年的财务费用为－3 861 430.89元，比2012年的财务费用－1 284 525.29元还减少了2 576 905.60元。而该公司2013年和2012年的息税前利润均为正数，可见，该公司2013年和2012年的已获利息倍数指标为负值。结合该公司在2013年年末和2012年年末的短期借款、长期借款、应付债券、长期应付款等项目金额均为0的情况，说明该公司在2013年和2012年间收到的利息金额大于企业的财务费用类支出，企业当前没有支付利息费用的压力。

2. 已获利息倍数指标分析时应注意的问题

（1）已获利息倍数是从偿付债务利息的资金来源的角度考察债务利息的偿还能力，反映企业息税前利润为所需支付债务利息的多少倍。从长期来看，在企业利息费用为正数的情况下，已获利息倍数越大，说明企业支付利息的能力越强。

（2）在评价已获利息倍数指标时，应与其他企业，特别是本行业平均水平进行比较。同时从谨慎性的角度出发，最好比较连续几年的数据。

（3）分析已获利息倍数时，还应特别注意一些非付现费用问题。从长期看，企业必须拥有支付所有经营费用的资金。但从一个较短的时期来看，企业存在大量的非付现费用，如折旧费用、长期待摊费用、无形资产摊销等，而这些都已列入本期费用，从当期的收入中扣除。显然，即使有些企业出现已获利息倍数小于1的情况，也不一定不能偿还债务利息。因此，为表现企业短期内偿付债务利息的能力，可以将非付现费用加回到已获利息倍数计算公式的分子中。但这样计算出的指标是以收付实现制为基础的，不够稳健，只能用于对短期偿债能力的评价。

7.3.4 长期资产适合率

长期资产适合率是企业所有者权益与长期负债之和同固定资产与长期投资之和的比率。该比率从企业资源配置结构方面反映了企业的偿债能力。其计算公式为：

长期资产适合率＝（所有者权益总额＋长期负债总额）÷（固定资产总额＋长期投资总额）×100%

其中"长期投资总额"包括持有至到期投资、可供出售金融资产、长期股权投资等。

【例7-9】 根据表7-1所示SHJH公司2013年12月31日的资产负债表数据：

本年长期资产适合率＝（1 392 387 014.88＋2 849 000.00）÷（204 196 099.11＋1037967 227.40）×100%＝112%

上年长期资产适合率＝（1 171 890 364.79＋4 799 925.41）÷（206 985 183.44＋727 750 476.20）×100%＝126%

从维护企业财务结构稳定和长期安全性角度出发，该指标数值较高比较好，但过高也会带来融资成本增加的问题。一般认为，长期资产适合率指标为100%较好，但该指标究竟多高合适，应根据企业的具体情况，参照行业平均水平确定。

7.3.5 经营亏损挂账比率

经营亏损挂账比率是企业经营亏损挂账额与年末所有者权益总额的比率。其计算公式为：

经营亏损挂账比率＝经营亏损挂账额÷年末所有者权益总额×100%

上述公式中，"经营亏损挂账额"指企业因经营管理不善而造成的亏损挂账资金；"年末所有者权益总额"指企业所有者权益总额的年末数。

经营亏损挂账比率是对企业资金挂账的分析解剖，反映了企业由于经营亏损挂账而导致的对所有者权益的侵蚀程度。该指标越高，表明企业经营亏损挂账越多，经营中存在的问题越多，留存收益受到的侵蚀越大。该指标越小越好，0是最佳状态。

经营亏损挂账比率可以深入研究企业资产经营管理中存在的问题，客观评价经营亏损挂账对企业偿债能力的潜在影响，促进企业改善经营，加强管理，增强盈利能力和发展后劲。

【例 7-10】 根据表 7-2 所示 SHJH 公司 2013 年的利润表数据，该公司没有经营亏损挂账，其经营亏损挂账比率为 0，表明该公司目前不存在因经营亏损而侵蚀所有者权益的情况。

7.3.6 影响企业长期偿债能力的因素

1. 合资经营

当企业参与合资时，通常要作出承诺，如要为合资企业的银行贷款提供担保，或者与合资企业签订长期的原材料购货合同等。这类活动可能使企业存在一些潜在的负债，而这些潜在负债并不出现在资产负债表上，这对企业的长期偿债能力将产生一定的影响。

2. 长期经营性租赁

租赁按性质可分为融资租赁和经营租赁。融资租赁按承租人获得资产的方式进行处理，租入的固定资产作为企业的固定资产入账，相应的租赁费用作为长期负债处理，这种资本化的租赁，在分析长期偿债能力时，是已经包括在债务比率指标的计算之中的。但是，经营租赁不在资产负债表中反映，只在附注中被反映出来。长期性的经营租赁是长期筹资的一种形式，虽然这种长期性筹资不包括在长期负债中，但到期时必须支付租金，这会对企业的偿债能力产生影响。因此，如果企业经常发生经营性租赁业务，应考虑租赁费用对偿债能力的影响。

3. 担保责任

企业在与其他单位进行经济业务交往时，会发生很多担保责任。这些担保项目时间长短不一，有些涉及企业的长期负债，有些涉及企业的短期负债。在分析企业长期偿债能力时，应根据有关资料判断担保责任带来的潜在长期负债问题。

4. 或有项目

或有项目具有不确定性，但如果它一旦发生，就会对企业的财务状况产生很大影响。因此企业应对它们予以足够的重视，在评价企业长期偿债能力时也要考虑它们的潜在影响。

本 章 小 结

> 偿债能力是指企业偿还到期债务(包括本息)的能力。偿债能力分析包括短期偿债能力分析和长期偿债能力分析两个方面。短期偿债能力是指企业以流动资产偿还流动负债的能力，它反映企业偿付日常到期债务的实力。反映企业短期偿债能力的财务指标主要有：营运资金、流动比率、速动比率、现金比率和现金流动负债比率等。短期偿债能力指标都是从财务报表资料中取得的，但还有一些财务报表资料中没有反映出来的因素，也会影响企业的短期偿债能力，甚至影响力相当大。这些因素包括：可动用的银行贷款指标、准备变现的非流动资产、企业的商业信用、或有事项等。长期偿债能力是指企业偿还长期负债的能力。企业长期偿债能力的分析指标主要包括资产负债率、产权比率、已获利息倍数、长期资产适合率、经营亏损挂账比率等。影响企业长期偿债能力的因素包括：合资经营、长期经营性租赁、担保责任、或有项目等。

中英文对照专业名词

流动比率 current ratio

速动比率 quick ratio

现金流动负债比率 cash to current liabilities ratio

资产负债率 total debt to total assets ratio

产权比率 equity ratio

已获利息倍数 times interest-earned ratio

长期资产适合率 rate of long-term assets suiting

本章链接

http://www.youshang.com/content/2010/03/30/9300.html

思考与练习

一、选择题

1. 如果企业速动比率很小，下列结论成立的是（　　）。
   A. 企业流动资产占用过多　　　　B. 企业短期偿债能力很强
   C. 企业短期偿债风险很大　　　　D. 企业资产流动性很强

2. 甲企业年初流动比率为 2.2，速动比率为 1，年末流动比率为 2.5，速动比率为 0.5。发生这种变化的原因是（　　）。
   A. 当年存货增加　　　　　　　　B. 应收账款增加
   C. 应付账款增加　　　　　　　　D. 应收账款周转加快

3. 以下财务比率中，最保守的衡量企业短期偿债能力的是（　　）。
   A. 流动比率　　B. 速动比率　　C. 产权比率　　D. 资产负债率

4. 期末存货估价越高，资产负债率会（　　）。
   A. 越高　　　　B. 越低　　　　C. 不变　　　　D. 不确定

5. 已获利息倍数这一比率反映的是（　　）。
   A. 变现能力　　B. 资产管理效率　　C. 到期偿债能力　　D. 盈利能力

6. 若流动比率大于 1，则下列结论一定成立的是（　　）。
   A. 资产负债率大于 1　　　　　　B. 营运资金大于 0
   C. 短期偿债能力绝对有保障　　　D. 速动比率大于 1

7. 某公司当年税前利润 74 000 元，利息费用 4 000 元，则已获利息倍数为（　　）。
   A. 11.5　　　　B. 14.5　　　　C. 12.5　　　　D. 19.5

8. 有关速动比率表述正确的是（　　）。
   A. 速动比率为 1 是最好的
   B. 速动比率是比流动比率更进一步的有关变现能力的指标
   C. 一些应收账款较多的企业，其速动比率可能要大于 1
   D. 还可以找到比速动比率更进一步的反映变现能力的比率

9. 在计算速动比率时,之所以要扣除存货项目,是由于(   )。
A. 存货的价值变动较大　　　　　　　B. 存货的变现能力较差
C. 存货的数量不易确定　　　　　　　D. 存货的质量难以保证
10. 有关流动比率的表述正确的是(   )。
A. 流动比率可以反映短期偿债能力
B. 流动比率越高越好
C. 流动比率不适合于规模不同的企业之间进行比较
D. 影响流动比率的因素包括营业周期、应收账款数额和存货的周转速度等

二、简答题

1. 偿债能力分析的含义是什么?为什么要进行偿债能力分析?
2. 企业的短期偿债能力与长期偿债能力是否存在联系?存在怎样的联系?
3. 如何评价企业的短期偿债能力?在评价过程中应注意哪些问题?
4. 影响短期偿债能力的因素有哪些?
5. 如何评价企业的长期偿债能力?在评价过程中应注意哪些问题?
6. 影响长期偿债能力的因素有哪些?

三、计算题

1. 某企业全部流动资产为1 200 000元,流动比率为1.5。该公司购入商品320 000元以备销售,其中的160 000元为赊购。要求:计算交易后的流动比率。

2. 某企业2015年年末的偿债能力指标为:流动比率＝2,速动比率＝1,现金比率＝0.2,资产负债率＝50%,长期负债对所有者权益比率＝25%。
要求:根据上述资料,填列下面资产负债表中空白处的数据。

资产负债表(简表)

单位:元

项　目	金　额	项　目	金　额
货币资金		流动负债	
应收账款		长期负债	
存货		所有者权益	
固定资产			
资产总额		负债及所有者权益	100 000

四、案例分析题

荣达机械股份有限公司2013年的相关财务报表如下:
(1) 资产负债表,见表7-5。

偿债能力分析 第7章

表7-5 资产负债表

编制单位：荣达机械股份有限公司　　　2013年12月31日　　　　　　　　　　　　　单位：元

项目	年末数	年初数	项目	年末数	年初数
流动资产：			流动负债：		
货币资金	4 432 144	12 860 000	短期借款	200 000	200 000
交易性金融资产	0	0	应付票据	1 034 000	700 000
应收票据	1 140 000	564 000	应付账款	259 600	500 000
应收股利	0	0	预收账款	80 000	0
应收利息	0	0	应付职工薪酬	0	0
应收账款	859 320	396 000	应付股利	600 000	0
其他应收款	0	0	应付利息	48 000	40 000
预付账款	0	0	应交税费	422 000	200 136
存货	1 040 000	860 000	其他应付款	0	0
一年内到期的非流动资产	0	0	一年内到期的非流动负债	0	0
其他流动资产	0	0	其他流动负债	0	0
流动资产合计	7 471 464	4 680 000	流动负债合计	2 643 600	1 640 136
可供出售金融资产	0	0	长期借款	2 380 000	1 760 000
持有至到期投资	0	0	应付债券	0	0
长期股权投资	2 960 000	2 600 000	长期应付款	0	0
固定资产	4 200 000	4 200 000	负债合计	5 023 600	3 400 136
工程物资	0	0	所有者权益	0	0
在建工程	684 000	0	实收资本	4 000 000	4 000 000
固定资产清理	0	0	资本公积	1 800 000	1 800 000
无形资产	0	0	盈余公积	602 264	39 864
长期待摊费用	0	0	未分配利润	3 889 600	2 240 000
其他长期资产	0	0	所有者权益合计	10 291 864	8 079 864
资产总计	15 315 464	11 480 000	负债和所有者权益总计	15 315 464	11 480 000

(2) 利润表，见表7-6。

表7-6 利润表

编制单位：荣达机械股份有限公司　　　　2013年度　　　　　　　　　　单位：元

项　　目	本年累计数	上年累计数
一、营业收入	17 400 000	15 600 000
减：营业成本	12 120 000	10 920 000
营业税金及附加	700 000	72 000
销售费用	0	0
管理费用	720 000	628 080
财务费用	600 000	228 000
投资收益（损失以"—"号填列）	1 000 000	120 000
二、营业利润（亏损以"—"号填列）	4 260 000	3 871 920
加：营业外收入	0	0
减：营业外支出	260 000	240 000
三、利润总额（亏损总额以"—"号填列）	4 000 000	3 631 920
减：所得税费用	1 188 000	1 164 000
四、净利润（净亏损以"—"号填列）	2 812 000	2 467 920

(3) 现金流量表，见表7-7、表7-8。

表7-7 现金流量表

编制单位：荣达机械股份有限公司　　　　2013年度　　　　　　　　　　单位：元

项　　目	本期金额
一、经营活动产生的现金流量	
销售商品、提供劳务收到的现金	20 906 000
收到的税费返还	0
收到其他与经营活动有关的现金	0
经营活动现金流入小计	20 906 000
购买商品、接受劳务支付的现金	14 756 400
支付给职工以及为职工支付的现金	1 420 000
支付的各项税费	2 606 136
支付其他与经营活动有关的现金	735 320
经营活动现金流出小计	19 517 856
经营活动产生的现金流量净额	1 388 144

续表

项　目	本期金额
二、投资活动产生的现金流量	0
收回投资收到的现金	0
取得投资收益收到的现金	1 000 000
处置固定资产、无形资产和其他长期资产收回的现金净额	0
收到其他与投资活动有关的现金	0
投资活动现金流入小计	1 000 000
购建固定资产、无形资产和其他长期资产支付的现金	816 000
投资支付的现金	200 000
支付其他与投资活动有关的现金	0
投资活动现金流出小计	1 016 000
投资活动产生的现金流量净额	－16 000
三、筹资活动产生的现金流量	0
吸收投资收到的现金	0
取得借款收到的现金	600 000
收到其他与筹资活动有关的现金	0
筹资活动现金流入小计	600 000
偿还债务支付的现金	0
分配股利、利润或偿付利息支付的现金	400 000
支付其他与筹资活动有关的现金	0
筹资活动现金流出小计	400 000
筹资活动产生的现金流量净额	200 000
四、汇率变动对现金及现金等价物的影响	0
五、现金及现金等价物净增加额	1 572 144

表7－8　现金流量表补充资料

单位：元

补充资料	金　额
1.将净利润调节为经营活动的现金流量	
净利润	2 812 000
加：计提的资产减值准备	44 680
固定资产折旧	40 000
无形资产摊销	0

续表

补充资料	金　　额
长期待摊费用摊销	0
处置固定资产、无形资产和其他长期资产的损失(减：收益)	0
固定资产报废损失	0
财务费用	428 000
投资损失(减：收益)	－1 000 000
存货的减少(减：增加)	－580 000
经营性应收项目的减少(减：增加)	－1 044 000
经营性应付项目的增加(减：减少)	395 464
其他	－68 000
经营活动产生的现金流量净额	1 388 144
2. 不涉及现金收支的投资和筹资活动	0
债务转为资本	0
一年内到期的可转换公司债券	0
融资租入固定资产	0
3. 现金及现金等价物净增加情况	0
现金的期末余额	4 432 144
减：现金的期初余额	2 860 000
加：现金等价物的期末余额	0
减：现金等价物的期初余额	0
现金及现金等价物净增加额	1 572 144

（4）其他相关资料：假设该机械股份有限公司上年经营活动产生的现金流量净额为885 600元。

要求：(1) 计算2013年年初、年末的流动比率、速动比率和现金比率。

(2) 计算2013年年初、年末的资产负债率、产权比率和已获利息倍数。

(3) 根据计算结果对该机械股份有限公司的债务偿债能力进行综合分析。

第8章 营运能力分析

教学目标与要求

本章主要从短期资产营运、长期资产营运和总资产营运的角度，介绍企业营运能力分析的理论与方法。通过学习，应全面系统地掌握企业营运能力分析的基本理论和方法体系，掌握企业营运能力分析指标的计算及其分析方法和运用。

本章知识要点

知识要点	能力要求	相关知识
企业营运能力分析概述	了解营运能力分析的相关基础理论	（1）营运能力分析的含义 （2）营运能力分析的意义 （3）影响营运能力的主要因素
短期资产营运能力分析	重点理解和掌握各种短期资产营运能力指标的含义和计算方法	（1）应收账款营运能力分析 （2）存货营运能力分析 （3）流动资产营运能力分析
长期资产营运能力分析	重点理解和掌握各种长期资产营运能力指标的含义和计算方法	（1）固定资产营运能力分析 （2）无形资产营运能力分析
总资产营运能力分析	重点理解和掌握总资产营运能力分析的思路	（1）总资产的配置分析 （2）总资产营运效率分析

 导入案例

周转速度彰显企业活力　　运行效率提升

《证券日报》市场研究中心和 WIND 数据统计显示，截至昨日，机械设备行业共有 159 家公司披露中报，剔除 12 家不可比公司，以剩余的 147 家公司数据计算的营业周期为 197.90 天，较去年的 218.69 天缩短 20.79 天。其中，存货周转天数为 107.74 天，较去年的 130.64 天缩短 22.90 天；应收账款周转天数为 90.16 天，较去年的 88.05 天同比延长 2.11 天。由上述数据可知，本行业今年营业周期同比缩短的原因是存货周转加快，但其作用被应收账款的收现减缓抵消掉 2.11 天。

数据显示，上述 147 家公司中，有广东明珠（缩短 325.28 天）、梅花集团（缩短 187.93 天）、金自天正（缩短 182.79 天）、平高电气（缩短 164.49 天）、龙源技术（缩短 151.71 天）、航天动力（缩短 148.51 天）、ST 合金（缩短 131.88 天）、黄河旋风（缩短 128.28 天）、万家乐（缩短 119.07 天）、＊ST 建机（缩短 101.30 天）和 ST 国祥（缩短 100.58 天）11 家公司今年中期的营业周期都同比缩短 100 天以上，周转速度明显加快。

比较典型的是广东明珠。以其中报数据计算的营业周期为 92.17 天，较去年缩短 325.28 天。其中，存货周转天数为 42.90 天，较去年缩短 272.45 天；应收账款周转天数为 49.27 天，较去年同比减少 52.83 天。周转速度的加快带来了公司业绩的大幅增长，其上半年实现归属母公司股东净利润 8156.92 万元，同比增长 280.26%。其中报称，业绩大增主要是本报告期内投资收益比上年同期大幅增加所致。投资收益占利润总额的比重较上年同期增加 87.67%，主要是本报告期内收到参股公司分红款比上年同期大幅增加所致。

（资料来源：袁辉、任小雨、黄作金．"周转速度彰显企业活力　四行业运行效率提升"［N］．证券日报．2011 年 8 月 19 日）

8.1　企业营运能力分析概述

8.1.1　企业营运能力分析的含义

营运能力分析是对企业资金周转状况进行的分析，资金周转得越快，说明资金利用效率越高，企业的经营管理水平越好。广义的营运能力是指企业所有要素，包括人力、物力、财力等资源共同发挥的营运作用；狭义的营运能力仅指企业资产的营运能力。

企业营运能力越强，生产经营成果越多，其偿债能力和盈利能力就越强。企业营运能力状况是企业经营者进行经营管理的重要依据，也是债权人与所有者进行决策的依据。因此，企业营运能力是企业财务分析的基本内容和重要组成部分。

8.1.2　企业营运能力分析的意义

1. 分析企业营运能力，有利于企业管理当局改善经营管理

企业管理当局受所有者委托，对其投入企业的资本负有保值增值的责任，因此，他们很关心企业的盈利能力。但在财务分析中，他们不仅关心盈利的结果，还关心盈利的原因和过程，如营运状况和效率分析等。通过分析，可以了解企业生产经营对资产的需求状

况，可以根据生产经营的变化，调整资产存量，使资产的增减变动与生产经营规模的变动相适应，促进资产的合理配置，提高资金周转速度，同时还可为财务决策和预算指明方向，为预测财务危机提供必要的信息。

2. 分析企业营运能力，有助于投资者进行投资决策

企业营运能力分析有助于企业现有的和潜在的投资者判断企业财务的安全性、资本保全程度和企业的价值创造能力。资本的增值能力最终来源于资产的营运能力，加速资金周转、提高资金运用效率是实现资本增值的基本保证。营运能力分析有利于企业投资者作出正确的投资决策。通常，资产营运能力强、资金利用效率高的企业是投资者的投资目标。

3. 分析企业营运能力，有助于债权人进行信贷决策

企业债权人既关心其对企业的债权能否及时足额地收回，又关心企业的收益状况和风险程度是否相适应。而企业的偿债能力来源于获利能力，获利能力又来源于营运能力，所以对企业的营运能力进行分析，有助于债权人判明其债权的物质安全程度，有助于债权人进行相应的信用决策。

4. 分析企业营运能力，有助于政府有关管理部门进行宏观决策

政府有关管理部门通过对企业营运能力进行分析，可以判断企业生产经营是否稳定，其财务状况是否良好，从而有助于政府相关部门监督企业对各项经济政策法规的执行情况，为政府的宏观决策和调控提供可靠信息。

8.1.3 影响企业营运能力的主要因素

（1）企业间的行业经营背景不同，资产周转率水平会不同。由于企业经营周期的长短不同，会导致不同的企业资产周转率水平。比如，零售行业的资产周转率相对较快，而机械制造行业的资产周转率则相对较慢。

（2）企业的资产构成及其质量不同，资产周转率水平会不同。在资产总量一定的情况下，非流动资产所占比重越大，资产的周转速度就越慢。此外，当企业出现有问题的资产或资产质量不高时，就会形成资金积压，使得资产周转率下降。

（3）资产的管理水平和采取的会计政策不同，资产周转率水平会不同。企业资产管理力度大，会使企业资产结构优化，资产质量提高，所以将加快资产周转速度。此外，企业固定资产折旧方法的不同、采用的信用政策的不同，也将影响企业的资产周转率。

8.2 短期资产营运能力分析

8.2.1 短期资产营运能力分析的含义

短期资产营运能力，是指企业运用短期资产获取收益的能力，即企业短期资产的变现能力。短期资产营运能力分析就是对企业短期资产的营运效果进行分析。

短期资产即流动资产，是指可以在一年或者超过一年的一个营业周期内变现或耗用的资产。在资产负债表中，短期资产列示为货币资金、交易性金融资产、应收票据、应收账

款、预付款项、应收利息、应收股利、其他应收款、存货、一年内到期的非流动资产等项目。

要进行短期资产营运能力分析，首先要认识短期资产的特性：①短期资产项目的性质特征比较复杂，如货币资金、存货等项目的运用及变现的主动权在企业，而应收项目、预付账款等的变现速度则是企业难以驾驭的。②短期资产的周转速度快，变现能力强。企业的短期资产一般在一个营业周期内就能够收回，实现一次周转，甚至有些项目在一个月内就能变现，如货币资金、到期票据等都具有即期的现金支付能力。但是，短期资产的盈利能力相对较弱。

8.2.2 应收账款营运能力分析

应收账款是指企业因销售商品或提供劳务等而应向购货客户或接受劳务的客户收取的款项。应收账款是企业被买方企业无偿占有的资金。

各种应收账款的共同特点是企业只有在未来才能收到现金，并且应收账款的收回在很大程度上取决于付款方的信用，存在收不回来的可能性。因此对应收账款质量和应收账款周转率的分析是分析其营运能力的重点。

1. 应收账款质量的分析

所谓应收账款的质量，是指债权转化为货币的可能性。由于应收账款既可转化为现实货币，又可转化为坏账，形成损失，因此，在既定的债权规模下，对应收账款质量的分析尤为重要。

对应收账款质量的分析，主要有以下几种方法。

1）对应收账款的账龄进行分析

企业已发生的应收账款时间有长有短，有的尚未超过信用期，有的则超过了信用期。账龄分析法是通过对现有应收账款被欠账时间的长短（即账龄）进行分析，进而对不同账龄的应收账款分别判断其质量。一般而言，未过信用期或已过信用期但拖欠期较短的应收账款出现坏账的可能性比已过信用期较长时间的应收账款发生坏账的可能性要小。

2）对债务人的偿债信誉进行分析

在很多情况下，企业应收账款的质量，不仅与应收账款的账龄有关，更与债务人的偿债信誉有关。对于资信好、经济实力强的债务人而言，其偿债能力有保障，偿债信誉也好，企业应收账款收回的可能性也越大。而对于某些偿债信誉较差的债务人而言，企业收回应收账款的可能性就要小些。企业在确定某一客户的偿债信誉时，可通过5C系统来进行，所谓5C系统，是评估客户信用品质的五个方面，即品质(Character)、能力(Capacity)、资本(Capital)、抵押(Collateral)、条件(Conditions)。通过5C系统，可以了解客户的信用品质，评估其赖账的可能性。

2. 应收账款周转率

应收账款周转率又称为应收账款周转次数，指年度内应收账款转为现金的平均次数，它说明应收账款的变现速度。从时间角度分析，反映企业应收账款变现的指标是应收账款周转天数，即企业从发生应收账款到收回现金所需要的时间。

其计算公式是：

应收账款周转率(次数)＝销售(营业)收入净额÷应收账款平均余额

其中：应收账款平均余额＝(期初应收账款余额＋期末应收账款余额)÷2

应收账款周转天数＝360÷应收账款周转率

上式中，"销售(营业)收入净额"是指利润表中扣除折扣和折让后的销售净额。

【例8-1】 根据表7-1、表7-2所示SHJH公司2013年资产负债表和利润表数据：

本年应收账款平均余额＝(397 765 646.51＋174 457 773.15)÷2＝286 111 709.83(元)

本年应收账款周转率＝2 038 110 916.93÷286 111 709.83＝7.12(次)

本年应收账款周转天数＝360÷7.12＝51(天)

至于如何对上述指标作出评价，应结合同行业平均水平、企业历年水平以及企业赊销政策而定。一般而言，企业的应收账款周转率越高，平均收账期越短，说明企业的应收账款回收得越快；反之，则说明企业的营运资金过多地呆滞在应收账款上，会严重影响企业资金的正常周转。

影响应收账款周转率和周转天数计算的因素有很多，如企业生产经营的季节性原因；企业在产品销售过程中大量使用分期付款的方式；有些企业采取大量收取现金方式进行销售；有些企业年末销售量大起大落等，这些因素都会对应收账款周转率或周转天数造成很大的影响。会计报表的分析者应将企业的应收账款周转率、周转天数与企业前期指标、与行业平均水平或其他类似企业相比较，才能分析、判断企业该指标的水平。

3. 应收账款营运能力分析时应注意的问题

(1) 应收账款周转率反映企业应收账款的变现速度和管理效率。应收账款是流动资产的重要组成部分，在流动资产中具有举足轻重的作用。应收账款周转快，说明企业资产流动性强，短期偿债能力也强，并在一定程度上可以弥补流动比率低而给债权人造成的不良印象；同时，提高这一比率可以降低坏账发生的可能性，为企业安全收款提供保障。但是，这并不意味着比率越高越好。如果应收账款周转次数过高，可能是由于企业的信用政策、付款条件过于苛刻所致，这样会限制企业销售量的扩大，从而会影响企业的盈利水平。

(2) 评价企业应收账款周转情况的好坏，应当结合企业所售商品的种类、各地商业往来惯例、企业信用政策以及行业平均水平进行综合考虑，确定合理的评价标准，作出正确的判断。

(3) 从严格的意义上来说，应收票据应该包括在上述比率的计算之中。若是这样考虑，那么所算得的比率应称为"应收款项周转率"和"应收款项周转天数"。

8.2.3 存货营运能力分析

存货是指企业在生产经营过程中未销售或用于储备的材料、产成品等，该项目是企业重要的流动资产之一，通常占流动资产总额的一半以上。与其他流动资产相比，存货的变现能力相对较弱，因而存货过多将使存货在流动资产中所占的比重上升，使流动资产总体的变现能力下降，从而影响企业的短期偿债能力；而且存货过多，将使企业的资金过多地占用在存货上，影响企业的资金周转，同时还会增加存货的存储成本及毁损等损失。另外，存货是企业生产经营的前提和条件，存货量不足，就无法满足企业正常生产经营的需要，容易导致企业生产经营的中断，使企业失去获利机会。

1. 存货周转率

存货周转率也叫存货周转次数,是企业一定时期的主营业务成本与平均存货的比率。存货周转率可用以测定企业存货的变现速度,衡量企业存货是否储备过量。它是对企业供、产、销各环节管理状况的综合反映,不仅影响着企业的短期偿债能力,也是整个企业管理的重要内容。

用时间表示的存货周转率就是存货周转天数,指企业的存货自入库登账之日起到发运出售之日止的平均天数。其计算公式为:

$$存货周转率(次数)=销售成本÷存货平均余额$$

$$存货平均周转天数=360÷存货周转率$$

上式中,"销售成本"是指企业销售商品或提供劳务等经营业务的实际成本;"存货平均余额"是存货年初数与年末数的平均值,即存货平均余额=(存货年初数+存货年末数)÷2。

【例8-2】 根据表7-1、表7-2所示SHJH公司2013年资产负债表和利润表数据:

本年存货平均余额=(155 252 309.30+148 636 695.75)÷2=151 944 502.53(元)

本年存货周转率=1 444 380 097.14÷151 944 502.53=9.51(次)

本年存货周转天数=360÷9.51=38(天)

存货周转率和存货周转天数分析的目的是找出企业存货管理中存在的问题,从而提高存货管理的水平,使存货管理在保证企业生产经营连续性的同时,尽可能少占用企业的经营资金,提高企业资金的使用效率,促进企业管理水平的提高。

2. 存货营运能力分析时应注意的问题

(1) 存货周转率越高,存货占用水平越低,则存货积压的风险就越小,企业的变现能力以及资金使用效率也就越高。但是存货周转率过高,也可能说明企业管理方面存在其他问题,如存货水平太低,甚至经常缺货,或者采购次数过于频繁,批量太小等。因此,合理的存货周转率要视产业特征、市场行情及企业自身特点而定。

(2) 由于对存货的计价处理存在不同的会计方法,因此与其他企业进行比较时,应考虑到会计处理方法不同而产生的影响。

8.2.4 流动资产营运能力分析

1. 营业周期

企业的营业周期是指企业从取得存货开始到销售存货并收回现金为止的时间。营业周期的长短取决于存货周转天数和应收账款周转天数。其计算公式为:

$$营业周期=存货周转天数+应收账款周转天数$$

【例8-3】 根据[例8-1]、[例8-2]的计算结果:

SHJH公司2013年的营运周期=51+38=89(天)

一般而言,一个企业的营业周期短,说明资金周转速度快;营业周期长,说明资金周转速度慢。

营业周期指标分析应注意:不同企业使用不同的存货计价方法会导致不同的期末存货价值,从而会缩短或延长存货周转天数,继而将影响营业周期的长短;不同的企业坏账准备提取方法、提取比例不同，会使不同企业之间的应收账款周转天数的计算结果产生差异，从而也会影响营业周期的长短。

2. 流动资产周转率

流动资产周转率又叫流动资产周转次数，是销售收入与全部流动资产平均余额的比率。它反映的是全部流动资产的利用效率。用时间表示流动资产周转速度的指标叫流动资产周转天数，它表示流动资产平均周转一次所需的时间。其计算公式为：

$$流动资产周转率 = 主营业务收入 \div 流动资产平均余额$$
$$流动资产周转天数 = 360 \div 流动资产周转率$$

【例8-4】 根据表7-1、表7-2所示SHJH公司2013年资产负债表和利润表数据：

本年流动资产平均余额 = (1 070 987 801.82 + 820 223 064.30) ÷ 2 = 945 605 433.06(元)
本年流动资产周转率 = 2 038 110 916.93 ÷ 945 605 433.06 = 2.16(次)
本年流动资产周转天数 = 360 ÷ 2.16 = 167(天)

流动资产周转率是分析流动资产周转情况的一个综合指标。流动资产周转快，会相对节约流动资产，相当于扩大了企业资产投入，增强了企业盈利能力；反之，若周转速度慢，为维持正常经营，企业必须不断投入更多的资源，以满足流动资产周转需要，导致资金使用效率低，也降低了企业的盈利能力。

流动资产周转率指标分析时应注意：流动资产变现能力反映企业短期偿债能力的强弱。企业在进行流动资产周转率分析时，应以企业以前年度水平、同行业平均水平作标准进行对比分析，促使企业采取措施扩大销售，提高流动资产的综合使用效率。

8.3 长期资产营运能力分析

长期资产通常是指变现时间在一年以上的各项资产，包括长期投资、固定资产、无形资产和其他长期资产。在长期资产中，固定资产、无形资产营运能力的强弱对整个长期资产的营运能力有重要影响。本节主要讨论固定资产、无形资产的营运能力。

8.3.1 固定资产营运能力分析

1. 固定资产构成分析

固定资产构成是指各类固定资产原价占全部固定资产原价的比重，它反映着固定资产的配置情况。合理地配置固定资产既可提高企业的生产能力，又能使固定资产得到充分有效的利用。分析固定资产构成情况的变化，就是看固定资产的配置是否合理，为挖掘固定资产的利用潜力提供依据。

固定资产结构变动的分析主要包括三个方面的内容：一是分析生产经营用固定资产与非生产经营用固定资产之间的比例变化情况，查明企业是否优先增加生产经营用的固定资产；二是考察未使用、不需用固定资产比重的变化情况，查明企业在处置闲置固定资产方面是否作出了成绩；三是考察生产经营用固定资产内部结构是否合理。

2. 固定资产营运能力分析指标

1）固定资产更新率

企业在生产经营过程中，会不断地添置新的固定资产，而淘汰旧的固定资产。固定资产的总体新旧程度在一定意义上反映了企业的实际生产能力和潜力，通常用固定资产更新率来反映这方面的情况。

固定资产更新率是反映固定资产更新程度的指标，是指全年新增加的固定资产对原有固定资产的比率，其计算公式为：

固定资产更新率＝（当年新增固定资产原值÷年初固定资产原值之和）×100％

由于科技的快速发展，企业只有不断淘汰落后的机器设备，更换新的先进设备，才能使生产保持先进水平，跟上时代的发展。一个企业固定资产更新的速度与规模是否合适，应同国民经济对企业发展的需要联系起来，但最低的界限至少应等于固定资产的退废率。

2）固定资产退废率

固定资产退废率又称固定资产报废率，是指企业全年退废固定资产（包括正常、非正常退废的固定资产以及本企业不需用而出售或投资转出的固定资产）对原有固定资产总额的比率，其计算公式为：

固定资产退废率＝（当年退废固定资产原价÷年初固定资产原价之和）×100％

固定资产的退废，要有相应的固定资产的更新与之配套，这样才能维持企业再生产规模，所以对该指标的分析应结合固定资产更新率进行。一般来说，新建企业固定资产的更新率和退废率指标都较低，而老企业因设备陈旧，故其更新率和退废率指标都较高。

3）固定资产损失率

固定资产损失率是指全年盘亏、毁损的固定资产所造成的损失数占原有固定资产的比率，其计算公式为：

固定资产损失率＝（全年盘亏、毁损固定资产价值÷年初固定资产原值）×100％

固定资产损失率，反映企业因盘亏及毁损而造成的固定资产损失程度。对于发生的固定资产损失，特别是损失程度较大时，需要分析查明产生损失的具体原因。固定资产盘亏一般是企业管理不善造成的，如反映固定资产实有数量的账册不全，固定资产调出或移动手续不完备，财产管理制度不健全，财产管理无人负责、乱扔乱放、乱拆乱卸等。固定资产毁损有人为的原因，如使用者技术不熟练、责任心不强、违反操作规程等，也有意外事故原因，如水灾、火灾等。在进行分析时，应查清原因，分清责任，并根据分析结果采取相应的改进措施，以减少、杜绝盘亏和毁损现象。

4）固定资产周转率

固定资产周转率也称固定资产周转次数，该指标主要是通过营业收入与固定资产的比例关系，分析固定资产的周转速度，评价固定资产的营运效率。用时间表示固定资产周转速度的指标叫固定资产周转天数，它表示固定资产平均周转一次所需的时间。相关计算公式为：

固定资产周转率＝主营业务收入÷平均固定资产净值

平均固定资产净值＝（年初固定资产净值＋年末固定资产净值）÷2

固定资产周转天数＝360÷固定资产周转率

【例8-5】根据表7-1、表7-2所示SHJH公司2013年资产负债表和利润表数据：

本年平均固定资产净值＝（204 196 099.11＋206 985 183.44）÷2＝205 590 641.28（元）

本年固定资产周转率＝2 038 110 916.93÷205 590 641.28＝9.91(次)

本年固定资产周转天数＝360÷9.91＝37(天)

固定资产的周转率越高,周转天数越少,表明公司固定资产的利用效率越高,公司的获利能力越强;反之,则公司的获利能力越弱。

8.3.2 无形资产营运能力分析

1. 无形资产增减变动分析

对无形资产增减情况的分析与固定资产相似,主要从两个方面来进行:首先,在全面了解无形资产增减情况的基础上,分析计算无形资产的增减率;其次,分析无形资产增减的原因。此外,还应分析无形资产摊销的核算是否正确与及时。

一般来讲,引起无形资产增加的原因主要有:购入无形资产;自行开发取得无形资产;投资者投资转入无形资产;接受外单位捐赠的无形资产。引起无形资产减少的原因主要有:对外投资转出无形资产;对外转让或出售无形资产;无形资产价值摊销等。

在分析无形资产增减变动情况时,对于增加的无形资产,应重点分析其技术上的必要性、经济上的合理性和取得渠道上的合法性;对于减少的无形资产,则应重点分析对外转让、对外投资是否符合国家的有关规定,作价是否合理。此外,还应分析无形资产摊销的方法是否正确,摊销期限是否符合有关规定,是否及时摊销等。

2. 无形资产利用效果分析

无形资产的利用效果可以借助以下两个指标进行评价:

1) 无形资产产值率＝本期总产值÷本期无形资产平均价值×100％

无形资产产值率的高低,反映了无形资产对企业生产产值的影响程度。无形资产产值率高,则说明无形资产在企业经营中的作用较大,是影响企业产值的重要因素。

2) 无形资产利润率＝本期主营业务利润÷本期无形资产平均价值×100％

无形资产利润率,反映了无形资产在主营业务利润中的权重。无形资产利润率高,说明在销售利润中,无形资产形成的利润份额较大。

8.4 总资产营运能力分析

要全面地反映企业的营运能力,除了分析短期资产营运能力和长期资产营运能力之外,还必须进行总资产营运能力分析。总资产营运能力的分析包括总资产结构及变动情况分析、总资产配置分析和总资产营运效率分析。本节主要讨论资产配置问题和总资产营运效率。

8.4.1 总资产的配置分析

所谓总资产的配置,是指在资产结构体系中,固定资产和流动资产之间的结构比例。通常称之为固流结构,其表达式一般为:

固流结构＝固定资产总额÷流动资产总额

固流结构对资产的利用效果影响比较大。在企业的生产经营中,如果企业的总资产中固定资产比例过高,一方面会使企业对经济形势的应变能力降低,相应的经营风险会增大;另一方面会使固定资产闲置,其利用效率降低,同时也使得折旧费用增加。但是,固定资产比例过低,在资产总额一定的情况下,虽然可以使企业偿债能力提高,降低经营风险,但会使企业的资产过多地保留在获利能力较低的流动资产上,而且会使流动资产因相对过多而闲置,得不到充分利用,从而使企业的获利能力下降。一般而言,企业会根据自己的实际情况采取以下几种固流结构政策。

1. 保守型固流结构政策

企业的流动资产既要维持正常的生产经营,又要及时清偿到期债务,同时还要应付一些意外事件的发生。在这种情况下,企业会保持较高数量的流动资产,而使固定资产维持在一般水平上,因此固流结构比例会较低。采用这种政策,由于流动资产存量的比例较高,因而会降低资产的报酬率,但风险也因此而降低。

2. 中庸型固流结构政策

企业的流动资产在企业正常的生产经营条件下,只需保证正常经营条件下所要求的正常需要量和正常的保险储备量。如果没有特殊的意外事件发生,企业就不会产生流动资产周转困难的情况。因此,固流结构比例会保持平均水平,企业的收益与风险也将维持在平均水平。

3. 风险型固流结构政策

这是指企业在正常生产经营情况下,只保留流动资产的正常需要量,而不进行保险储备或其他储备。在这种情况下,企业的固流结构比例会较高。由于减少了流动资金占用量,因而企业的盈利水平也较高,但一旦企业经营中发生意外事件,就会出现流动资金周转困难,因而风险也较高。

8.4.2 总资产营运效率分析

总资产营运效率通常用总资产周转速度来衡量。总资产周转速度通常用总资产周转率(次数)来表示。总资产周转率是企业主营业务收入与平均资产总额的比率,反映企业用销售收入收回总资产的速度。计算公式为:

$$总资产周转率 = 主营业务收入 \div 平均资产总额$$

其中,平均资产总额=(年初资产总额+年末资产总额)÷2

$$总资产周转天数 = 360 \div 总资产周转率$$

【例8-6】 根据表7-1、表7-2所示SHJH公司2013年资产负债表和利润表数据:

本年平均资产总额=(2 375 018 049.35+1 803 817 719.47)÷2=2 089 417 884.41(元)

本年总资产周转率=2 038 110 916.93÷2 089 417 884.41=0.98(次)

本年总资产周转天数=360÷0.98=368(天)

总资产周转次数越多,周转天数越少,则表明企业同样的资产取得的收益越多,因而资产的管理水平越高,相应地,企业的偿债能力也就越强。

总资产周转率指标分析应注意:如果企业的总资产周转率突然上升,而企业的销售收入与以往持平,则有可能是企业本期报废了大量固定资产造成的,并不能说明企业资产利用率提高。在进行总资产周转率分析时,也应以企业以前年度的实际水平、同行业平均水平作为参照进行对比分析,从中找出差距,挖掘企业潜力,提高资产利用效率。

本章小结

营运能力分析是对企业资金周转状况进行的分析,资金周转得越快,说明资金利用效率越高,企业的经营管理水平越好。影响企业营运能力的主要因素包括:企业间的行业经营背景、资产的管理水平和采取的会计政策、企业的资产构成及其质量等。短期资产营运能力分析主要包括:应收账款营运能力分析、存货营运能力分析、流动资产营运能力分析等。长期资产营运能力分析主要包括:固定资产营运能力分析、无形资产营运能力分析等。要全面地反映企业的营运能力,除了分析短期资产营运能力和长期资产营运能力之外,还必须进行总资产营运能力分析。总资产营运能力的分析主要包括总资产配置分析、总资产营运效率分析等。在进行营运能力分析时,应以企业以前年度的实际水平、同行业平均水平作为参照进行对比分析,从中找出差距,挖掘企业潜力,提高资产利用效率。

中英文对照专业名词

应收账款周转率 receivables turnover ratio
存货周转率 inventory turnover ratio
固定资产更新率 rate of fixed assets renewal
固定资产退废率 out-of-service rate of fixed assets
固定资产损失率 rate of fixed assets wastage
总资产周转率 total assets turnover ratio

本章链接

http://www.chinaacc.com/new/635_650_/2009_8_12_le038140582012189000216900.shtml

思考与练习

一、选择题

1. 一般而言,平均收现期越短,应收账款周转率则( )。
   A. 不变   B. 越低   C. 越高   D. 波动越大
2. 若企业占用过多的存货和应收账款,一般不会直接影响企业的( )。
   A. 资金周转   B. 获利能力   C. 偿债能力   D. 长期资本结构
3. 反映资产周转速度的指标不包括( )。
   A. 存货周转率   B. 产权比率
   C. 营业周期   D. 应收账款周转率
4. 某企业本年度主营业务收入为 21 000 000 元,销售退回 2 000 000 元,销售折让 1 000 000 元,期初应收账款余额为 8 000 000 元,期末应收账款余额为 10 000 000 元,则该企业应收账款周转次数为( )次。
   A. 1   B. 2   C. 3   D. 4

5. 某企业当年销售收入净额为 54 000 万元，年末总资产占用额为 20 000 万元，年初总资产占用额为 16 000 万元，则总资产周转率为（   ）。
   A. 3.5 次　　　　B. 3 次　　　　C. 2.5 次　　　　D. 3.8 次
6. 以下指标中，反映企业全部资产的使用效率的是（   ）。
   A. 流动比率　　B. 资产总额　　C. 总资产周转率　　D. 利润总额
7. 下列经济业务中，会引起总资产周转率下降的有（   ）。
   A. 用银行存款购买原材料　　　　B. 借入一笔短期借款
   C. 销售商品取得收入　　　　　　D. 用银行存款购入一台设备
8. 应收账款周转率提高，意味着企业（   ）。
   A. 流动比率提高　　　　　　　　B. 短期营运能力增强
   C. 速动比率提高　　　　　　　　D. 盈利能力提高
9. 下列财务指标中，能有效地将资产负债表与利润表联系起来的指标有（   ）。
   A. 资产负债率　　　　　　　　　B. 应收账款周转率
   C. 存货周转率　　　　　　　　　D. 速动比率
10. 某企业年末会计报表上部分数据为：流动负债 60 万元，流动比率为 2，速动比率为 1.2，销售成本 100 万元，年初存货为 52 万元，则本年度存货周转次数为（   ）。
    A. 2 次　　　　B. 2.3 次　　　　C. 1.45 次　　　　D. 1.65 次

二、简答题

1. 营运能力分析的含义是什么？为什么要进行营运能力分析？
2. 影响企业营运能力的主要因素有哪些？
3. 如何分析企业的短期资产营运能力？
4. 如何分析企业的长期资产营运能力？
5. 如何分析企业的总资产营运能力？

三、计算题

要求：利用下列信息，填充资产负债表的空白项目：
（1）长期负债与所有者权益之比为 0.5。
（2）销售毛利率为 10%。
（3）存货周转率（假设该比率中存货按期末数计）为 9 次。
（4）应收账款周转期（假设该比率中应收账款按期末数计）为 18 天。
（5）总资产周转率（假设该比率中总资产按期末数计）为 2.5 次。

项　　目	金　　额	项　　目	金　　额
库存现金	15 万元	应付账款	30 万元
应收账款		长期负债	
存货		股本	30 万元
固定资产		留存收益	30 万元
资产合计		负债和所有者权益合计	

四、案例分析题

荣达机械股份有限公司 2013 年的资产负债表和利润表详见表 7-5、表 7-6。假设荣达机械股份有限公司 2012 年年初应收账款余额为 945 000 元，存货余额为 960 000 元，流动资产余额为 7 374 000 元，固定资产净值为 3 960 000 元，各项长期资产余额为 6 530 000 元。

要求：（1）计算该厂 2012 年、2013 年应收账款周转次数及天数、存货周转次数及天数、流动资产周转次数及天数。

（2）计算该厂 2012 年、2013 年固定资产周转次数及天数。

（3）计算该厂 2012 年、2013 年总资产周转次数及天数。

（4）根据计算结果对该机械厂的营运能力进行综合分析。

第9章 盈利能力分析

教学目标与要求

盈利能力是企业在一定时期内赚取利润的能力,最大限度地赚取利润是企业持续、稳定发展的目标。通过对本章的学习,应当掌握有关盈利能力指标的计算与分析,并学会运用这些指标评价企业盈利能力。

本章知识要点

知识要点	能力要求	相关知识
企业盈利能力分析概述	了解盈利能力分析的相关基础理论	盈利能力分析的含义和意义等
盈利能力分析指标	重点理解和掌握各种盈利能力分析指标的含义和计算方法	(1) 与投资有关的盈利能力分析 (2) 与销售有关的盈利能力分析 (3) 上市公司的盈利能力分析
影响盈利能力的因素	掌握影响盈利能力的各种因素	(1) 企业的收现能力 (2) 企业降低成本的能力 (3) 企业所采用的会计政策 (4) 影响盈利能力的非常项目

第9章 盈利能力分析

 导入案例

房地产企业获利能力分析管见

20××年甲房地产公司总资产报酬率为5%,经分析对比,公司每1元总资产的获利能力为行业均值(7%)的71%;当年甲房地产公司净资产收益率为9%,每1元股东权益所能取得的投资收益为0.09元,净资产获利能力指标为行业均值(14%)的64%。同时,当年该公司的销售毛利率为26%,指标水平为行业均值(39%)的67%;营业利润率为11%,指标水平为行业均值(19%)的58%,期间费用率为9%,指标水平与行业均值(9%)相当。

在这种情况下,应进一步剖析该房地产公司销售毛利率形成差异的具体原因,重点关注其售价水平与同一区域的行业均值有无差异。另外,房产项目所处区域、地理位置特征以及项目成本中极其重要的土地价格是影响成本的重要因素,因此也要特别关注土地成本的差异,并以此判断单项成本差异主要来自土地成本差异还是建设成本差异,找出造成公司销售毛利率差异的主要原因。

(资料来源:于凌."房地产企业获利能力、偿债能力分析管见"[J].财会月刊.2011(12)中)

9.1 企业盈利能力分析概述

企业的盈利能力也称为获利能力,是指企业利用各种经济资源获得利润的能力。利润是企业内外有关各方都关心的中心问题。利润是投资者取得投资收益、债权人收取本息的资金来源,是经营者经营业绩和管理效能的集中表现,也是职工集体福利设施不断完善的重要保障。因此,企业盈利能力分析是企业财务分析的重点。偿债能力分析、营运能力分析等,其根本目的是通过分析及时发现问题,改善企业财务结构,提高企业偿债能力、营运能力,最终提高企业的盈利能力,促进企业持续稳定地发展。

一般来说,盈利能力是指企业在正常的营业状况下获取利润的能力。非正常的营业状况虽然也会给企业带来收益或损失,但这只是特殊情况下的个别情况,不能说明企业的盈利能力。因此,报表分析者在分析企业盈利能力时,应当排除以下因素:证券买卖等非正常项目、已经或将要停止的营业项目、重大事故或法律更改等特别项目、会计准则和财务制度变更带来的累计影响等。

在盈利能力分析中,全面领悟分析的内容,正确掌握分析的方法至关重要。对企业盈利能力的分析主要指对利润率的分析。因为尽管利润额的分析可以说明企业财务成果的增减变动状况及其原因,为改善企业经营管理指明方向,但是,由于利润额受企业规模或投入总量的影响较大,一方面使不同规模的企业之间不便于对比;另一方面它也不能准确地反映企业的盈利能力和盈利水平。因此,仅进行利润额分析一般不能满足各方面对财务信息的要求,还必须对利润率进行分析。

9.2 盈利能力分析指标

在本节中,我们对企业盈利能力的分析将从以下几方面进行:与投资有关的盈利能力分析;与销售有关的盈利能力分析;上市公司的盈利能力分析。

9.2.1 与投资有关的盈利能力分析

1. 总资产报酬率

企业收入的取得是以企业一定的原始投资为基础的。一般来说,企业的投资额大,收入相对就多,利润的绝对数也就多;反之,企业的投资额少,收入相对就少,利润的绝对数也较少。所以,一个企业所获利润的多少,是与企业的投资紧密相联系的。要正确考核企业的盈利能力,就必须计算企业的总资产报酬率指标。

1) 总资产报酬率指标的计算

总资产报酬率,是指企业息税前利润与平均总资产的比率,它用来衡量企业运用全部资产盈利的能力。其计算公式为:

$$总资产报酬率 = (利润总额 + 利息支出) \div 平均资产总额 \times 100\%$$

其中:平均资产总额 = (资产总额年初数 + 资产总额年末数) ÷ 2

式中,"利润总额"指企业实现的全部利润,"利息支出"指企业在生产经营过程中实际支出的借款利息、债券利息等,从理论上讲,利息支出应包括计入财务费用的利息支出和计入固定资产原价的利息费用,因为它们都属于企业创造利润的一部分。但由于在我国现行利润表中"利息支出"没有单列,而是合入"财务费用"中,所以外部报表使用者可以用"利润总额 + 财务费用"来替代"利息支出"。

【例 9-1】 根据表 7-1、表 7-2 所示 SHJH 公司 2013 年资产负债表和利润表数据:

本年平均资产总额 = (2 375 018 049.35 + 1 803 817 719.47) ÷ 2 = 2 089 417 884.41(元)
本年总资产报酬率 = (362 439 511.01 − 3 861 430.89) ÷ 2 089 417 884.41 × 100% = 17.16%

2) 总资产报酬率指标的分析要点

总资产报酬率表示企业全部资产获取收益的水平,全面反映了企业的盈利能力和投入产出状况。该指标越高,表明企业投入产出的水平越好,企业的资产运营越有效。

一般情况下,企业可根据此指标与市场利率进行比较。如果该指标大于市场利率,则表明企业可以充分利用财务杠杆,进行负债经营,获取尽可能多的收益。

总资产报酬率是一个综合指标,它的高低与企业的资产结构、经营管理水平有着密切的关系。为了正确评价企业经济效益的高低,挖掘提高利润水平的潜力,可以用该项指标与本企业前期、与计划、与本行业平均水平和本行业内先进企业进行对比,分析形成差异的原因。

2. 净资产收益率

1) 净资产收益率指标的计算

净资产收益率是指企业一定时期内的净利润与平均净资产的比率。该指标充分体现了投资者投入企业的自有资本获取净收益的能力,突出反映了投资与报酬的关系,其计算公式为:

$$净资产收益率 = 净利润 \div 平均净资产 \times 100\%$$

其中:平均净资产 = (所有者权益年初数 + 所有者权益年末数) ÷ 2

【例 9-2】 根据表 7-1、表 7-2 所示 SHJH 公司 2013 年 12 月 31 日资产负债表和 2013 年利润表数据:

本年平均净资产额=(1 392 387 014.88+1 171 890 364.79)÷2=1 282 138 689.84(元)
本年净资产收益率=318 758 694.07÷1 282 138 689.84×100%=24.86%

2）净资产收益率指标的分析要点

净资产收益率是评价企业使用自有资产及其积累来获取报酬水平的最具综合性与代表性的指标，它反映了企业资产运营的综合效益。该指标通用性强，适用范围广，不受行业局限。在我国上市公司绩效综合排序中，该指标居于首位。

一般认为，企业净资产收益率越高，企业自有资本获取收益的能力越强，运营效率越好，对企业投资人、债权人的保证程度就越高。

该指标反映企业所有者权益的投资报酬率，具有很强的综合性，其具体分析方法参见本书"杜邦分析体系"的相关内容。

3. 资本金收益率

1）资本金收益率指标的计算

资本金收益率，是指本期净利润与资本金的比率，该指标反映了投资者投入资本金的盈利能力。其计算公式为：

资本金收益率=净利润÷平均实收资本（股本）×100%

其中：平均实收资本（股本）=（实收资本或股本年初数+实收资本或股本年末数）÷2

【例9-3】 根据表7-1、表7-2所示SHJH公司2013年12月31日资产负债表和2013年利润表数据：

本年平均股本额=(423 032 064.00+325 546 905.00)÷2=374 289 484.50(元)
本年资本金收益率=318 758 694.07÷374 289 484.50×100%=85.16%

2）资本金收益率指标的分析要点

以实收资本（股本）作分母计算的利润率来反映投资者原始投资的盈利能力，更能反映出投资者投资所产生的收益，而这是与投资者的利益紧密相联的。

在衡量资本金收益率时，应首先确定基准资本金收益率。所谓基准资本金收益率，是指基准净利润与实收资本的比值。基准净利润，是指企业在一定条件和一定的资本规模下，至少应当实现的净利润总额。若实际资本金收益率低于基准资本金收益率，就是危险的信号，表明企业的盈利能力严重不足，投资者就会转移投资。对企业基准资本金收益率的确定，一方面，应考虑同期市场贷款利率，这是最低的投资回报；另一方面，还应考虑风险费用率，风险越大的企业，风险费用率越高。此外，资本金收益率的分析，除了将报告期实际收益率与基准收益率比较外，还应与上期比较，与计划目标比较，找出差距，分析原因。

我们还可以将资本金收益率计算公式进行如下分解：

资本金收益率=净利润÷平均实收资本×100%
=（净利润÷平均净资产）×（平均净资产÷平均实收资本）×100%
=净资产收益率×净资产与实收资本的比率

由此可见，资本金收益率主要受净资产收益率和净资产与实收资本的比率两个因素的影响。

总之，总资产报酬率、净资产收益率和资本金收益率是从投资报酬率角度分析企业盈利能力的三个基本比率。在具体分析过程中,应将这三项比率结合起来,综合分析企业的投资报酬率。总资产报酬率从总资产角度反映了企业所有资产的盈利能力,净资产收益率反映了企业净资产的盈利能力,资本金收益率则反映了企业投资者投入的资本金的盈利水平。将这三方面综合起来,就可以全面了解企业投资的盈利能力。

9.2.2 与销售有关的盈利能力分析

在企业利润的形成中,营业利润是主要的来源,而其中更重要的因素是产品销售利润的增长幅度。产品销售利润的高低,直接反映了企业生产经营状况和经济效益的好坏。因此,对企业销售的盈利能力进行分析也是企业盈利能力分析的重点之一。

1. 影响企业销售盈利能力的因素

1) 价格因素

当产品销售价格上升时,利润会增加;反之,利润会下降。随着价格管理体制的改革,国家定价范围逐渐减少,市场调节价格范围不断扩大,企业应在充分考虑市场供求状况、产品质量因素等前提下合理自主定价。

2) 销售成本及销售费用因素

企业加强成本管理,千方百计地降低产品成本,是增加盈利的最根本途径之一,企业成本降低了,产品的市场竞争能力就增强,而市场竞争中最重要的是价格竞争。成本降低将使产品的价格下降,在质量相同的情况下,产品的市场竞争能力就会大大提高。此外,通过降低成本,节约费用,相同的耗费就能为社会生产更多的产品,从而更好地满足社会的需要。

企业销售产品不可避免地要发生一些销售费用。产品销售费用虽然与产品销售成本性质不同,但二者对利润的影响是一致的。降低产品销售费用,努力节约费用开支,是增强盈利的重要途径。节约费用开支不是指销售费用越低越好,而是应通过销售费用与促进销售所产生的效益相比较,确定合理的销售费用开支范围,在此基础上尽可能地节约开支。

3) 产品品种构成因素

所谓产品品种构成,是指某种产品的产量(或销售量)在全部产品产量或销售量中所占的比重。由于各种产品盈利水平不同,企业增加盈利水平较高的产品的销售比重,降低盈利水平较低的产品的销售比重,就会使利润增加,反之,在同等销售量下,利润就会减少。

2. 与销售有关的盈利能力指标的计算与分析

1) 销售利润率

销售利润率,是指企业一定时期销售利润同销售收入净额的比率。它表明企业每单位销售收入能带来多少销售利润,反映了企业主营业务的盈利能力,是评价企业销售盈利能力的主要指标。其计算公式为:

$$销售利润率 = 销售利润 \div 销售收入净额 \times 100\%$$

式中,"销售利润"指企业销售收入扣除销售成本、销售费用、营业税金及附加后的利润,不包括其他业务利润、长期投资收益、营业外收支等因素。"销售收入净额"指企业当期销售商品、提供劳务等主要经营活动取得的收入减去销售折扣与折让后的数额。

销售利润率高,说明企业的产品定价科学,产品附加值高,营销策略得当,主营业务市场竞争力强,发展潜力大,盈利水平高。

销售利润率是从企业主营业务的盈利能力方面对资本金收益率指标的进一步补充。该指标体现了企业经营活动最基本的盈利能力,没有足够大的销售利润率就无法形成企业的最终利润。此外,结合企业的销售收入、销售成本分析,能够充分反映出企业成本控制、费用管理、产品营销、经营策略等方面的不足或成绩。

2）销售净利率

销售净利率,是指净利润与销售收入净额的百分比,其计算公式为:

$$销售净利率 = 净利润 \div 销售收入净额 \times 100\%$$

销售净利率反映每1元销售收入带来的净利润是多少。从销售净利率的指标关系看,净利润与销售净利率成正比关系;而销售收入净额与销售净利率成反比关系。企业在增加销售收入净额的同时,必须相应地获得更多的净利润,才能使销售净利率保持不变或有所提高。通过分析销售净利率的升降变动,可以促使企业在扩大销售的同时,注意改进经营管理,提高盈利水平。

3）销售毛利率

销售毛利率,是指销售毛利占销售收入的百分比。销售毛利是销售收入与销售成本的差额,它表示销售收入在扣除销售成本之后,还有多少金额可以用于各项期间费用的消耗和形成盈利。销售毛利率的计算公式为:

$$销售毛利率 = (销售收入 - 销售成本) \div 销售收入 \times 100\%$$

销售毛利率是企业销售净利率的基础,没有足够大的毛利率便不能盈利。通常来说,毛利率随行业的不同而高低各异,但同一行业的毛利率一般相差不大。与同行企业的平均毛利率相比较,可以揭示企业在定价政策、产品或生产成本控制方面存在的问题。

9.2.3 上市公司盈利能力分析

上市公司公开披露的财务信息很多,如招股说明书、上市公告等。对企业的股东来说,全面了解企业的发展情况固然重要,但其最为关心的还是股本的盈利能力。股本盈利能力的高低对于股东来讲不仅关系到股东目前的收益水平,而且对其所持股票的未来股价也会产生较大影响。此外,股本盈利能力的高低对于上市公司而言也关系到其财务状况是否稳定、发展前景是否良好等一系列问题。通常用一些财务比率指标来反映股本的盈利能力。

1. 每股收益

每股收益,是指净利润扣除应发放的优先股股利后的余额与发行在外的普通股的加权平均股数之比。其计算公式为:

$$每股收益 = (净利润 - 优先股股利) \div 发行在外的普通股加权平均数$$

其中:

$$发行在外的普通股加权平均数 = \sum(发行在外的普通股股数 \times 已发行在外的月份数) \div 12$$

上式中,之所以要扣除优先股股利,是因为净利润在按规定发放优先股股利后的余额,才是普通股股东的所得。之所以采用加权平均数,是因为在一个会计期间内发行在外的普通股股数可能有变化,如增发新股或股票回购等,所以必须采用加权平均法计算。

在分析每股收益指标时应注意以下几点。

(1) 每股收益是衡量上市公司盈利能力最重要的财务指标，它反映普通股的盈利水平。从收益的绝对数总量方面来分析比较公司的盈利水平往往是不准确的。

(2) 对于普通股股东来说，每股收益总是越高越好。因为股票投资者投资于股票，其收益有两个来源：一是分得的股利；二是股票涨价收入，而后者又与前者密切相关。股利水平升高，则股票价格必然上涨，相应地，投资者从股票价格的上涨中获得的收入就越多。而股利的多少和股票价格的高低在很大程度上取决于每股收益的多少。每股收益越多，可用于分配给股东的每股股利也就越多，这样股票价格就会随之上涨，而股东的收益也就越多；反之，每股收益越少，可分配给股东的每股股利也就越少，股票价格上涨缓慢甚至有时候还会下降，投资者收益就会减少，甚至发生损失。

(3) 对于公司的股东而言，通过每股收益不仅可以评价股本盈利能力，同时还可以衡量普通股票的投资价值。首先，公司股东可以比较上市公司前后数年的每股收益，如果每股收益逐年增加，表示公司的盈利能力在不断提高，说明公司股票成长性较好，股价可能会不断上升；反之，则公司股票成长性下降，股价可能会不断下降。其次，公司股东可以将上市公司的每股收益与同行业其他上市公司的每股收益相比较，如果该公司每股收益高，则表示其盈利能力比其他公司好，应该继续持有该公司股票。最后，公司股东可以将上市公司的每股收益与股票市场上的平均市盈率相乘，可以得到该公司股票的大致合理价格，将该价格与该股票的交易价格相比，如果它比股票的交易价格低，则应考虑把该股票卖出，反之，则可考虑把这种股票买进。

2. 每股净资产

每股净资产也称每股账面价值或每股权益，它是年末净资产（即股东权益）与年末普通股股份总数的比值。其计算公式为：

$$每股净资产 = 年末股东权益 \div 年末普通股数$$

每股净资产在理论上提供了股票的最低价值。如果公司的股票价格低于该指标，则说明公司已无存在的价值，清算是股东最好的选择。正因为如此，新建公司不允许折价发行股票。

应该注意的是，由于每股净资产是用历史成本计量的，既不反映净资产的变现价值，也不反映净资产的产出能力，因此在运用该指标进行投资分析时，只能有限地使用。

3. 每股股利

每股股利，是指股利总额与年末普通股股份总数的比值。其计算公式为：

$$每股股利 = 股利总额 \div 年末普通股股份总额$$

式中，"股利总额"指用于分配普通股现金股利的总额。

每股股利反映的是上市公司每一股普通股获取股利的大小。每股股利越大，则公司股本盈利能力就越强。前述的每股收益指标只是从账面上反映了股本盈利能力的高低，而每股股利指标则从股利发放的角度直接反映了股东获取股利的情况，因此它更能直观地说明股本盈利能力的高低。

通常，上市公司的盈利能力强，则每股股利的发放也会较多。但是，公司的股利发放政策也是影响每股股利发放多少的重要因素。如果公司为了今后的扩大再生产，现在多留公积金，以增强公司发展的后劲，则当前的每股股利必然会减少；反之，则当前的每股股利会增加。

4. 股利支付率

股利支付率是普通股每股股利与每股收益的比率，它反映了公司的股利分配政策和支付股利的能力。其计算公式为：

$$股利支付率 = 每股股利 \div 每股收益 \times 100\%$$

股利支付率指标反映普通股股东从每股收益中实际分到手的部分有多少。从公司股东的角度来分析，股利支付率和每股股利一样，比每股收益更能直接地体现当前收益。

股利支付率的高低没有一个固定的衡量标准，而且公司与公司之间也没有可比性。因为公司股利分配的多少要根据企业对资金需要量的具体情况而定。此外，公司的股东对公司股利支付率的要求也不一致，有的股东愿意当期多拿股利，也有的股东愿意让公司将更多的利润用于再投资以期将来获得最大的股利收入。

5. 市盈率

市盈率，是指普通股每股市价与每股收益的比率。其计算公式为：

$$市盈率 = 普通股每股市价 \div 普通股每股收益$$

市盈率反映股票持有者对每1元净利润所愿意支付的价格，它可以用来估计股票的投资报酬和风险。一般而言，市盈率越高，表明市场对公司的未来越看好。在市价确定的情况下，每股收益越高，市盈率越低，投资风险越小，反之亦然。在每股收益确定的情况下，市价越高，市盈率越高，风险越大；反之亦然。仅从市盈率高低的横向比较看，高市盈率说明公司能获得社会信赖，具有良好的发展前景。当然，畸高的市盈率也暗示着企业的投资风险大。一般认为，正常的市盈率在10～20之间。

该指标不能用于不同行业企业的比较。因为市盈率的高低要受净利润的影响，而净利润受可选择的会计政策的影响，从而使得企业间的比较受到限制。一般而言，充满扩展机会的新兴行业市盈率普遍较高，而成熟行业的市盈率普遍较低。

9.3 影响盈利能力的因素

利润是收入与费用的差额，所以凡是影响收入和费用的因素都会影响企业盈利能力的高低；从另一个角度看，企业的经营全部过程就是发生耗费和取得收入的过程。具体而言，影响企业盈利能力的因素包括以下几个方面：

9.3.1 企业的收现能力

在市场经济条件下，商业信用大量存在。没有收到现金的销售额只是观念上的收益来源，所以收现能力是影响企业盈利能力的重要因素。了解企业的收现能力可以从了解其信用条件、账款回收的制度和方法、催收程序等方面进行。

9.3.2 企业降低成本的能力

在收入不变的前提下，降低成本可以增加收益。企业降低成本的能力取决于其技术水平、产品设计、生产规模的大小、企业成本管理水平的高低等。

9.3.3 企业所采用的会计政策

影响企业盈利能力的会计政策包括：固定资产折旧方法和折旧年限的选择；存货计价方法的选择；无形资产的摊销年限；坏账核算方法的选择；外币折算方法的选择等。

9.3.4 影响盈利能力的非常项目

在进行财务分析时，除了关注财务报表上的数据之外，还应注重对财务报表外项目进行分析。如应关注企业是否存在未记录的大额或有负债；是否有新颁布法令所禁止的商品买卖或业务经营；其员工素质、管理人员水平、厂址的位置优势如何等，这些都可能对企业的盈利能力产生影响。

本 章 小 结

> 企业的盈利能力也称为获利能力，是指企业利用各种经济资源获得利润的能力。对企业盈利能力的分析包括与投资有关的盈利能力分析、与销售有关的盈利能力分析、上市公司盈利能力分析等方面。总资产报酬率、净资产收益率和资本金收益率是从投资报酬率角度分析企业盈利能力的三个基本比率。在具体分析过程中，应将这三项比率结合起来，综合分析企业的投资报酬率。影响企业销售的盈利能力的因素包括价格因素、销售成本及销售费用因素、产品品种构成因素等。与销售有关的盈利能力指标有销售利润率、销售净利率、销售毛利率等。上市公司盈利能力分析的常用指标有每股收益、每股净资产、每股股利、股利支付率、市盈率等。影响企业盈利能力的因素包括：企业的收现能力、企业降低成本的能力、企业所采用的会计政策、企业是否存在未记录的大额或有负债等非常项目等。

中英文对照专业名词

总资产报酬率 rate of return on total assets
净资产收益率 rate of return on stockholder's equity
资本金收益率 rate of return on capital in cash
销售利润率 rate of return on net sales
销售净利率 rate of return on net profit
销售毛利率 rate of gross profit
每股收益 earnings per share
每股净资产 stockholder's equity per share
每股股利 dicidend per share
股利支付率 dividend payout patio
市盈率 price earnings ratio

第9章 盈利能力分析

本章链接

http：//baike.baidu.com/view/2315346.htm

思考与练习

一、选择题

1. 反映企业获利能力大小的指标有（　　）。
   A. 资产负债率　　　B. 流动比率　　　C. 已获利息倍数　　　D. 销售净利率

2. 计算总资产报酬率指标时的利润指的是（　　）
   A. 利润总额　　　B. 息税前利润　　　C. 税后利润　　　D. 息后税前利润

3. 在物价上涨时期，用先进先出法计算的销售成本（　　），企业可获得较高的销售毛利。
   A. 没有变化　　　B. 与收入相配比　　　C. 偏高　　　D. 偏低

4. 资产净利润率越高，说明企业全部资产的盈利能力越强。该指标与净利润成正比，与资产平均总额（　　）。
   A. 完全相等　　　B. 无关　　　C. 成反比　　　D. 成正比

5. （　　）反映普通股每股的盈利能力。
   A. 市盈率　　　　　　　　　　B. 普通股每股收益
   C. 销售利润率　　　　　　　　D. 资产净利润率

6. 某股份公司上市流通普通股的股价为每股17元，每股收益为2元，则该公司的市盈率为（　　）。
   A. 17　　　B. 34　　　C. 8.5　　　D. 2

7. 某公司年末流通在外普通股为55 000万股，当年分配普通股股利为44 000万元，优先股股利8 400万元，该公司每股股利为（　　）。
   A. 0.8元　　　B. 0.74元　　　C. 0.95元　　　D. 1.04元

8. 某股份有限公司资产负债率当年为40%，平均资产总额为2 000万元，利润总额为300万元，所得税为87万元，则该企业当年的净资产收益率为（　　）。
   A. 13.4%　　　B. 14.67%　　　C. 17.75%　　　D. 22%

9. 下列关于每股收益的说法正确的是（　　）。
   A. 该比率反映普通股的获利水平　　　B. 该比率可以反映风险
   C. 该比率在不同时期不可比　　　　　D. 该比率可反映股东获得的现实财富

10. 某支股票每股市价为10元，每股收益为0.5元，每股股利为0.2元，则下列表述错误的是（　　）。
    A. 股利收益率为2%　　　　　　B. 股利发放率为5%
    C. 市盈率为20　　　　　　　　D. 股利发放率＝市盈率×股利收益率

二、简答题

1. 盈利能力分析的含义是什么？为什么要进行盈利能力分析？

2. 与投资有关的盈利能力分析指标包括哪些？
3. 与销售有关的盈利能力分析指标包括哪些？
4. 上市公司盈利能力分析指标包括哪些？
5. 影响企业盈利能力的因素有哪些？

三、案例分析题

荣达机械股份有限公司2013年的资产负债表和利润表详见表7-5、表7-6。假设该厂本年利息总支出为700 000元，上年为320 000元；上年的期初资产总额为1 390 400 000元；资本金没有变化。

要求：(1) 计算荣达机械股份有限公司销售盈利能力指标。

(2) 计算荣达机械股份有限公司资产盈利能力指标。

(3) 计算荣达机械股份有限公司资本金利润率指标。

(4) 根据上述计算结果对荣达机械股份有限公司盈利能力进行综合分析。

第10章 发展能力分析

教学目标与要求

企业发展能力,是指企业在生存的基础上扩大规模、壮大实力的潜在能力。通过对本章的学习,掌握衡量企业发展能力的财务指标,并学会运用这些财务指标分析、评价企业发展能力。

本章知识要点

知识要点	能力要求	相关知识
企业发展能力分析概述	了解发展能力分析的相关基础理论	(1) 发展能力分析的含义 (2) 发展能力分析的目的 (3) 影响发展能力的主要因素
发展能力分析指标	重点理解各种发展能力分析指标的含义和计算方法	(1) 销售增长能力分析 (2) 资产增长能力分析 (3) 资本增长能力分析

财务 分析

导入案例

巴菲特畅谈投资理念：选择股票重在前景

2013 年巴菲特股东大会上一位股东向巴菲特和芒格提问，挑选股票有什么标准和方法，二老均表示他们的确不关注数据。

巴菲特指出："我们考察企业的角度很简单，我们就是假设是否会有人看上它，然后向我们要求买下整家公司，买企业时大家都会想知道未来十年它会怎么样。"

芒格的回答更为直白："我们不知道如何通过数据来买股票。我们就知道伯灵顿北铁路公司在过去多年中都有竞争优势。我们不知道未来苹果会怎样。买股票你必须能理解这家公司及它的竞争地位。这些都不可能通过数据显露出来。"

巴菲特接话道："如果只能依靠数据来管理资金，我根本就不会。"芒格打趣道："你不是不会，而是会做得很差。"

（资料来源：http://news.china.com.cn/live/2013－05/06/content_19818142.htm，据新华社、中国之声《新闻纵横》、央视财经等报道）

10.1 发展能力分析概述

10.1.1 发展能力分析的含义

发展能力又称成长能力。发展能力分析是对企业在未来一定时期的动态发展变化趋势的一种财务分析。

在激烈竞争的市场经济条件下，企业市场价值在很大程度上取决于企业未来的盈利能力，取决于企业未来的销售收入和利润的增长。同时应该看到，增强企业偿债能力、营运能力及盈利能力最终都是为了使企业能够长久地发展壮大。企业不断发展壮大是企业相关利益各方所期望的。因此，发展能力分析对于判断企业未来一定时期的发展后劲、行业地位、面临的发展机遇与盈利发展变化以及制定中长期发展计划、决策等具有重要的意义和作用。

一般而言，随着企业的快速增长，企业的股票市场价值与利润也是增加的，企业增长对管理当局时常具有较大的诱惑力。但是，企业快速增长会使其资源变得相对紧张，有时管理及生产技术水平也不一定能够及时相应提高。因此，除非管理当局能够及时意识到这一结果并且采取积极的措施加以控制，否则，快速增长可能导致对企业的不利影响甚至破产。事实上，因增长过快而破产的企业数量，与因为增长太慢而破产的企业数量几乎一样多。因此，正确分析企业增长情况及其利弊，合理控制并管理企业的增长速度是非常必要的。

10.1.2 发展能力分析的目的

1. 判断企业拥有资源的能力

通过企业发展能力分析，可以判断企业的未来变化趋势，包括未来盈利能力、变现能力、未来需要追加投入数额、技术先进性及其未来更新改造等情况。

2. 分析企业负债变化趋势

通过企业发展能力分析，可以判断企业未来一定时期融资变化趋势，继而分析企业再融资能力。企业再融资能力除了取决于企业资产的优良程度及其未来一定时期的创利能力外，还取决于企业的资本结构。企业通过资本结构调整不仅可以提高企业负债效益，而且可以减缓债务压力，甚至可以进一步提高资产负债率，实现财务杠杆效益最大化。

3. 正确确定企业未来发展的速度，制定合适政策

在企业市场份额和行业水平既定的情况下，企业经营策略和财务策略的不同组合与安排能够影响企业未来的增长能力。因此，在正确评价企业目前偿债能力、营运能力和盈利能力的基础上，通过进一步分析企业持续成长能力及其影响因素，可以为制定企业未来发展速度及其相应经营策略和财务策略提供必要的依据。

10.1.3 影响发展能力的主要因素

企业发展能力衡量的核心是企业价值增长率，而影响企业价值增长的因素主要有以下几个方面。

1. 销售收入

企业发展能力的形成要依托企业不断增长的销售收入。销售收入是企业收入来源之本，也是企业价值变化的根本动力。只有销售收入不断稳定地增长，才能体现企业的不断发展，才能为企业的不断发展提供充足的资金来源。

2. 资产规模

企业的资产是取得收入的保障。一般而言，在总资产报酬率固定的情况下，资产规模扩大，收入规模也会随之增加。同时总资产的现有价值反映着企业清算时可获得的现金流入额。

3. 净资产规模

一般而言，在企业净资产收益率不变的情况下，净资产规模扩大，收入规模也会随之增加。净资产规模的不断增长，可以反映出所有者对企业的信心不断增强，也能为企业负债筹资提供保障，从而有利于企业的进一步发展。

4. 资产使用效率

一个企业的资产使用效率越高，其利用有限资源获得收益的能力越强，就越会给企业价值带来较快的增长。

5. 净收益

净收益反映企业一定时期的经营成果，是收入与费用之差，也是企业价值增长的源泉。在收入一定的条件下，费用与净收益之间存在反向关系。只有不断地降低成本，才能增加净收益。如果企业有能力将部分收益留存下来用于扩大再生产，则有助于企业吸引更多新的投资者，这必然也有利于增强企业的发展能力。

6. 股利分配政策

适宜的股利分配政策可以处理好企业与股东之间的利益关系，从而有利于企业发展能力的提高。如果一个企业没有制定适宜的股利分配政策，那么即使该企业效益指标很高，也不能认为其发展能力很强。

10.2 企业发展能力分析指标

企业想要发展壮大，销售（营业）收入的增长是前提条件。在此基础上，资产增长是物质保障，而资本增长则是企业发展的后盾。这三者合而为一，共同成为企业发展的源泉和动力。因此，企业发展能力分析可分为：销售增长能力分析、资产增长能力分析、资本增长能力分析三个方面。

10.2.1 销售增长能力分析

企业的生命力在于它能不断地创新，以独特的产品和服务取得收入。销售（营业）收入是企业盈利的根本。源源不断的销售（营业）收入是企业生存的基础和发展的条件。因此，销售增长指标是评价企业发展状况和发展能力的重要指标。主要包括销售（营业）增长率和三年销售（营业）收入平均增长率。

1. 销售（营业）增长率

销售（营业）增长率，是指企业本年销售（营业）收入增长额同上年销售（营业）收入总额的比率。销售（营业）增长率表示与上年相比，企业销售（营业）收入的增减变动情况，是评价企业成长状况和发展能力的重要指标。其计算公式如下：

销售（营业）增长率＝[本年销售（营业）收入增长额÷上年销售（营业）收入总额]×100%

其中：

本年销售（营业）收入增长额＝企业本年销售（营业）收入总额－上年销售（营业）收入总额

从上述公式中可以看出，该指标反映的是销售（营业）收入增长的相对数，与绝对数指标相比，它能消除企业经营规模对指标的影响，更能反映企业的发展情况。

【例10-1】 根据表7-2所示SHJH公司2013年利润表数据：

销售（营业）增长率＝(2 038 110 916.93－1 664 836 266.19)÷1 664 836 266.19×100%＝22%

销售（营业）增长率反映了本期销售（营业）收入的相对变动，主要用于衡量短期内企业经营状况、市场占有能力和企业销售业务拓展的能力。该比率如果大于零，表明企业本年销售收入有所增长。该比率越大，说明增长速度越快，市场前景越好，企业近期获利能力越强；该比率如果小于零，表明本企业销售萎缩，市场份额削弱。

在使用销售（营业）增长率时应注意这些问题：①销售（营业）增长率仅仅反映近期销售（营业）收入的实际变动，分析时应结合企业历年的销售（营业）水平、市场占有情况、行业未来发展及其他影响企业发展的潜在因素进行前瞻性预测。同时，在分析过程中要确定比较的标准,应分别与同期同类企业和同行业平均水平进行比较。②销售(营业)增长率指标直接将本年销售(营业)收入与上年实际比较,会受到基数的影响。由于一些偶然性因素的存在,如生产事故、自然灾害等,可能导致上年或本年销售(营业)收入异常,造成销售收入增长率偏高或偏低,这样,如果上年销售(营业)收入特别小,即使本年销售(营业)收入出现较小的增长,也会出现较大的差额,使销售增长额不能反映正常的变动,不利于进行比较。

2. 三年销售(营业)收入平均增长率

由于上述原因,销售(营业)增长率可能受到销售(营业)收入短期波动的影响。为了消除偶然性因素的影响,并反映销售(营业)收入的长期变动趋势,可计算连续三年销售(营业)收入的平均增长幅度。

三年销售(营业)收入平均增长率表明的是企业销售(营业)收入连续三年的增长情况,体现企业的发展潜力。其计算公式如下:

$$三年销售(营业)收入平均增长率 = \left[\sqrt[3]{\frac{本年度销售(营业)收入总额}{三年前年销售(营业)收入总额}} - 1\right] \times 100\%$$

其中,"三年前年销售(营业)收入总额",是指三年前的年销售收入,如本年度是2013年,则三年前年末销售(营业)收入总额是指2010年企业的销售收入。

利用三年销售(营业)收入平均增长率指标,能够反映企业的销售(营业)收入的增长趋势和稳定程度,较好地体现企业的发展状况和发展能力,避免因少数年份销售(营业)收入的不正常增长而产生对企业发展潜力的错误判断。

3. 三年利润平均增长率

一般而言,销售(营业)收入的逐年增长应伴随着销售(营业)利润的逐年增长,这样才能说明企业收入增长的意义。三年利润平均增长率指标表明企业利润连续三年的增长情况,体现了企业的发展潜力。其计算公式为:

$$三年利润平均增长率 = \left[\sqrt[3]{\frac{本年度利润总额}{三年前年利润总额}} - 1\right] \times 100\%$$

其中,"三年前年利润总额"指企业三年前的利润总额数。假如评价企业2013年的效绩状况,则三年前年利润总额是指2010年的利润总额数。

利润是企业积累和发展的基础,该指标越高,表明企业积累越多,可持续发展能力越强,发展的潜力越大。利用三年利润平均增长率指标,能够反映企业的利润增长趋势和效益稳定程度,较好地体现了企业的发展状况和发展能力,避免因少数年份利润不正常增长而对企业发展潜力的错误判断。

10.2.2 资产增长能力分析

资产是企业生产经营活动的物质条件,资产大小反映了企业的经营规模,而规模的扩大则表明了企业的兴旺发达。通常情况下,发展能力强的企业都能保证资产的稳定增长。所以,资产的增长可以用来表明企业的发展状况和发展能力。评价企业资产增长状况的指标包括以下内容。

1. 总资产增长率

总资产增长率是企业本年总资产增长额同年初资产总额的比率，它反映企业本期资产规模的增长情况。其计算公式如下：

$$总资产增长率 = 本年总资产增长额 \div 年初资产总额 \times 100\%$$

其中：本年总资产增长额＝资产总额年末数－资产总额年初数

总资产增长率是从企业资产总量扩展方面衡量企业的发展能力，表明企业资产规模增长水平对企业发展后劲的影响。该指标大于零，说明企业本年度资产增加了，生产经营规模扩大了。该指标越高，表明企业一定时期内资产经营规模扩张的速度越快。但在实际分析时，应注意考虑资产规模扩张的质和量的关系，避免资产盲目扩张。

与销售（营业）增长率的情形类似，资产增长率也存在受资产短期波动因素影响的缺陷。为弥补这一不足，同样可以计算三年的平均资产增长率，以反映企业较长时期内的资产增长情况，该指标的计算公式为：

$$三年平均总资产增长率 = \left[\sqrt[3]{\frac{年末资产总额}{三年前年末资产总额}} - 1\right] \times 100\%$$

三年平均总资产增长率是反映企业发展能力的一个重要指标，指标值大于零，反映企业资产呈现增长趋势，有能力不断扩大生产规模，有较强的发展潜力。指标值越大，资产增长速度越快，发展性越强。

企业资产增长率在运用时有一定的缺陷：由于受会计处理方法的限制，一方面，资产总额反映的只是资产的取得成本，并不是总资产的现时价值；另一方面，资产总额没有反映企业全部资产的价值，企业很多重要资产如人力资产等无法在报表中体现。这使得资产增长率指标无法全面反映企业真正的资产增长情况。

在分析企业资产增长现状和趋势时，还应关注两个问题：第一，注意分析不同企业的资产使用效率。资产使用效率不同，资产增长率也会不同，往往低效率的企业需要更大幅度地扩大资产规模，这并不意味着其发展性强。第二，不同企业的发展策略也会影响资产增长率。外向增长型（新建扩建）的企业资产增长率较高，而内部优化型（改建）的企业资产增长率较低。所以要结合企业的发展策略来分析企业资产增长的趋势。

2. 固定资产成新率

固定资产成新率是企业当前平均固定资产净值与平均固定资产原值的比率。该指标反映了企业所拥有的固定资产的新旧程度，体现了企业固定资产更新的快慢和持续发展的能力。其计算公式为：

$$固定资产成新率 = 平均固定资产净值 \div 平均固定资产原值 \times 100\%$$

其中：平均固定资产净值＝（年初固定资产净值＋年末固定资产净值）÷2

平均固定资产原值＝（年初固定资产原值＋年末固定资产原值）÷2

该指标越高，表明企业固定资产较新，技术性能较好，可以继续为企业服务的时间较长，企业发展的可能性较大。反之，则表明企业设备陈旧，技术性能落后，企业的发展可能后劲不足。

在运用该指标进行分析时，应注意以下问题：①在运用该指标分析固定资产新旧程度时，应剔除企业应提未提折旧对固定资产真实价值的影响。②在企业之间进行固定资产成新率指标的比较时,应注意不同折旧方法对固定资产成新率的影响。一般而言,加速折旧法下的固定资产成新率会低于直线法下的固定资产成新率。③固定资产成新率受企业发展周期影响较大,一个处于发展期的企业和处于衰退期的企业,其固定资产成新率会有明显的不同。从总体上看,处于发展期的企业,其发展能力会高于处于成熟期或衰退期的企业。

10.2.3 资本增长能力分析

资本可为企业实现规模经营提供资金来源。企业实收资本(股本)的扩张既可以来源于外部资金的加入,也可以来源于留存收益的增长。外部资金的加入表明企业获得了新的资本,具备了进一步发展的能力;而留存收益的增长反映了企业通过自身生产经营活动,使企业净资产的规模不断扩大,表明了企业进一步发展的能力和后劲。

1. 资本积累率

资本积累率反映企业所有者权益在当年的变动水平,体现了企业资本的积累情况,是企业发展强盛的标志,也是企业扩大再生产的源泉,展示了企业的发展潜力,是评价企业发展潜力的重要指标。其计算公式为:

资本积累率＝本年所有者权益增长额÷年初所有者权益余额×100%

其中:本年所有者权益增长额＝年末所有者权益余额－年初所有者权益余额

资本积累率指标越高,表明企业资本积累越多,企业资本保全性越强,持续发展的能力越大。该指标如为负值,表明企业资本受到侵蚀,所有者权益受到损害,应予以充分重视。

与总资产增长率一样,资本积累率也存在受短期波动因素影响的缺陷,为弥补这一不足,可以计算三年平均资本增长率指标。

三年平均资本增长率表明企业资本连续三年的积累情况,体现了企业发展水平和发展趋势。其计算公式为:

$$三年平均资本增长率 = \left[\sqrt[3]{\frac{年末所有者权益}{三年前年末所有者权益}} - 1\right] \times 100\%$$

该指标能够反映企业资本增值的历史发展状况,以及企业稳步发展的趋势。该指标越高,表明企业的所有者权益得到的保障程度越高,企业可以长期使用的资金越充裕,抗风险和保持连续发展的能力就越强。

在对资本扩张情况进行分析时还要注意所有者权益中各具体项目的增长情况。一般而言,实收资本的快速扩张来源于外部资金的加入,反映企业获得了新的资本,表明企业具备了进一步发展的基础,但并不表明企业过去具有很强的发展能力;而如果企业的扩张主要来源于留存收益的增长,则说明企业在通过自身经营活动不断地积累发展后备资金,这既反映了企业在过去经营过程中的发展能力,也反映了企业进一步发展的后劲。

2. 股利增长率

股利增长率是反映上市公司发展能力的重要指标。我国股份公司发放股利的形式包括现金股利和股票股利。股利的高低既取决于公司的股利政策,也取决于公司盈利能力的强弱。一般而言,在企业股利政策不变的情况下,企业盈利水平越高,向股东发放股利也越多。股利提高在一定程度上传递了公司未来创造现金能力增强的信息,从而预示了企业良好的发展前景。

股利增长率指标的计算公式为:

股利增长率＝(本年每股股利增长额÷上年每股股利)×100%

其中:本年每股股利增长额＝本年每股股利－上年每股股利

该指标如果大于零,表明本年度发放股利较上年有所增长。比率越高,说明企业股票价值越高,在一定程度上表明企业近期盈利能力增强,发展能力看好。如果该指标小于零,则表明企业本年度发放股利较上年有所下降,企业股票价值可能随之下跌,近期企业获利能力较差,影响企业资本的扩张。

如前所述,销售收入会受一些偶然因素的影响,而这种影响当然也会波及当期利润,从而影响本期股利的发放。为了避免短期实际发放的股利受特殊因素的影响,客观反映每股股利增长趋势,应计算连续三年股利平均增长率,该指标可说明企业每股股利连续三年的增长情况,体现企业的发展潜力。其计算公式为:

$$三年平均股利增长率＝\left[\sqrt[3]{\frac{本年每股股利}{三年前每股股利}}-1\right]\times 100\%$$

该指标能够反映企业发放股利的历史情况。该指标越高,则表明企业近三年的盈利能力越强,现金流量情况越好,因而企业的发展能力就越强。

本 章 小 结

发展能力分析是对企业在未来一定时期的动态发展变化趋势的一种财务分析。影响企业发展能力的主要因素包括企业的销售收入、资产规模、净资产规模、资产使用效率、净收益、股利分配政策等。企业想要发展壮大,销售(营业)收入的增长是前提条件。在此基础上,资产增长是物质保障,而资本增长则是企业发展的后盾。这三者合而为一,共同成为企业发展的源泉和动力。销售增长能力分析指标包括销售(营业)增长率、三年销售(营业)收入平均增长率、三年利润平均增长率等。资产增长能力分析指标包括总资产增长率、三年平均总资产增长率、固定资产成新率等。资本增长能力分析指标包括资本积累率、三年平均资本增长率、股利增长率、三年平均股利增长率等。

中英文对照专业名词

销售(营业)增长率 sales growth rate
资产增长率 asstes growth rate
固定资产成新率 ratio of fixed assets to net worth
资本积累率 rate of capital accumulation
股利增长率 dividend growth rate

本章链接

http://wenku.baidu.com/view/3d332b5a804d2b160b4ec024.html

思考与练习

一、选择题

1. 评价企业发展能力状况的基本指标是（　　）。
   A. 净资产收益率 B. 总资产周转率
   C. 资本负债率   D. 销售增长率
2. 下列指标属于评价企业资本增长能力的是（　　）。
   A. 销售增长率   B. 总资产增长率
   C. 固定资产成新率 D. 资本积累率
3. （　　）是反映上市公司发展能力的重要指标。
   A. 市盈率   B. 股利支付率   C. 每股盈余   D. 股利增长率
4. 某公司2014年年初所有者权益为1.25亿元，2014年年末所有者权益为1.50亿元。该公司2014年的资本积累率是（　　）。
   A. 16.67%   B. 20.00%   C. 25.00%   D. 120.00%
5. 关于发展能力指标的计算公式，正确的有（　　）。
   A. 销售增长率＝本年销售收入增长额÷上年销售收入总额×100%
   B. 资本积累率＝本年所有者权益增长额÷年初所有者权益余额×100%
   C. 固定资产成新率＝平均固定资产净值÷平均固定资产原值×100%
   D. 总资产增长率＝本年总资产增长额÷年初资产总额×100%

二、简答题

1. 发展能力分析的含义是什么？为什么要进行发展能力分析？
2. 影响企业发展能力的主要因素有哪些？
3. 一般可以从哪几个方面来分析企业的发展能力？主要的财务分析指标有哪些？

三、案例分析题

荣达机械股份有限公司2013年的资产负债表和利润表详见表7-5、表7-6。假设三年前（2010年）年营业收入总额为13 000 000元，三年前（2010）年末资产总额为9 000 000元，三年前（2011年）年末所有者权益总额为6 200 000元。

要求：（1）计算销售增长指标（营业收入增长率、三年平均营业收入增长率）。
（2）计算资产增长指标（总资产增长率、三年平均总资产增长率、固定资产成新率）。
（3）计算资本扩张指标（资本积累率、三年平均资本增长率）。
（4）根据上述指标对荣达机械股份有限公司的发展能力作出分析和评价。

第四篇

财务报表的综合分析

第 11 章 杜邦分析体系

教学目标与要求

杜邦分析体系，是利用各主要财务比率指标间的内在联系，对企业财务状况及经济效益进行综合系统分析评价的方法。通过本章的学习，应掌握杜邦分析体系的基本原理以及分析的具体步骤和方法。

本章知识要点

知识要点	能力要求	相关知识
杜邦分析体系的含义及其运用	理解杜邦分析体系的相关基础理论，掌握其运用方法	（1）杜邦分析体系的含义和特点 （2）杜邦分析体系的财务指标关系 （3）杜邦分析体系的作用 （4）杜邦分析体系的局限性

财务 分析

导入案例

白话杜邦

如果只用一个指标来衡量企业的优劣，权益净利率是个不错的选择（权益净利率＝净利润÷股东权益）。也就是股东每投入1元资本在某一年里能赚取的利润，这个数值当然越高越好。那么，如何提高权益净利率呢？常规想法，无非是提高净利润或者减少净资产，但这都太过笼统，不宜付诸实践。

在这种情况下，杜邦公司开创性地提出了一种全新的思路，那就是寻找权益净利率的驱动因素。通过简单的因式分解，就得到了传统的杜邦公式，即权益净利率＝销售净利率×总资产周转率×权益乘数。三个驱动因素中，销售净利率是利润表的总结，代表了企业的盈利能力；总资产周转次数是资产负债表的概括，反映了企业的营运能力；权益乘数是资产负债表的概括，代表了企业的财务状况。

有了杜邦公式，就能轻易地分清企业的优势和劣势，就能找出股东回报率低的原因，然后对症下药。比如，如果销售净利率比较低，说明公司的盈利能力不强，如果总资产周转次数很高，说明企业的营运能力很强，产品从销售到收回现金的时间较短，产品属于薄利多销型；如果销售净利率比较高，说明盈利能力很强，如果总资产周转次数很低，说明企业的营运能力很弱，产品从销售到收回现金的时间较长，产品属于厚利少销型；如果权益乘数较低，说明企业没有充分利用财务杠杆的作用，因为权益乘数＝1＋负债÷股东权益，这个时候增加借款会提高权益净利率。但权益乘数的提高不是无限制的，负债一多，企业的财务风险就会增大，因为每年需要偿还大量的固定利息。公司的资产负债率一高，再借款时的利率会很高，有可能会超过公司资产的收益率，这时再增加借款就得不偿失了。

（资料来源：百度百科 http://baike.baidu.com/view/2172858.htm）

11.1 杜邦分析体系的含义和特点

企业的各项财务活动和财务指标是相互联系、相互影响着的，这就要求财务分析人员应将企业财务活动看作一个大系统，对系统内相互依存、相互作用的各种因素进行综合分析。

杜邦分析体系就是对企业财务活动的综合分析。其基本思想是将企业股东（所有者权益）净利率逐级分解为多项财务比率的乘积，以有助于深入分析比较企业经营绩效。这种分析体系最早由美国杜邦公司成功使用，故名杜邦分析体系。设计该体系的初衷是用于企业内部绩效的考核和分析，后来发展到用于投资者和债权人分析企业财务情况的目的。该体系一经问世就风行全球，众多大型企业竞相采用。杜邦分析体系传入我国之后，逐渐成为我国企业财务分析的主要工具之一。

杜邦分析体系的特点在于：它通过几种主要的财务比率之间的相互关系，全面、系统、直观地反映出企业的财务状况和经营绩效，从而大大节省了财务报表使用者的时间。此外，杜邦分析体系的数据资料来源于资产负债表和利润表等，这些数据容易获得，可操作性强。

11.2 杜邦分析体系的财务指标关系

杜邦分析体系中的几种主要的财务指标关系为：

股东（所有者）权益报酬率＝总资产利润率×权益乘数

而：总资产利润率＝销售净利率×总资产周转率

所以：股东(所有者)权益报酬率＝销售净利率×总资产周转率×权益乘数

在利用杜邦分析体系进行综合分析时，可把各项财务指标之间的关系绘制成杜邦分析体系图，并利用数字说明它们之间的相互关系。如图11.1所示。

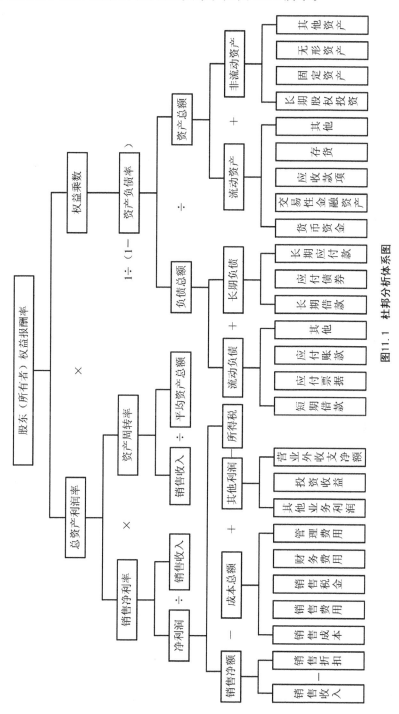

图11.1 杜邦分析体系图

从上面的公式中可以了解以下财务信息。

(1) 股东(所有者)权益报酬率又称净资产收益率,是一个综合性很强的财务分析指标,是杜邦分析体系的核心,也是企业各利益相关者都十分关心的。企业经营的目标之一是实现股东财富最大化,股东(所有者)权益报酬率能反映企业所有者投入资本的获利能力,说明企业筹资、投资、资产营运等各项财务管理活动的效率。而股东(所有者)权益报酬率可以分解为销售净利率、总资产周转率和权益乘数,这样更利于解释股东(所有者)权益报酬率这一综合指标发生升降变化的原因。

(2) 销售净利率反映企业净利润与销售收入的关系,它的高低取决于销售收入与成本总额的高低。要想提高销售净利率,一要扩大销售收入,二要降低成本费用。扩大销售收入既有利于提高销售净利率,又有利于提高总资产周转率;同时,降低成本费用是提高销售净利率的又一个重要因素。

(3) 影响总资产周转率的一个重要因素是资产总额。它由流动资产与长期资产组成。它们的结构合理与否将直接影响总资产的周转速度。一般而言,流动资产直接体现企业的偿债能力和变现能力,而长期资产则体现该企业的经营规模和发展潜力。两者之间应保持一种合理的比率关系。如果发现某项资产的比重过大,影响资金周转,就应深入分析原因。

(4) 权益乘数主要是受资产负债率指标的影响。负债比率越大,权益乘数就越高,说明企业的负债程度就越高,就意味着给该企业带来了较多的杠杆利益的同时,也带来了较多的财务风险。对权益乘数的分析,要联系销售收入以分析企业的资产使用是否合理,要联系权益结构以分析企业偿债能力的强弱。在资产总额不变的条件下,开展合理的负债经营,可以减少所有者权益所占的份额,从而达到提高股东(所有者)权益报酬率的目的。

11.3 杜邦分析体系的作用

杜邦分析体系最显著的作用就是运用全局观点进行综合财务分析,以股东(所有者)权益报酬率为主线,将企业在某一时期的盈利能力、营运能力和相应时点的偿债能力情况全面联系起来,层层分解,逐步深入,构成了一个完整的分析体系。通过杜邦财务分析图这个工具进行自上而下的分析,可以全面了解企业财务状况以及各项财务指标间的钩稽关系,查明各项主要财务指标增减变动的原因和趋势,这为进一步采取具体措施指明了方向,为决策者优化经营结构和理财结构,提高企业偿债能力和经营效益提供了基本思路,即:提高股东(所有者)权益报酬率的根本途径在于扩大销售、改善经营结构、节约成本费用开支、合理配置资源、加速资金周转、优化资本结构等。

11.4 杜邦分析体系的局限性

杜邦分析体系的局限性主要表现在以下几个方面。

(1) 杜邦分析体系主要是利用股东(所有者)权益报酬率、销售净利率、总资产周转率、权益乘数等主要财务指标之间的关系综合地分析企业的财务情况。这些资料主要来源于企业过去的财务报表,实际上是对企业过去的财务状况和经营成果进行分析。因此,杜邦分析法只能用于对企业的事后分析，不能进行事前预测。

（2）股东（所有者）权益报酬率的净利润既包括企业经营业务产生的收益，也包括金融活动产生的收益，如银行存款利息收入、短期有价证券投资取得的收益等。将经营性收益与金融性收益混同，不对经营活动与金融活动这两种活动进行彻底的分离，就不能准确评价经营活动的盈利情况。

（3）对短期财务结果过分重视，有可能助长公司管理层的短期行为，忽略企业长期的价值创造。

（4）杜邦分析体系所运用的指标主要来源于资产负债表与利润表，忽视了对现金流量的分析，具有一定的局限性。

因此，在传统体系的基础上，杜邦分析体系的理论和运用尚在不断改进和完善中。值得强调的是，在具体应用杜邦分析体系时，应注意这一体系不是另外建立新的财务指标体系，而是一种对财务比率进行分解的体系。而且，杜邦分析体系的关键不在于财务指标的计算，而在于对财务指标的理解和运用。

此外，从企业绩效评价的角度来看，杜邦分析体系只包括财务绩效评价的信息，不能全面反映企业的实力，有很大的局限性。在实际运用中必须注意结合企业的其他信息加以分析。

本 章 小 结

> 杜邦分析体系是对企业财务活动的综合分析。其基本思想是将企业股东（所有者权益）净利率逐级分解为多项财务比率的乘积，以有助于深入分析比较企业经营绩效。杜邦分析体系中的主要财务指标关系为：股东（所有者）权益报酬率＝销售净利率×总资产周转率×权益乘数。在利用杜邦分析体系进行综合分析时，可把各项财务指标之间的关系绘制成杜邦分析体系图，并利用数字说明它们之间的相互关系。杜邦分析体系是一种对财务比率进行分解的体系，该体系的关键不在于财务指标的计算，而在于对财务指标的理解和运用。

中英文对照专业名词

杜邦分析体系 the du pont analysis system

本章链接

http：//baike.baidu.com/view/437071.html

思 考 与 练 习

一、选择题

1. 杜邦分析体系主要用于（　　）。

A. 企业偿债能力分析　　　　　　　　B. 企业资产周转状况分析

C. 企业财务状况的趋势分析　　　　　D. 企业财务状况的综合分析

2. 杜邦分析体系的核心指标是（　　）。
   A. 总资产报酬率　　　　　　　　B. 权益乘数
   C. 销售净利率　　　　　　　　　D. 股东（所有者）权益报酬率
3. 下列关于杜邦分析体系的说法中不正确的是（　　）。
   A. 资产负债率与权益乘数同方向变化
   B. 在股东（所有者）权益报酬率大于零的前提下，提高资产负债率可以提高股东（所有者）权益报酬率
   C. 总资产收益率是一个综合性最强的指标
   D. 资产负债率高会给企业带来较多的杠杆利益，也会带来较大的风险
4. 权益乘数表示企业负债程度，权益乘数越小，企业的负债程度（　　）。
   A. 越高　　　　B. 越低　　　　C. 不确定　　　　D. 为零
5. 由杜邦财务分析体系可知，提高销售净利率的途径是（　　）。
   A. 增加销售收入　　　　　　　　B. 增加其他业务利润
   C. 增加投资收益　　　　　　　　D. 减少销售成本

二、简答题

1. 什么是杜邦分析体系？杜邦分析体系的特点是什么？
2. 杜邦分析体系中几种主要的财务指标关系是什么？
3. 杜邦分析体系有哪些局限性？

三、案例分析题

某公司有关资料如下：

资产负债表

2013 年 12 月 31 日　　　　　　　　　　　　　　　　　　　　　　单位：万元

项　　目	年　初	年　末	项　　目	年　初	年　末
流动资产			流动负债合计	350	300
货币资金	100	90	长期负债合计	490	400
应收账款净额	120	180			
存货	230	360			
流动资产合计	450	630	负债合计	840	700
固定资产净值	950	770	所有者权益合计	560	700
总计	1 400	1 400	总计	1 400	1 400

已知该公司 2012 年销售净利率为 16%，总资产周转率为 0.5 次，权益乘数为 2.5，所有者权益报酬率为 20%，2013 年销售收入为 700 万元，净利润为 126 万元。

要求：（1）计算 2013 年年末的总资产周转率，销售净利率，权益乘数和所有者权益报酬率。

（2）分析销售净利率、总资产周转率和权益乘数变动对所有者权益报酬率变动的影响程度。

第12章 财务报表预测与预警分析

教学目标与要求

本章主要介绍企业根据现时状态如何能作出财务预测和预警分析的方法。通过本章学习,应当掌握财务预测的目的和内容、财务报表预测的方法以及财务预警分析的内容和方法等。

本章知识要点

知识要点	能力要求	相关知识
财务预测的目的与内容	了解财务预测的目的,掌握财务预测的方法	(1) 财务预测的目的 (2) 财务预测的方法 (3) 财务预测方法的具体运用
财务预警分析的方法	重点掌握财务预警分析的几种方法并能灵活运用	(1) 单变量模型分析 (2) 多变量模型分析 (3) 多元逻辑回归模型分析等 (4) 出现财务舞弊时财务预警分析

财务分析

导入案例

作为一名刚刚被聘用的国际银行信贷官员,你正在处理一个新客户,DEC Manufacuring 公司的贷款申请。在他们的申请材料中,DEC 公司提交了以后三个期间的短期销售预测,分别为 $1.1、$1.25 和 $1.45(单位:百万美元)。你注意到最近两期的销售收入为 $0.8 和 $0.65,你请求 DEC Manufacuring 公司给予解释。DEC 公司的回答有两点:①由于企业正处于主要供应商破产导致的停工和原材料成本大幅度提高这样一个非常时期,近期销售收入具有一定的误导性;②近期的行业波动与顾客的需求变动密切相关。在你的贷款分析中,你会使用他们的预测吗?

你第一步要证实或推翻管理当局对近些年销售收入下降的解释。如果他们的解释得不到客观证据的支持,那么你应该拒绝 DEC 公司的申请——有迹象表明,在贷款申请上不诚实就是立即否决贷款申请的充分理由。如果你能够验证管理当局的解释,下一步就是评价 DEC 公司销售预测的水平和不确定性。你对销售预测的分析应该考虑重要的经济因素,包括消费需求、行业竞争、进货成本和 DEC 生产能力/质量。或许在 DEC 公司的环境下,最重要的是你对销售预测不确定性的评价。例如,销售收入可能客观预测为 100 万美元,但是可能的销售范围在 50 万~150 万美元之间。最近消费需求、材料成本和供应商关系上发生变动,暗示企业面对的风险远远大于正常水平。你对风险增加的评价可以引起一个后果,即从利率的略微提高或增加贷款抵押要求,直至最终拒绝贷款申请。因此,在实务中,尽管 DEC 公司销售预测可能是公正的,我们也必须明确与销售预测有关的不确定性存在的差异。

(资料来源:利奥波德.A.伯恩斯坦,约翰.J.维欧德著.财务报表分析(第五版).北京:北京大学出版社.2003.)

12.1 财务预测的目的及内容

预测分析是财务报表分析估价企业未来的延伸,它是根据企业过去一段时期财务活动所形成的历史资料,结合企业现在所处的外部环境和自身状况,考虑企业的发展趋势,由专门人员通过主观判断或定量分析,对企业未来的发展前景进行较为精确的估算。一般来说,公司决策人、证券分析师、投资顾问以及各种金融机构等是进行财务预测分析的主体。

12.1.1 进行财务预测的目的

财务预测的目的,是为了体现财务管理的事先性,帮助财务人员及其他利益相关者认识和控制未来的不确定性,使对未来的无知降到最低限度,使财务计划的预期目标同可能变化的周围环境和经济条件保持一致,并对财务计划的实施效果做到心中有数。具体来说,财务预测的目的可以细分为以下三点。

1. 为作出正确的财务决策提供依据

事物的发展是有一定的规律可循的。找出规律,并遵照规律对未来发展作出合理的估计和判断,从一定程度上而言,是可以起到帮助经营者、投资者与债权人等发现企业经营所取得的成绩及存在的问题,明确以后工作重点和方向的作用。当然,随着经济环境的复杂化,企业经营中的不确定因素会越来越多,增加了对企业发展趋势预测的难度,但是随着财务预测理论的越来越成熟,运用多种方法进行不同方位的预测,仍然可以达到对未来决策提供财务依据的效果。

2. 为编制财务预算、进行财务控制提供资料

财务预算与财务控制是财务管理也是企业管理的两项重要职能，二者共同保证了企业奋斗目标的实现。其中，财务预算是财务控制的基础和标准，财务控制的直接目标是保证企业各项收入成本费用的发生按照预算来进行。预算的制定是否科学、先进和可行，决定了企业的财务控制是否有效，企业的发展目标能否实现，实现的程度如何。切实有效的预测，使企业为未来的财务活动有较为准确的分析和判断，能够帮助企业作出科学、可行的财务预算，保证企业控制有章可循，推动企业目标的顺利实现。

3. 为评估企业价值奠定基础

持续经营的企业之所以有价值，关键在于它拥有的资产能够在未来产生效益，无论这种收益体现为现金、净利润还是其他。因此，对企业价值的评估离不开对企业未来收益的预测，离不开对企业未来资产、负债、所有者权益、收入、费用、利润和现金流量等项目的预测。财务预测提供了评估企业价值所需的各项资料，是评估企业价值的前提和基础。

12.1.2 财务预测的方法

财务报表预测的方法是指对利润表项目、资产负债表项目和现金流量表项目进行判断、预计和估算的方法，包括定量分析法和定性分析法两大类。前者建立在经验判断、逻辑思维和逻辑推理基础之上，通过事物所具有的各种因素、属性，利用直观的材料，依靠个人经验的综合分析，对事物的未来作出预测；后者则根据历史数据找出其内在规律，通过分析事物各项因素、属性的数量关系，运用数学运算对事物未来状况进行数量预测。在实际工作过程中，两类预测方法不是完全排斥，而是相互补充。二者有机结合，能够大大提高预测结果的准确性和可行性。

对各种报表的预测是一项极其细致的工作，它需要企业各个部门的配合，结合企业实际情况以及对宏观经济环境的预测综合判断未来企业的发展。当然分析人员不可能清楚知道未来企业的财务状况，而财务预测也仅是猜测而已。预测的过程是基于对未来经济条件、市场行为和管理活动的假设，对历史模式或关系的一种延伸。只有假设前提在一定程度上是准确的，财务预测才能与未来的实际情况相符。因此，分析人员应该尽可能地收集财务报表之外的信息。通过与企业客户、供应商和竞争者加强沟通，分析人员能不断提升假设前提的质量。

财务预测的步骤一般以历史数据为起点，在合理假设上对未来各项财务数据进行预测，其过程还包含着分析各个数据间的比例关系等。下面主要对定量分析法中的平滑指数法、销售百分比法和线性回归分析法进行介绍。

1. 平滑指数法

平滑指数法是根据上一时期的观测值和预测值，利用平滑指数预测本期预测值的一种预测方法。其计算公式如下：

$$下期预测值 = F_i + A_{i-1}(1-a)F_{i-1}$$

式中，A_{i-1}——上期观察值；

F_{i-1}——上期预测值；

a——平滑指数。

此方法运用的关键就在于平滑指数的确定。平滑指数是一个经验数值，取值范围一般在 0.3~0.7 之间，具体取何值则视具体情况而定。在其他因素不变时，平滑指数越大，近期实际值对预测结果的影响越大；反之，则越小。因此，采用较大的平滑指数，将会使此方法得到的预测结果反映预测值新近的变动趋势；采用较小的平滑指数，则会使预测结果反映预测值变动的长期趋势。因而，在一般情况下，如果预测对象波动较大或进行短期预测，可以考虑选择较大的平滑指数；如果预测对象波动较小或进行长期预测，则应考虑选择较小的平滑指数。

此方法主要用于对企业未来销售收入、成本费用发生额的预测。

2. 销售百分比法

销售百分比法是根据财务报表上各项目与销售收入总额之间的比例关系，按照预期销售额的增长情况来预测有关项目未来金额的一种方法。当然，销售额增减变动预测是否准确直接影响到最终预测结果的质量。此方法可用于预测资产负债表项目、利润表项目及对外筹集资金项目等。

销售百分比法在运用时，一般按照以下步骤进行。

(1) 根据收集到的历史资料，分析判断财务报表中各项目与销售收入总额之间的关系。在资产负债表的资产项目中，流动资产项目，如货币资金、应收账款和存货等，一般会随销售收入的增减而相应地增减；固定资产项目是否变动，则取决于预测期的经营规模是否在企业原有的生产经营范围内。若是，则固定资产项目不随销售收入的增减变动而变动，反之，固定资产项目会随销售收入的增减而变化；其他长期资产项目，如无形资产、长期股权投资等，与销售收入的变动无关。在负债及所有者权益项目中，短期借款、应付账款、应付职工薪酬、应交税费等流动负债项目、盈余公积及未分配利润项目（在销售利润率不变的条件下）会随销售收入的增减变动而变动；长期负债项目、股本和资本公积项目一般不会随销售收入的变化而变化。

(2) 根据以往历史资料，计算确定基期报表上和销售收入有关的项目与基期销售收入之间的比例关系。

(3) 预测销售额。由于财务报表上许多项目与销售收入之间存在固定比例关系，所以未来销售收入的预测十分重要。在实际预测过程中，预测人员往往需要依据收集到的各种外部信息，通过进行定性分析、定量分析对企业未来的销售量及销售单价进行预测，得到销售收入的预测值。

(4) 根据预测销售额及其与报表各项目之间的比例关系，对于销售额存在依存关系的项目进行预测。

(5) 采用其他方法对报表上与销售收入不存在固定比例关系的其他项目进行预测。

(6) 根据以上数据，编制预测资产负债表和利润表，并根据表中各项目的内在联系与平衡关系，确定企业资金的余缺量，即确定企业对外筹集或投放的资金量。

3. 线性回归分析法

线性回归分析法是利用数理统计中最小平方的原理，通过确定一条能正确反映自变量与因变量之间误差平方和最小的直线即回归直线 $y=a+bx$，并根据自变量 x 的变动，预

测因变量 y 变动趋势的一种方法。回归直线的确定尤其是其中 a、b 的确定是此方法运用的关键。在用回归直线法进行财务预测时,首先应根据过去一段时期的历史资料判断资产负债表项目与销售收入之间是否存在线性相关关系。只有在存在线性相关关系的条件下,才可以建立回归直线方程、确定其中的 a、b,并以此为基础,根据销售收入(x)的预测值,预测资产、负债项目(y)的未来资金的筹集、运用情况。

回归直线 $y=a+bx$ 中 a、b 的计算公式如下:

$$a = \frac{\sum x^2 \sum y - \sum x \sum xy}{n\sum x^2 - (\sum x)^2}$$

$$b = \frac{n\sum xy - \sum x \sum y}{n\sum x^2 - (\sum x)^2}$$

其中:n 表示年份,x 表示被预测项目的基期值,y 表示相应期间的销售收入。

12.2 财务报表预测

财务预测的最后结果是对未来财务状况进行描述,而对财务状况进行描述的最佳方式则是各种财务报表,因此,财务预测一般是建立在报表预测的基础之上的,包括利润表的预测、现金流量表的预测及资产负债表的预测。

12.2.1 利润表的预测

利润表是反映企业一定时期生产经营成果的会计报表,它揭示了企业收益的来源,利润表的分析和预测就是对企业收益的增减变动状况及其未来发展趋势进行的分析,且利润表的预测是整个预测分析的起点。由于利润是企业经营业绩的综合体现,利润表的预测重心是对利润的增减变动及未来发展的分析和预测。利润的多少又与企业实现的收入、成本费用紧密相连,它是二者相抵减的结果。所以利润表的预测实质上是对企业收入、成本费用等项目进行的分析预测。

下面我们以某家电企业 ABC 公司 2012 年预测利润表(见表 12-1)的编制为例,简要说明利润表的预测过程。

表 12-1 ABC 公司 2012 年预测利润表

项　　目	2011 年实际资料		2012 年预测数
	金额/千元	占销售额百分比/%	金额/千元
一、营业收入	1 149 182	100	1 050 782
减:营业成本	952 636	83	872 149
营业税金及附加	2 926	0.3	3 089
销售费用	34 775		38 253
管理费用	58 861	5	51 488
财务费用	1 251		2 623

续表

项目	2011年实际资料 金额/千元	2011年实际资料 占销售额百分比/%	2012年预测数 金额/千元
资产减值损失	0		0
加：公允价值变动收益	0		0
投资收益	−10 591		−14 502
二、营业利润	88 142		68 678
加：营业外收入	1 827		703
减：营业外支出	181		109
三、利润总额	89 788		69 272
减：所得税费用	20 060		12 469
少数股东损益	7 944		6 234
四、净利润	61 784		50 569
加：年初未分配利润	30 032		25 691
其他转入	0		0
五、可供分配的利润	91 816		76 260

对 ABC 公司 2012 年预测利润表具体说明如下。

(1) 表中第二列显示的是 2011 年的基数，第三列是利润表中各项目与销售额的比例关系。

(2) 根据销售预测估计该公司 2012 年的销售收入将比上年降低 7%。这主要是因为：①近年来，部分国产品牌发展很快，家电行业，尤其是空调市场，竞争日趋激烈，这种局面暂时不会得到改变；②由于气候条件反常，迫于库存压力，许多厂家大幅降价，空调售价较去年同期低；③有的厂家迫于压力，对产品进行简省改造，使产品名不副实，这种不正当竞争将影响 ABC 公司销售收入的增加；④公司在不断创新、开拓新市场尤其是国际市场时，销售量会增加，但由于出口家电的单价较低，销售收入总额也会有所减少。

(3) 从成本费用的发生看，营业成本、营业税金及附加、管理费用与销售收入密切相关，它们随销售收入的增减而增减。所以只要将销售收入预测值乘以相应的百分比即可得到营业成本、营业税金及附加和管理费用的预测值。

(4) 其他与销售收入不存在固定关系的项目预测值，根据相关资料分析得到。营业费用增加是因为公司需要不断开拓新的市场；财务费用增加是预计公司为筹集新项目所需资金而会借入资金；投资收益的减少主要是由长期股权投资差额摊销及期末的权益法调整而引起的；营业外支减少是因为公司的营业外收支主要是因为公司收取或付给其他公司的违约款，此项收支将随本公司及其他公司违约行为的减少而减少；所得税费用预计的前提是假定公司所适用的税率和享受的税收优惠与上年相同。

从长期来看，该公司的收益在未来几年不容乐观。如前所述，国内家电业竞争激烈的局面短期内不会改变，国家对经济调控的压力也将继续。面对生产经营中存在的困难和问题，公司也采取了相应的措施，如通过开发高附加值差异化产品来提高产品的市场竞争力；继续开发网络平台，让销售渠道更广阔；实现管理扁平化和信息化，以更快的速度获取用户的资源；完善产品质量改善机制，提高产品质量。

12.2.2 资产负债表的预测

资产负债表是反映企业特定时点财务状况的会计报表，其中的资产项目是企业获取收益的物资基础，负债及所有者权益则揭示了企业取得各项资产的资金来源。资产负债表的预测是对企业财务状况的增减变动情况及其未来发展的分析，即对企业所拥有的资产、承担的债务和拥有的所有者权益在不同时点的增减变化及未来某一时点的发展状况进行的分析。

预测资产负债表内项目，需要的相关资料有：业务预算、投资计划和筹资计划及预测利润表等。

下面我们仍以 ABC 公司为例，对其 2012 年资产负债表进行预测。预测结果如表 12-2 所示。

表 12-2 ABC 公司 2012 年预测资产负债表

项目	2011 年实际资料		2012 年预测数
	金额/千元	占销售额/%	金额/千元
流动资产：			
货币资金	63 209		63 786
交易性金融资产			
应收票据	18 504	2	20 595
应收账款	85 701	7	72 083
应收股利	772		
应收利息			
其他应收款	29 772		35 412
预付账款	85 015		58 075
存货	61 522	5	51 488
减：存货跌价准备			
存货净额	61 522	5	51 488
其他流动资产			
流动资产合计	344 495		301 439
非流动资产：			
可供出售金融资产			

续表

项　目	2011年实际资料		2012年预测数
	金额/千元	占销售额/%	金额/千元
持有至到期投资			
长期股权投资	168 523		209 940
长期应收款			
投资性房地产			
固定资产：			
固定资产原价	236 686		260 355
减：累计折旧	81 110		88 521
减：固定资产减值准备	6 401		6 401
固定资产净额	149 175	5	165 433
在建工程	22 391		53 451
工程物资			
固定资产清理			
无形资产	9 511		8 883
开发支出	146		125
递延所得税资产			
其他非流动资产			
非流动资产合计	349 746		437 832
资产总计	694 241		739 271
流动负债：			
短期借款	45 420		43 078
应付票据			
应付账款	52 882		51 488
预收账款	15 581		5 397
应付职工薪酬	3 709		
应交税费	6 772		3 688
应付利息	245		687
应付股利	26 057		20 228
其他应付款	10 438		12 458
1年内到期的非流动负债	227		
流动负债合计	161 331		137 024

续表

项 目	2011 年实际资料		2012 年预测数
	金额/千元	占销售额/%	金额/千元
非流动负债：			
长期借款			
应付债券			
长期应付款			
预计负债			
递延所得税负债			
其他非流动负债	221		108
非流动负债合计	221		108
负债合计	161 552		137 132
所有者权益：			
实收资本	119 236		121 650
资本公积	317 301		317 301
盈余公积	70 461		81 898
未分配利润	25 691		44 595
所有者权益合计	532 689		565 444
负债和所有者权益合计	694 241		702 576
资产与负债及权益差额（对外筹资需求额）			36 695

具体分析过程如下所述。

（1）由于预计 2012 年公司产品销售将实行现款现货，并加强了对业务流程整合前欠款的清理，销售回款增加，货币资金有所增长。

（2）根据以往历史资料，在表内各项目中，应收票据、应收账款、存货、应付账款等项目与销售收入之间存在固定的比例关系，可用销售百分比法计算这些项目的预测值。

（3）其他与销售收入不存在固定依存关系的项目，根据相关资料分析得到。如应收股利来源于公司被投资方宣布分配但未实际分发的利润，预计该项目在 2012 年将全部收回；预收账款也将因款项结清而无余额；根据制订的发展计划，本公司将在原有投资规模的基础上增加对外投资，从而引起长期股权投资总额的增加，与此同时，为应对家电行业激烈的市场竞争，公司将不断投资开发新产品、新项目或对原有项目进行技术改造，以满足全球化用户个性化需求，在建工程、固定资产规模也将随之扩大；无形资产将由于摊销而减少；短期借款也将随公司投资额的增加、资产规模的扩大而增长。

（4）公司 2012 年预计不会接受新的投资，故实收资本、资本公积将保持不变。随着该年利润的实现和分配，盈余公积、未分配利润等相应增加，分配过程中宣告发放给股东的股利则构成 2012 年预测资产负债表上的应付股利额。

12.2.3 现金流量表的预测

基于现金流量表在企业价值评估中的重要地位，对企业经营活动、投资活动和筹资活动产生现金流量的趋势与预测是整个预测分析的核心和终点，现金流量表预测以利润表预测和资产负债表预测为基础，在预测经营活动产生现金流量时，需要利用预测出来的利润表和资产负债表的有关数据，对企业的净利润进行非付现和非收现项目的调整，在预测投资活动和筹资活动产生的现金流量时，其主要依据是企业制订的投资计划和筹资计划。

预测现金流量表需要的相关资料有：预测利润表、预测资产负债表、业务预算、筹资计划、投资计划和现金收支的历史数据等。各项目的预测方法与现金流量表的编制方法相似，可以完全用直接法，也可以将直接法与间接法结合使用。即在预测经营活动产生现金流量净额时，采用间接法，在相应年度净利润预测值的基础上调整该年度不涉及现金的收入、费用等项目的增减变动而得出预测结果；在预测筹资活动、投资活动产生现金流量净额时，采用直接法，分别预测出该年度筹资或投资活动的现金流入、流出合计数，二者之差就是各项活动的现金流量净额。

表 12-3 是 ABC 公司 2012 年的预测现金流量表，具体说明如下：

（1）利用 ABC 公司 2012 年业务预算、预测利润表和预测资产负债表等处的数据，对公司 2012 年的预测利润进行调整。调减不增加现金的收入，包括营业外收入等项目，调增不减少现金的费用，包括营业外支出等项目，计算得到公司 2012 年经营活动产生的现金流量净额。

（2）根据公司制订的经营及投资计划，为在目前激烈竞争的家电市场中保持领先地位，公司将继续推行以订单信息流为核心的流程再造，同时，不断投资开发新的项目、新的产品，提高产品质量，同时扩大公司对外投资，所以公司 2012 年投资活动产生的现金流入额较少，现金流量净额为负数。

（3）与公司的经营计划、投资计划相适应，公司需对外筹集资金以满足资金需要，所以 2012 年公司的筹资活动净额为正数。

（4）将上述三项活动的现金流量净额相加即得到公司 2012 年现金及现金等价物净增加额的预测值。

表 12-3　ABC 公司 2012 年预测现金流量表

单位：千元

项　目	2012 年预测数
一、净利润调整为经营活动的现金流量净利润	50 569
加：计提的资产减值准备	
固定资产折旧	7 411
无形资产摊销	628
处置固定资产、无形资产和其他长期资产的损失（减：收益）	21
固定资产报废损失	

续表

项　　目	2012年预测数
公允价值变动损失（减：收益）	442
财务费用	
投资损失（减：收益）	2 623
递延所得税资产减少	14 502
递延所得税负债增加	
存货的减少（减：增加）	
经营性应收项目的减少（减：增加）	10 034
经营性应付项目的增加（减：减少）	32 827
其他	－22 180
经营活动产生的现金流量净额	96 877
二、投资活动产生的现金流量	
收回投资所收到的现金	
取得投资收益所收到现金	
处理固定资产等长期资产收到现金净额	772
收到的其他与投资活动有关的现金	
现金流入小计	772
构建固定资产等长期资产所支付现金	54 729
投资所支付现金	41 417
支付的其他与投资活动有关的现金	2 250
现金流出小计	98 396
投资活动产生的现金流量净额	－97 624
三、筹资活动产生的现金流量	
吸收投资所收到的现金	
借款所收到的现金	
收到的其他与筹资活动有关的现金	36 695
现金流入小计	36 695
偿还债务所支付的现金	2 342
分配股利、利润或偿付利息所支付的现金	26 057
支付的其他与筹资活动有关的现金	6 972
现金流出小计	35 371
筹资活动产生的现金流量净额	1 324
四、汇率变动对现金的影响	
五、现金及现金等价物净增加额	577

从上述预测结果中不难看出，公司 2012 年的现金净流量将会增加，除筹资活动的影响之外，高效益的生产经营活动是现金净流量增加的主要原因。公司的投资活动虽然产生净额为负数的现金流量，但这种状况与公司的经营环境、经营计划、投资计划相适应，并为公司的未来发展奠定了坚实的基础。公司正处于良性循环过程中，并有较强的发展趋势。

12.3 财务预警分析

财务预警分析是通过对企业财务报表和相关资料的分析，及早发现企业发生财务危机的各种征兆，避免发生投资损失的分析过程。

一个企业的生存空间要受到企业内外因素的多重影响，如果各种因素能够恰当搭配，企业就将具有良好的获利空间；反之，就容易导致财务危机的发生。企业的财务危机包括资产流动性不足、债务拖欠、资不抵债以及企业破产等多种形式。企业由财务正常发展到财务危机往往是一个渐进的过程，错误的管理是导致财务危机的主要原因，而财务指标的恶化则是发生财务危机的征兆。因而，财务危机总是可以预测的。通过财务预警分析及时发现企业财务危机的各种现象，对于保护投资者和债权人的利益，无疑具有重要的现实意义。

12.3.1 财务预警概述

所谓的企业财务预警，即财务失败预警，是指借助企业提供的财务报表、经营计划及其他相关会计资料，利用财会、统计、金融、企业管理、市场营销理论等，采用比率分析、比较分析、因素分析及多种分析方法，对企业的经营活动、财务活动等进行分析预测，以发现企业在经营管理中潜在的经营风险和财务风险，并在危机发生之前向企业经营者发出警告，督促企业管理当局采取有效措施，避免潜在的风险演变成损失，起到未雨绸缪的作用；而且作为企业经营预警系统的重要子系统，也可以为企业纠正经营方向、改进经营决策和有效配置资源提供可靠依据。

12.3.2 财务预警的预测方法

1. 单变量模型

单变量模型，是指使用单一财务变量对企业财务失败风险进行预测的模型。主要有威廉·比弗（William Beaver）于 1966 年提出的单变量预警模型。他通过对 1954—1964 年间的大量失败企业和成功企业比较研究，对 14 个财务比率进行取舍，最终得出可以有效预测财务失败的比率依次为：

(1) 债务保障率＝现金流量÷债务总额。
(2) 资产负债率＝负债总额÷资产总额。
(3) 资产收益率＝净收益÷资产总额。

比弗认为债务保障率能够最好地判断企业的财务状况（误判率最低）；其次是资产负债率，且离失败日越近，误判率越低。但各种比例判断准确率在不同情况下会有所差异，所以在实际应用中往往使用一组财务比率,而不是一个比率,这样才能取得良好的预测效果。

比弗还指出财务失败企业在财务会计报告中呈现出来的一些特点:①失败企业有较少的现金,却有较多的应收账款;②当把现金和应收账款加在一起,列入速冻资产和流动资产之中时,失败企业与成功企业之间的不同就被掩盖住了,因为现金和应收账款在数额上具有此消彼长的关系;③失败企业存货较少。

该结论说明,在预测财务失败时应给与三个流动资产项目以特别注意:现金、应收账款和存货。尤其是对于现金及存货较少而应收账款较多的企业,更应该加以额外关注。

单变量预测模型简单易懂,但其缺点也较明显。如由于单个比率不像多个财务比率能够反映企业的整体财务状况,所以要求企业在建立模型时要选择最能反映财务运行核心特征的财务比率作为预测指标;企业核心管理层为了掩盖真实财务状况往往会对某些财务比率进行粉饰,故由这些不真实的财务比率所作出的预警信息就失去了可靠性。

2. 多变量模型

多变量模型,是指使用多个变量组成的鉴别函数来预测企业财务失败的模型。较早使用多变量模型预测的是美国纽约大学的教授爱德华·阿尔特曼(Edward Altman),他是第一个使用鉴别分析研究企业失败预警的人。他选取了1946—1965年间33家破产的和正常经营的公司,使用了22个财务比率来分析公司潜在的失败危机。他利用逐步多元鉴别分析逐步萃取5种最具共同预测能力的财务比率,建立起了一个类似回归方程式的鉴别函数——Z计分法模式。该模型是通过5个变量(五种财务比率)将反映企业偿债能力的指标、获利能力指标和营运能力指标有机联系起来,综合分析预测企业财务失败或破产的可能性。表达式如下:

$$Z=0.012X_1+0.014X_2+0.033X_3+0.006X_4+0.999X_5$$

其中:Z 为判别函数值。

$$X_1=(营运资金÷资产总额)\times 100\%$$
$$X_2=(留存收益÷资产总额)\times 100\%$$
$$X_3=(息税前利润÷资产总额)\times 100\%$$
$$X_4=(普通股及优先股市场价值总额÷负债账面价值总额)\times 100\%$$
$$X_5=销售收入÷资产总额$$

该模型将反映偿债能力的指标 X_1 和 X_4,反映企业获利能力的指标 X_2 和 X_3 以及反映企业营运能力的指标 X_5 有机联系起来,通过综合分值来分析预测企业财务失败或破产的可能性。按照这个模式,一般来说,Z 值越低企业越有可能发生破产,通过计算某企业连续若干年的 Z 值就可以发现企业是否存在财务危机的征兆。阿尔特曼根据市政分析提出了判断企业财务状况的几个临界值,即:当 Z 值大于 2.675 时,表明企业的财务状况良好,发生破产的可能性小;当 Z 值小于 1.81 时,表明企业潜伏着破产危机;当 Z 值介于 1.81 和 2.675 之间时,被称为"灰色地带",说明企业的财务状况极为不稳定。

以某公司为例,对该公司 2014 年和 2015 年的 Z 值作一个分析,假设以财务费用代替利息费用,公司股票价格以 2014 年年末和 2015 年年末的价格为准,公司股票在上述两个时点的市价分别是 5.15 元和 4.1 元,公司发行在外的普通股股数为 119647 股,资产总额均采用期末数,数据见表12-4。

表12-4 某公司2014年和2015年财务数据

单位:元

项 目	2014年	2015年
营运资金	317 533	312 411
资产总额	710 706	677 750
留存收益	158 833	146 851
负债	92 932	72 310
销售收入	1 529 938	1 650 946
息税前利润	51 708	32 374

2014年:$X_1 = 317\,533 \div 710\,706 \times 100\% = 44.68\%$

$X_2 = 158\,833 \div 710\,706 \times 100\% = 22.35\%$

$X_3 = 51\,708 \div 710\,706 \times 100\% = 7.28\%$

$X_4 = (5.15 \times 11\,9647) \div 92\,932 \times 100\% = 663.05\%$

$X_5 = 1\,529\,938 \div 710\,706 \times 100\% = 2.15\%$

则 $Z = 0.012 \times 44.68\% + 0.014 \times 22.35\% + 0.033 \times 7.28\% + 0.006 \times 663.05\% + 0.999 \times 2.15\% = 7.215$

2015年:$X_1 = 312\,411 \div 677\,750 \times 100\% = 46.1\%$

$X_2 = 146\,851 \div 677\,750 \times 100\% = 21.67\%$

$X_3 = 32\,374 \div 677\,750 \times 100\% = 4.78\%$

$X_4 = (4.1 \times 119\,647) \div 72\,310 \times 100\% = 678.4\%$

$X_5 = 1\,650\,946 \div 677\,750 \times 100\% = 2.43\%$

则 $Z = 0.012 \times 46.1\% + 0.014 \times 21.67\% + 0.033 \times 4.78\% + 0.006 \times 678.4\% + 0.999 \times 2.43\% = 7.512$

以阿尔特曼的 Z 值为判断标准,则A公司财务状况非常良好。

阿尔特曼设计的 Z 模型综合考虑了企业的资产规模、变现能力、获利能力等方面的因素,该模型在西方预测公司破产的准确率达70%~90%,在破产前一年准确率高达95%。

Z 模型克服了单变量预警模型的缺陷,几乎包括了所有预测能力很强的指标。它除了可预测本企业的财务发展状况外,还可以分析企业的竞争对手、供应商、客户及利益相关者的情况。但同时此模型也具有一定的局限性,如不具有横向可比性,即不可用于规模、行业不同的公司之间的比较;采用的是按权责发生制编制的报表资料,没有考虑到较为客观的现金流量指标,可能不真实地反映企业现实的财务质量。

3. 多元逻辑回归模型

1980年,Ohlson第一个将逻辑回归方法引入财务危机预警领域,他选择了1970—

1976年间破产的105家公司和2 058家非破产公司组成的配对样本，分析了样本公司在破产概率区间上的分布以及两类错误和分割点之间的关系，发现以公司规模、资本结构、业绩和当前融资能力进行财务危机的预测准确率达到96.12%。逻辑回归分析方法使财务预警得到了重大改进，克服了传统判别分析中的许多问题，包括变量属于正态分布的假设以及破产和非破产企业具有同一协方差矩阵的假设。

4. 人工神经网络模型

1991年，Tam采用人工神经网络模型进行财务预警研究，通过输入层、隐藏层和输出层的人工神经网络的模拟构建模型，具有较好地模式识别能力和容错能力，能够处理资料遗漏和错误，可随时依据新数据资料进行自我学习训练，适用于今日复杂多变的企业运作环境，但其理论基础比较抽象，对人体大脑神经模拟的科学性和准确性有待进一步加强，因而使用性大大降低。

12.3.3 出现财务舞弊时的财务预警

在企业出现财务舞弊情况时，虽然上述财务失败预警方法可以定量描述企业，但仍不能就此作出企业财务失败的结论，仍然需要投资者的主管判断。

1. 观察行业背景

看行业是处在朝阳行业还是夕阳行业，是处在竞争充分还是保护垄断的行业，是成熟规范的行业还是缺少必要监管的行业，是新业务层出不穷还是业务相对简单的行业，因为行业风险是企业无法回避的风险。

一般而言，朝阳行业、保护垄断行业、缺少必要监管的行业、新业务层出不穷的行业出现财务舞弊的风险较高，应特别注意行业的风险。如果行业出现危机，企业也必然受到牵连。

2. 调查企业实力

企业处在行业中的地位如何，企业产品是成熟产品还是刚研制出来的新产品，企业在消费者中的口碑如何，企业的内部管理是否完善，企业的产品受市场欢迎程度如何，企业员工的精神面貌如何，企业管理层变更情况如何等都是需要调查的内容。

在信息非常发达的今天，企业无法完全垄断信息，人们可以通过新闻、广播、报纸、互联网等媒体了解一家企业的经营状况。一般而言，企业内部管理不健全、员工精神面貌差、管理层更换频繁等，都是企业出现失败的迹象。

3. 掌握企业管理

问企业战略目标，看企业制定的战略目标是否符合国家的产业政策、是否符合企业的实际情况；问企业的投资策略，看企业投资业务是否过于分散、金融投资业务比重是否过大、是否过度大规模扩张等。

一般而言，企业战略目标如果制定得过高或过低，都会影响企业的发展。企业的投资过于分散，也会影响企业战略实施，分散企业管理的精力，不能及时解决企业所产生的问题，影响企业竞争力。

4. 计算企业现金流

现金流量是企业的血液。利润可以粉饰，但企业现金是实实在在的链条。如果资金链绷得太紧，企业就有面临破产的风险，所以企业的现金流不能出现问题。考察企业现金情况，可以对企业现金流量表进行分析。如果长时间的经营活动所产生的现金净流量较少，企业必然在某些方面出现败象，并想方设法通过其他手段掩盖资金短缺问题，如通过借款、虚拟收入、提前确认收入等进行粉饰。

总之，一个企业若出现长时间的舞弊情况，最终会因为资金链条绷得太紧而断裂。只要投资者细心留意自己的投资对象，总会发现一些蛛丝马迹，然后再运用专业的分析方法进行判断，从而提高自己规避风险的能力。

12.3.4 建立财务风险预警系统时应注意的问题

每个企业都有自己的特点，包括组织形式、经营理念、管理水平等都不尽相同，要想使财务预警系统在企业真正适用，就必须考虑公司的自身特点设计模型。因此，建立健全企业的财务预警系统应注意以下几点。

（1）牢固树立风险防范意识。这要求企业全体员工及领导在思想上树立识别风险、防范风险的意识。

（2）遵循成本效益原则。企业财务预警系统的设计要使产生预警信息的价值大于产生预警信息的成本，保证系统的经济性和有效性。

（3）加强信息管理，保证预警信息传递路线的通畅。财务预警系统必须以大量的动态信息为基础，这就要求加强信息管理，使之能够全面、准确、及时地向财务风险预警系统提供信息，必要时可配备专业的人员，使预警信息能迅速反馈到管理层以便其及时作出对策来应对风险。

（4）定性和定量的预测相结合。企业财务风险预警系统不能只注重定量分析，还应结合非量化因素才能提高预警系统的效用。因为定量分析灵活性较差，对于特定方法都有统一的模式，较少考虑到企业的个别情况。非量化指标由于无须完整的数据资料，需要凭借人们的经验对财务风险的趋势进行定性分析，有时比定量分析更加可靠和有效。例如，采用定性分析也能十分容易地预示企业在下列情况下可能发生财务危机：无力支付优先股股利；过度扩张规模；延期偿还本金和利息等。任何一种方法都不是十全十美的，所以只有将各种方法相互结合，取长补短，才能得出较为合理的结果。

（5）注意保持预警系统的先进性和有用性，淘汰不适用的指标，增加更能反映本企业实际问题的新指标。现有的预警模型都是国外学者根据本国上市公司的资料进行统计计算出来的，虽然具有一定的有效性，但仍存在局限性，企业应根据我国市场的实际情况完善财务风险预警模型，制定出适合本单位财务特点的预警指标体系。

（6）注重企业现金流量管理。企业所需的经营信息主要来自于财务会计报表，良好的经营活动现金流入能增强企业的盈利能力，满足企业长、短期负债的偿还需要，使企业保持良好的财务状况。所以企业除了要对资产负债表、利润表进行关注以外，对现金流量表也应格外关注。

本 章 小 结

财务预测的方法主要有平滑指数法、销售百分比法及线性回归法等,通过这几种方法的使用,结合企业自身的销售计划及具体经营情况可以对未来资产负债表、利润表和现金流量表作出预测。所做各种预测报表可以为企业预算、决策提供参考。在做好企业财务预测的同时,运用定性和定量的财务预警分析方法对企业财务危机作出预测也是防范风险的最好选择。本章通过某家电企业ABC公司的财务报表预测为大家举例说明了财务预测的方法及具体过程。

中英文对照专业名词

财务预测 financial forecast
价值评估 value assessment
财务决策 financial decision
财务预警 financial early warning

本章链接

证券时报 http://www.cninfo.com.cn

思考与练习

一、判断题

1. 财务预测的主要目的是管理者为了检测自己的决策水平。（　）
2. 财务预测的过程最好是定性分析法和定量分析法结合使用。（　）
3. 销售百分比法主要用于现金流量表的预测。（　）
4. 比弗通过对大量失败企业和成功企业研究对比,发现债务保障率能最好地判断企业的财务状况。（　）
5. Z模型在财务预警分析方法中能较好地预测企业的财务发展状况,且具有横向可比性。（　）

二、简答题

1. 如何理解财务预测的意义？
2. 财务预测中分别在什么情况下使用销售百分比法、线性回归法及平滑指数法？
3. 财务预警分析通常采用哪些方法？建立预警系统可以完全对企业财务进行监控吗？

三、案例分析题

康恩贝股份有限公司为上市公司,现给出2008—2010年该公司公布的利润表,请结合该公司基本情况及销售预测作出2011年的利润表预测,并对比该公司披露的2011年利润表,找出差距,分析原因。

2008—2010 年利润表

单位：元

报表日期	2010年12月31日	2009年12月31日	2008年12月31日
一、营业总收入	1 799 430 000.00	1 406 540 000.00	1 094 920 000.00
营业收入	1 799 430 000.00	1 406 540 000.00	1 094 920 000.00
利息收入	0.00	0.00	0.00
二、营业总成本	1 635 150 000.00	1 317 949 380.00	1 045 384 000.00
营业成本	689 992 000.00	606 603 000.00	515 963 000.00
利息支出	0.00	0.00	0.00
营业税金及附加	22 611 400.00	17 062 200.00	13 234 100.00
销售费用	732 150 000.00	541 434 000.00	387 879 000.00
管理费用	173 203 000.00	120 465 000.00	96 272 600.00
财务费用	19 999 700.00	22 570 100.00	28 523 200.00
资产减值损失	-2 806 100.00	9 815 080.00	3 512 100.00
公允价值变动收益	0.00	98 266.80	-793 375.00
投资收益	16 225 100.00	15 893 500.00	-5 089 930.00
其中：对联营企业和合营企业的投资收益	17 093 700.00	12 359 400.00	0.00
其他业务利润	0.00	0.00	0.00
三、营业利润	180 505 000.00	104 582 386.80	43 652 695.00
营业外收入	54 079 200.00	23 368 800.00	66 706 900.00
营业外支出	5 637 210.00	5 833 920.00	2 598 880.00
非流动资产处置损失	469 329.00	1 444 880.00	0.00
利润总额	228 946 990.00	122 117 267.00	107 760 715.00
所得税费用	28 121 500.00	16 918 000.00	15 152 600.00
未确认投资损失	0.00	0.00	0.00
四、净利润	200 825 490.00	105 199 267.00	92 608 115.00
归属于母公司所有者的净利润	185 527 000.00	101 217 000.00	91 973 600.00
少数股东损益	15 298 100.00	3 984 810.00	63 1 000.00
五、每股收益			
基本每股收益	0.56	0.31	0.28
稀释每股收益	0.56	0.31	0.28

续表

报表日期	2010年12月31日	2009年12月31日	2008年12月31日
六、其他综合收益	0.00	23 205 000.00	0.00
七、综合收益总额	200 825 490.00	128 404 267.00	92 608 115
归属于母公司所有者的综合收益总额	185 527 000.00	124 422 000.00	0.00
归属于少数股东的综合收益总额	15 298 100.00	3 984 810.00	0.00

浙江康恩贝制药股份有限公司(以下简称"公司"或"本公司")的前身为"兰溪云山制药厂",创建于1969年,1990年更名为"浙江康恩贝制药公司"。1992年6月5日,经浙江省股份制试点工作协调小组浙股〔1992〕5号文批准,本公司将原浙江康恩贝制药公司改组为"浙江康恩贝股份有限公司",并于1993年1月9日取得注册号为14738561—1的企业法人营业执照。1999年10月27日,经浙江省工商行政管理局批准,本公司更名为"浙江康恩贝制药股份有限公司",并换领了注册号为3300001000769的企业法人营业执照。2004年3月12日,经中国证券监督管理委员会证监发行字〔2004〕30号文《关于核准浙江康恩贝制药股份有限公司公开发行股票的通知》核准,本公司向社会公众发行境内上市内资股(A股)股票40 000 000股,并于2004年4月12日在上海证券交易所上市挂牌交易。

该公司主要经营现代中药和天然植物药产品的研制、生产和销售,以心脑血管药、泌尿系统药、镇咳、祛痰药等类产品为主导,现主要产品有天保宁牌银杏叶片、天保康牌葛根素注射液、康恩贝牌咳停片、前列康牌普乐安片、康恩贝牌银杏叶提取物等,上述药品在市场上均有较高品牌知名度和较高市场占有率。

第13章 企业财务状况质量的综合分析

教学目标与要求

通过本章的学习,应当掌握从定性的角度了解高质量资产、利润及现金流量的特征以及企业财务状况质量的综合分析方法和内容。

本章知识要点

知识要点	能力要求	相关知识
高质量财务状况特征	了解高质量财务状况下企业的特征	(1) 财务状况质量定义 (2) 高质量财务状况特征
企业财务状况质量分析方法	重点掌握运用一定的方法对企业财务状况质量进行分析	(1) 背景分析 (2) 财务分析 (3) 财务预测 (4) 不同企业间进行比较时应注意的问题

第13章 企业财务状况质量的综合分析

导入案例

成立于1991年的珠海格力电器股份有限公司是目前全球最大的集研发、生产、销售、服务于一体的国有控股专业化空调企业，2011年实现营业总收入835.17亿元，同比增长37.35%；净利润52.37亿元，同比增长22.48%；纳税超过53亿元，连续12年上榜美国《财富》杂志"中国上市公司100强"。这样一个"实力"企业，能否只从其报表中分析其财务状况，了解其未来发展吗？通过截取2009年格力电器公司财务报表数据并加以计算得出评价指标，我们可以观察财务比率能否作为评价企业财务状况质量的唯一依据。

（1）短期偿债能力：2009年格力电器流动比率为1.02，速冻比率为0.89，现金比率为0.33；

（2）长期偿债能力：2009年格力电器资产负债率为81%；

（3）资产管理能力：2009年格力电器存货周转次数为7.57次，经营性流动资产周转次数为1.51次，固定资产周转次数为13.34次；

（4）盈利能力：2009年格力电器净资产收益率为35.72%，总资产报酬率为7.83%。

就这些数据而言，我们应该如何认识它们呢？怎样利用这些财务比率来分析并预知其未来的经营状况呢？本章将告诉你答案。

（资料来源：张新民，钱爱民. 财务报表分析（第二版）. 北京：中国人民大学出版社. 2011.）

13.1 高质量财务状况特征

在财务分析理论中，财务状况可以定义为通过资产状况、债务风险状况、资本投入与积累状况、盈利状况以及现金流状况等方面所揭示出来的企业基本财务状态。由于盈利状况和现金流状况都会通过特定项目最终影响到资产负债状况，因而通过资产负债表所揭示出来的资产负债状况是企业财务状况的综合体现。概括地说，财务状况可以从财务角度反映企业经营活动的健康状况，它是企业战略实施的财务后果，是企业内在价值的决定因素，是企业持续经营的基本保障。

13.1.1 财务状况质量的界定

财务状况质量是企业财务状况局部或整体按照账面金额进行运转（如资产）或分配（如利润）的质量。由于不良资产、账外资产、或有负债的存在，由于会计政策、会计估计的选择与变更，由于市场环境、法律环境、企业内部环境因素的影响以及企业管理当局的诚信度等，企业对外披露的财务报表中各项要素及要素变动的账面金额，并不能真正代表其财务状况的真实质量。而信息使用者也越来越关注企业财务状况真实质量，关注账面金额的含金量。所以财务状况质量应当指企业各项报表要素按照账面金额进行运转的质量，若大于或等于则称为高质量，若小于则称为低质量。按照对于财务状况的理解，可以将财务状况质量分为以下四个方面。

1. 资产质量

资产，是指企业由于过去交易、事项所形成的由企业拥有或控制的经济资源，该资源预期会给企业带来经济利益。资产质量，是指特定资产在企业管理系统中发挥作用的能力，具体表现为盈利性、周转性、变现性以及与其他资产组合的增值性等几个方面。资产质量的高低，并不完全以该项资产账面金额或物理质量的高低为标准，而是要看该项资产在特定企业的利用价值。如果能以高于或等于账面金额的价值被利用从而产生效益，则可认为是高质量资产；反之，则被认为是不良资产。

2. 利润质量

利润质量，是指利润在形成、结构、分配等方面的质量。高质量的企业利润，应当表现为利润形成的市场前景看好，资产运转良好，利润结构较为合理，有较强的支付分配能力。反之，低质量的利润往往表现为利润来源不稳定甚至虚假，没有支付、分配能力，利润所带来的资产质量不高。

3. 资本结构质量

资本结构不仅包括负债与所有者权益之间的结构，还包括负债与所有者权益各自内部的结构。资本结构质量，是指现有资本结构与企业现在为未来发展目标相适应的质量。高质量的资本结构，应当表现出企业偿债能力较强，资本成本与企业投资收益水平相适应，资本结构与资产结构相匹配，利益相关者权利均衡，资本结构稳定并有利于企业持续发展等特征。

4. 现金流量质量

现金流量质量，是指现金流量满足企业预期目标的质量。较高质量的现金流量应当表现出现金净流量来源稳定，结构合理，能支持企业发展目标的实现。

13.1.2 高质量财务状况特征

良好的企业财务状况应该具有如下特征。

1. 企业具有一定的盈利能力，利润结构基本合理

"一定的盈利能力"，是指在企业会计政策保持一贯性的条件下，从绝对额上看，企业每年能够获取与企业经营规模、行业特点和成长周期等因素相适应的一定规模的净利润，并能保持持续增长的基本趋势；在盈利能力比率上，其净资产收益率、总资产报酬率、核心利润率等指标在同行业中处于平均水平以上。

"利润结构基本合理"包括两层含义。

（1）利润结构在内在质量、资产增值质量以及现金获取质量三方面均表现出较为合理、均衡的状态。在内在质量方面，毛利率和核心利润率均显示出企业具有一定的行业竞争优势；在企业的利润总额构成中，营业利润占有主体地位，企业拥有正常的盈利来源；狭义营业利润与广义投资收益不存在互补关系，利润增长不通过外力提供支撑；利润结构的稳定性较强、波动性较小、实现程度较高。在资产增值质量方面，经营资产和投资性资产均具有一定的增值能力，并与相应的盈利模式相吻合。在现金获取质量方面，无论是核心利润还是投资收益，都会产生合理的现金净流量，从而为企业正常的经营活动提供稳定的现金来源。

（2）企业的费用在年度之间没有出现不合理的下降。企业的销售费用、管理费用等期间费用，其金额总量的变化按照与企业经营业务量水平的关系可以分为变动费用和固定费

用。其中，总额随着企业经营业务量水平的高低成正比例变化的费用为变动费用；总额不随企业经营业务量水平的高低变化而保持固定的费用为固定费用。这就是说，在企业各个年度可比同类费用的走势上，其总额应该与经营业务规模相适应，即一般情况下，企业的期间费用会随着企业经营业务规模的提高而增长。但是，在企业经营业务规模因为竞争加剧而下降的情况下，由于参与竞争需要更多费用，投入期间费用的规模也不一定会下降。因此，我们应该对企业在年度间费用下降的合理性进行分析。

2. 企业各类活动的现金流量周转正常

从现金流量的角度来说，高质量企业财务状况的表现应该是各类活动的现金流量周转正常，现金流状况体现了企业短期与长期的发展目标并能够满足其资金需求。稳定发展阶段企业经营活动产生的现金净流量应该对企业的利润有足够的支付能力。对于那些商品经营活动占用较大比重的企业来说，经营活动的现金流量是企业短期内最稳定、最主动、最可以寄予希望维持企业经常性资金流转的现金流量；投资活动产生的现金流量体现了企业长期发展的要求，无论是对内投资还是对外投资，都将对企业未来的发展奠定基础，因而应该体现企业长期发展战略的要求，此类活动的现金流量应有较强计划性，并于企业的发展战略有较为密切的内在联系；筹资活动产生的现金流量应该适应企业经营活动现金流量、投资活动现金流量周转的正常需要，并为上述两类活动提供资金补充。

3. 资产质量较好，企业的资本结构能够满足企业短期和长期发展以及偿还债务的需要

这里的资产质量是指特定资产在企业管理中发挥作用的质量，具体表现为盈利质量、周转质量、变现质量和与其他资产组合增值的质量等方面。即资产对不同的企业而言，具有相对有用性。关于资产质量的分析在前面章节中有具体分析，此处不再详述。

4. 资本结构较为合理，资本结构质量较好

资本是一个相对广义的概念，是指企业的负债与所有者权益之和。因此，资本的结构，是指资产负债表右边的结构。理论上，合理的资本结构应该具有较低或者最低的资本成本，同时能够导致企业的股权价值较高或者最高。但是，现实中我们发现，一些资不抵债或者资产质量严重不良的企业仍然能够筹集到负债资金。而一些具有发展潜力或者发展前景的企业，则需要举借使企业资本成本明显提高的债务。因此反思资本结构合理性的问题时，我们发现企业在筹资的过程中，首要考虑的问题并不是资本成本和企业股权的市场价值等因素，而是生存和发展问题。在面临生存问题时，企业筹资首要关注的不是增量筹资对企业资本的影响是高还是低，而是该增量筹资所对应项目在未来提供经济小的能力；如果该增量筹资所对应项目在未来提供的经济效益足以补偿筹资成本，则该筹资在经济上就是可行的。

由此可知，考虑资本结构的合理性，主要应关注资本结构的质量，资本结构的质量是指企业资本结构与企业当前以及未来经营和发展活动相适应的质量。具体来说，企业资本结构质量主要应关注以下几个方面：第一，企业资金成本的水平与企业资产报酬率的对应关系；第二，企业资金来源的期限构成与企业资产结构的适应性；第三，企业的财务杠杆状况与企业财务风险、企业的财务杠杆状况与企业未来融资要求以及企业未来发展的适应性；第四，企业所有者权益内部的股东持股构成状况与企业未来发展的适应性。此外，还应关注资本结构中所蕴含的利益相关者在产权、控制权等方面的博弈过程与结果，是否推动或制约着企业长期发展。

13.2 企业财务状况质量的综合分析方法

13.2.1 背景分析

在对报表进行分析时,读者应首先对该报告进行浏览,对企业经营背景进行概括分析。关注企业的基本情况与行业分析、企业自身对经营活动及经营战略的表述、企业竞争环境与竞争优势、政策法规环境对企业的机会或者制约、企业的控制性股东及其状况、企业发展沿革及主要人力资源状况等。具体地说,包括以下几个方面。

1. 企业的基本情况、生产经营特点以及所处的行业分析

了解企业的基本情况、生产经营特点以及所处的行业并进行分析非常重要。因为企业所处的这些情况在很大程度上决定了企业的资产结构、资本结构、收入的确认方式、销售政策、议价能力、费用的结构、盈利模式以及现金流量的特征等。此外,了解企业所处的行业以及生产经营特点,还可以为企业间财务状况的比较奠定基础。

2. 企业自身对经营活动及经营战略的表述、企业竞争状况以及政策法规对企业的影响

这可以展示企业对自身经营与竞争环境的认识状况,为进一步的比较分析奠定基础。在分析中,可以结合财务状况质量分析结果对企业的经营战略和管理质量加以透视。通过与企业的自身战略表述进行对比,可以更进一步了解企业的战略承诺、战略实施与战略遵守的实际情况,为进行下一步的企业发展前景预测提供重要的依据。另外,企业的发展离不开政策法规环境的制约。例如,对于房地产开发企业而言,宏观调控政策以及由此导致的银行信贷政策的变化等因素将极大地影响不同时期房地产开发企业的生存状况;对于空调等家电制造企业,特定国家对环境保护政策以及制冷技术(如氟利昂制冷和非氟利昂制冷技术的应用)的制度要求等因素则直接制约着空调制造业的发展。对这些重要信息的了解和分析,一方面可为财务状况质量评价提供非常重要的参照和依据,另一方面也有助于读者更加准确地预测今后企业的发展前景。

3. 企业的股东,尤其是控股股东

了解企业的主要股东,尤其是控股股东,可以使读者掌握分析对象的股东背景或者后盾。读者可以根据企业的主要控股股东来判断:这些主要股东对企业的支持是什么?除了资本入资以外,在企业发展中是否还有其他贡献?控股股东控制企业的目的是什么?能否对企业长期健康发展起支持作用?主要股东之间是否存在利益博弈关系?是处于僵持阶段还是已经达到均衡状态?今后发展的不同结果对企业长期发展会造成什么样的影响?

4. 企业的发展沿革

了解企业的发展沿革等信息,有助于读者更加全面、清晰地了解企业的经营理念、经营战略选择与转型过程等,从而更有利于读者对企业未来的发展轨迹作出判断。读者应当特别关注如下问题:①企业控制性股东的变换情况;②企业所从事的产业结构、产品结构的发展变换情况;③企业组织结构的变化情况等。

5. 企业高级管理人员的结构及其变化情况

管理团队是企业发展的主动力，一个良好的管理团队对企业的发展起着不可替代的加速作用。通过对企业高级管理人员的结构及其变化情况的了解，读者可以对企业高级管理人员的背景、风格、能力以及协作性等方面进行分析，有助于了解企业文化、企业管理效率与管理水平等方面的信息。

13.2.2 财务分析

1. 财务比率分析

对企业的背景作了一定的了解后，报表使用者需要作进一步的财务分析，包括企业盈利能力分析、偿债能力分析以及营运能力分析等。这些分析过程基本上就是比较各种财务比率。如流动比率、速动比率、毛利率、销售净利率、资产报酬率等。通过各个方面财务比率与同行业或历史同期的比较，可以了解企业财务状况的基本情况及其发展趋势。

2. 项目质量以及整体质量分析

结合报表附注中关于报表主要项目的详细披露材料，对三张报表进行项目质量以及整体质量分析。通过财务比率的分析，使用者已经对企业的财务状况有了初步的认识，但是，从对企业财务状况进行质量分析、透视企业的管理质量角度来看，是远远不够的，必须结合报表附注中关于报表主要项目的详细披露材料，对三张报表作进一步的整体质量分析。

1) 利润表质量分析

利润表是企业经营成果的集中体现，但同时，利润表也可能是企业操纵财务信息的重灾区。因此，对该表进行分析时应当关注以下几个方面。

（1）关注毛利率的走势。企业整体的毛利率下降，或者意味着企业所生产的同类产品在市场上竞争加剧，或者意味着企业所从事的产品的生产和经营活动进入壁垒较低。在毛利率下降的情况下，企业要想获得核心利润的稳定增长，就必须在扩大市场份额上下功夫，或者进行技术创新，实现产品的更新换代，提升并巩固企业的核心竞争力。

（2）对企业的营业收入的结构进行分析。主要关注营业收入的产品结构、地区结构等构成。

（3）关注企业各项费用的绝对额在年度间的走向以及各项费用与营业收入相对比的百分比走势。这种分析，可以将企业各项费用发生的不正常因素迅速找出来。

（4）关注企业的核心利润与广义投资收益之间是否出现了互补性变化趋势。当然，核心利润与广义投资收益之间出现互补性变化并不一定就是利润操纵的结果。但是，读者有充分理由对核心利润低迷时的广义投资收益增长保持警惕，这至少是企业在企业自身盈利能力下降时试图改变盈利模式的信号。

（5）关注企业的现金股利分配政策。企业现金股利分配政策，既可以在一定程度上反映企业利润的质量，也在一定程度上反映企业的管理层对未来的信心程度；利润质量不好、对利润支付能力较差以及对未来盈利能力信心不足的企业，是难以考虑支付大规模的现金股利的。但近年来我国上市公司整体上出现了大规模分配现金股利的现象，主要是为了迎合证监会有关上市公司再融资的要求，因此，支付大规模现金股利的企业，其利润质量并不一定高，报表的读者需要予以特别关注。

2) 现金流量表质量分析

现金流量表反映了企业与利润表相同会计期间货币资金与现金等价物之和的收支汇总情况。该表反映了企业的日常状况。企业粉饰利润表容易，但粉饰现金流量表比较困难。对于现金流量表，我们应重点关注以下内容。

(1) 经营活动现金流量的充分程度。前已述及，经营活动的现金流量，最好能够完成补偿固定资产折旧与无形资产摊销费用；支付现金股利；支付利息费用。在经营活动现金流量难以完成上述支付条件的情况下，企业或者收款出了问题，或者付款出了问题。

(2) 投资活动的现金流出量与企业投资计划的吻合程度。作为投资流出，除了抓住时机购买交易性金融资产以外，不论是构建固定资产、无形资产，还是对外股权和债权投资支出，都不应该是心血来潮的结果，而应该是在充分的研究和论证以后审慎决策的结果。因此，读者应关注投资活动的现金流出量与企业投资战略的吻合程度。一般来说，投资活动的现金流出量代表了企业的扩张态势。

(3) 筹资活动的现金流量与经营活动、投资活动现金流量之和的适应程度。

3) 资产负债表质量分析，对资产负债表整体质量、资本结构质量进行评价

对资产负债表中的主要资产项目可以按照盈利性、周转性、变现性以及其他资产组合的增值性等几个方面逐项考察其具体质量，在此基础上进一步考察资产结构与企业经营战略、经营特点的吻合性，对企业资产的整体质量作出评价。在此过程中，当然要注意企业资产的相对有用性。对于资产项目中金额发生重大变化的项目，还要分析其变动的幅度、变动原因以及此项目变化对企业财务状况造成的影响等。

在对资本结构质量进行分析时，应关注重点：企业资金成本的水平与企业资产报酬率的对比关系；企业资金来源的期限构成与企业资产结构的适应性；企业的财务杠杆状况与企业财务风险、企业财务杠杆状况与企业未来融资要求以及企业未来发展的适应性。此外，还应关注资本结构中所蕴藏的利益相关者在产权、控制权等方面的博弈过程与结果，是否推动或制约着企业长期发展。

4) 对所有者权益变动表进行分析，关注其中包含的财务状况质量信息

对于所有者权益变动表中所包含的财务状况质量信息，主要关注："输血性"变化和"盈利性"变化；所有者权益内部项目互相结转的财务效应；企业股权结构的变化与方向性含义；会计核算因素的影响；企业股利分配方式所包含的财务状况质量信息等。

5) 对合并报表和母公司报表进行比较分析，对集团整体财务状况质量作出评价

在对合并报表和母公司报表进行比较和分析过程中，应重点关注：以上市公司为母公司所形成的纳入合并报表编制范围的企业集团所存在的资源规模及其结构；集团内部关联方交易的程度；企业集团内部管理的薄弱环节等。

13.2.3 财务预测

在对企业具体财务报表作出分析以后，可以根据企业战略和计划作出相关的财务预测，此部分预测内容已在上一章中作过介绍。这里重点介绍一下对于以重组、并购等方式谋求发展的企业前景预测。

企业除了依靠自身的经营走持续发展的道路，还可以通过重组、并购等方式谋求迅速

的发展壮大。在依靠对外融资谋求发展时,如资产负债率不高,企业可以通过贷款来实现资产规模的增长和结构的改善与优化;在资产负债率较高的情况下,则必须通过股东的股权入资、减少现金股利分配、债务重组等手段来改善自身的融资能力。

在重组方式的选择上,企业可以通过资产重组、债务重组、资本重组和企业重组等方式来改善企业的资产结构、资本结构,从而为企业盈利能力的进一步提升创造条件。

在并购对象的选择方面,企业可以走专业化发展的道路,选择自己的竞争对手或者下游企业,将所有的资源与能力集中于单一领域,迅速扩大企业规模,通过追求规模效益来实现企业稳定的可持续发展。这既是实现资源合理配置、提高劳动生产率和降低产品成本的必由之路,也是增强市场竞争能力、扩大市场占有率、在市场竞争中处于优势的客观要求。因此,企业如果选择这样的并购对象,致力于专业化的经营模式,则很可能意味着企业在行业中的竞争地位将不断提升,市场占有率将不断扩大,企业发展前景的可预测性较强。但同时也应注意到,专业化经营的企业在发展过程中会面临市场容量及技术的瓶颈等问题。另外,由于生产产品类型单一,资源过于集中于某一产业,企业较容易形成对某一产业市场的高度依赖,一旦该行业出现动荡或企业自身产品的竞争力减弱,企业将会面临巨大的经营风险。

在并购对象的选择方面,企业也可以走多元化发展的道路,选择与自身完全不同领域的企业,以分散经营风险,并寻求新的发展契机和新的利润增长点。但这样会导致企业资源分散在多个业务领域,分散企业在具体业务领域的资源实力,尤其是影响了需要相当资源保证的核心业务或主营业务领域的竞争实力,因此会损害企业的利润"发动机",反而有可能给企业带来更大的经营风险。关联程度较低的多元化经营更会因无法实现资源共享,而导致资源占用效率低下,因经营跨度和管理失效而导致管理成本增加,甚至有可能导致并购后企业多元化经营的失败。因此,企业如果选择这样的并购对象,致力于多元化的经营模式,则很可能意味着在带来新的发展契机的同时,蕴藏着巨大的经营风险和财务风险,企业的发展存在较大的不确定性,前景莫测。

13.2.4 不同企业间比较分析时应注意的问题

对投资者而言,对同一个企业进行连续若干年的分析过程,可以了解企业的发展趋势,并据此决定其对被分析企业的投资政策;在对不同企业同一会计期间的财务分析与对比过程中,投资者可以对不同企业的经营前景进行比较,以选择自己理想的投资对象。在投资者进行分析时,总是需要一个比较的标准,通常使用的标准有:企业以前年度的数据、企业当年的预算、行业标准、行业平均水平、同类企业的数据等。其中,前四类数据都可以有一个明确的定义,而且可以方便得到,而同类企业的数据很难定义,这主要是因为企业间存在着各种各样的差异,这种差异使得有关财务比率的可比性下降,因而在对不同企业进行分析比较时不宜简单地进行相同指标的直接对比,否则将导致错误的决策。

1. 同类企业的确认问题

理论上说,财务比率在同类企业间具有较大的可比性。但是同类企业的确认则没有一个公认的标准。在实际分析中,同类企业往往是自身观念上的,但某一个读者所认定的两个同类企业,其他读者未必也这样认为。判断是否为同类企业可以从以下几个方面来考虑。

1) 最终产品相同

在大多数情况下,人们通常将生产同类或同系列产品的企业视为同类企业。这是因为，生产相同产品的企业从产品的生产设备基础、技术工艺、成本构成、价格水平等方面具有较大的可比性，彼此可互为参照物。

2）内部生产结构相同

这里，内部结构相同的企业，是指使用同样的原材料、同样的技术、同样生产方式的企业。例如，副食品加工、食品加工等类型的企业就属于内部生产结构相同的企业，因为这些企业所用的材料、生产技术、生产方式等大体相似，只是最终产品间存在着较大差异。

3）股份特性相同

股份特性相同的企业，是指那些具有同样风险程度、同样的市盈率、同样股利保障倍数等特征的企业。股票投资者常从投资风险和投资收益方面关注企业，因而他们常将股份特性相同的企业作为同类企业。

4）规模相似

主要是因为规模不同的企业由于自身资源的丰裕程度不同，生产、管理、营销、服务等方面都会有不同。所以在确定同类型企业时，规模因素是必须要考虑的。另外，在考虑规模时，不仅要考虑企业自身的规模，还要考虑进行比较的该产品的生产或经营规模。

2. 会计政策上的差异问题

企业会计政策的典型差异主要体现在以下方面。

1）固定资产评估

企业在有些情况下（如企业间合并、资产盘盈等）可以用评估价值对固定资产进行处理。在对固定资产价值进行重新估价后，通常将直接增加资产负债表中的总资产与所有者权益，进而影响诸如运用资本报酬率、运用资本周转率等基本比率的计算，这就妨碍与其他没有对固定资产进行重估的企业间的比较与分析。但是，这个差异可以通过将评估价值调整为原来的账面价值来避免。

2）存货计价与坏账准备的估价方法

由于会计准则准许企业选择适合企业自身的存货计价方法和坏账准备的估价方法，企业出于自身的考虑，在存货计价方法和坏账准备的估计方法的选择上可能存在较大差异。有的采用先进先出法，有的采用加权平均法，有的采用明确的不同账龄对应不同的坏账准备率的估价方法，有的则采用含糊的因债务单位的实际偿还情况来确定等估计方法。这样，除非一些极个别偶然巧合，在通常情况下，不同的存货计价方法总会导致不同的期末存货价值与不同的利润额；同样，不同的坏账准备估计方法也会导致不同的资产价值展示、盈亏水平的确定。这种差异还会在一定程度上影响企业的获利能力比率、流动比率、周转率及投资比率等指标的计算。

3）折旧计算方法

不同的企业对固定资产的折旧可以采用不同的确定方法。如某些企业采用使用年限法，而另一些企业则可能采用年数总和法等，这将会对固定资产净值、折旧费乃至利润额的计算等产生影响，进而影响有关比率的计算。

4）资产负债表外筹资

某些企业往往采取使企业的真正负债在会计报表中模糊化的政策。因为过高的负债比率会使企业的业主及债权人对企业失去信心。为了不使企业的负债比率显得风险过高，企业常采用对资产负债表中的负债总额没有影响的技术和方法。例如，采用经营租赁的方法获取长期资产的使用权，这既可以使企业获取相同的固定资产使用价值，同时又对企业的长期负债没有影响，从而对负债率等与负债有关系的比例均没有影响。

5) 营业收入的确认

在企业营业收入的确认方面，企业间可能同样存在差异。这方面的例子已经有很多。

13.2.5 非货币性信息的使用

比率分析固然在很多方面可以反映企业的财务状况，但就以比率分析得出的结论本身而言，还不足以作为决策的全部依据。这是因为，企业的财务状况及发展前景等诸方面的问题，有些是难以用货币来表示的。有些非货币方面的信息对企业的信息使用者来说比货币信息更重要。例如，两个财务状况相同的同类企业，一个处于上升期，另一个处于下滑期，它们只是在上升与下滑的过程中的某一时点表现为相同的财务状况。这种上升与下滑的趋势不一定能从报表中反映出来，特别是不能从一个会计年度的报表信息中体现。另外，由于企业的管理战略不同，采用不同的生产、销售、研发策略，从而影响费用、成本因素，可能出现财务数据在短期内相近，在长期却会产生较大差距的情况。

企业非货币性信息主要包括以下几方面的内容：①企业经理人员对财务报告的评论；②注册会计师审计报告的措辞；③资产的构成及保值增值情况；④利润表中非常项目与其他项目在数量上的对比关系；⑤企业或有负债与资产负债表上现实负债的数量对比关系；⑥企业的股利发放政策；⑦企业产品的市场状况与发展趋势；⑧企业的公众声誉；⑨企业的雇员周转率等。

本 章 小 结

本章通过阐述对企业财务状况质量的综合分析，试图让读者从另一个角度了解财务综合分析的方法，以此达到更为全面的财务报表分析。本章涉及的内容包括资产质量、利润质量、现金流量质量以及财务状况质量分析的过程和需要注意的问题。

中英文对照专业名词

财务状况 financial status

质量分析 quality analysis

资产质量 asset quality

利润质量 profit quality

现金流量质量 cash flow quality

本章链接

张新民，钱爱民编著. 财务报表分析(2版). 北京：中国人民大学出版社，2011.

钱爱民，吴革. 企业财务会计报告分析. 北京：中信出版社，2003.

谢志华. 财务分析. 北京：高等教育出版社，2009.

中国证券报：中国证券报互动版

钱爱民．公司财务状况质量综合评价研究．北京：北京大学出版社，2010．

张先治同，陈友邦．财务分析．大连：东北财经大学出版社，2004．

［美］马丁·弗里德森，［美］费尔南多·阿尔瓦雷斯．财务报表分析(3 版)．北京：中国人民大学出版社，2010．

思考与练习

一、判断题

1. 良好企业的财务状况一定具有较强的盈利能力，且利润结构基本合理。（　　）
2. 杜邦分析法由于存在很大缺陷，因此在财务综合分析时基本不能使用此方法。（　　）
3. 不同企业间会计政策的不一样会导致财务信息的不可比。（　　）
4. 在对各大报表质量分析时，需要关注其数量的变换及比率的变化。（　　）
5. 在复杂的市场环境中进行财务分析，首先需要进行企业背景分析。（　　）

二、简答题

1. 如何理解企业财务状况质量？
2. 财务报表综合分析需要得到哪些信息？
3. 财务状况质量综合分析的内容和过程是什么？

三、案例分析题

郑州华晶金刚石股份有限公司 2009 年度财务决算报告中财务分析的内容如下：

（一）短期偿债能力

1. 流动比率。2009 年流动比率 3.31，比 2008 年的 3.27 提高 0.04，增长比例 1.22％。具体原因为：

（1）2009 年年末流动资产 10 532.37 万元，比年初的 14 390.99 万元减少 3 858.62 万元，增长比例－26.81％，其中：①货币资金年末余额 5827.94 万元，比年初的 9 702.55 万元减少 3 874.61 万元，增长比例－39.93％；②应收票据年末金额 595.27 万元，比年初的 159.87 万元增加 435.4 万元，增长比例 272.35％；③预付账款年末金额为 441.81 万元，比年初的 1 051.41 万元减少 609.6 万元，增长比例－57.98％；④其他应收款年末金额为 288.22 万元，比年初 145.78 万元增加 142.44 万元，增长比例 97.71％。

（2）2009 年年末流动负债 3 183.43 万元，比年初的 4 405.5 万元减少 1 222.07 万元，增长比例－27.74％，其中：①应付票据年末余额 1003.6 万元，比年初增加 1 003.6 万元；②其他应付款年末金额为 26.82 万元，比年初的 1 968.78 万元减少 1 941.96 万元，增长比例－98.64％。

2. 速动比率。2009 年速动比率 2.52，比 2008 年的 2.72 下降 0.2，减幅 16.82％，主要原因是 2009 年年末货币资金比 2008 年减少 3 858.62 万元，减幅 39.93％，而流动负债减少 1 222.07 万元，减幅 27.74％。

3. 现金比例。2009 年现金比率 1.83，比 2008 年的 2.2 下降 0.37，减幅 16.82％，主

要原因是 2009 年年末货币资金比 2008 年减少 3 858.62 万元，减幅 39.93%，而流动负债减少 1 222.07 万元，减幅 27.74%。

（二）长期偿债能力

1. 资产负债率。郑州华晶金刚石股份有限公司 2009 年资产负债率为 24.71%，比 2008 年的 30.63% 降低了 5.92 个百分点，主要原因是 2009 年度企业为了扩大产能新购设备和新建车间使资产总额增加 4 024.04 万元，而负债减少 1 222.07 万元。

2. 产权比率。2009 年产权比率 32.82%，比 2008 年的 44.16% 降低了 11.34 个百分点，主要原因是所有者权益增加了 5 246.11 万元，增长比例 20.21%。

由以上两点分析可知，企业 2009 年度的短期及长期偿债能力有大幅提高。

（三）资产管理能力

1. 应收账款周转率。2009 年应收账款周转率 20.83 次，周转天数 17.29 天，2008 年应收账款周转率 18.16 次，周转天数 19.82 天，与 2008 年相比有所提高。

2. 存货周转率。2009 年存货周转率 4.09，周转天数 88.08 天，2008 年存货周转率 4.75，周转天数 75.83 天，与 2008 年相比有所下降。

（四）盈利能力

1. 销售净利率。2009 年销售净利率 28.58%，比 2008 年的 26.68% 提高 1.9 个百分点。原因是净利润的增长率高于销售收入的增长率。

2. 总资产净利率。2009 年总资产净利率 13.31%，比 2008 年的 15.24% 减少 1.93%。原因是净利润的增长率低于平均总资产的增长率。

3. 净资产收益率。2009 年净资产收益率 18.36%，比 2008 年的 23.61% 下降 5.25%。原因是净利润的增长率低于净资产的增长率。

本案例中涉及多项财务比率，那么这些财务比率能否作为评价企业财务状况质量的唯一依据？

第五篇

综合案例分析

第14章 综合案例分析一

下面列示的是兄弟科技股份有限公司2012—2014年三年的年度财务报表，本章将以该公司为例作财务报表综合分析。

14.1 基本财务报表

表14-1 资产负债表

编制单位：兄弟科技股份有限公司　　　　　　　　　　　　　单位：元　币种：人民币

报表日期	2014/12/31	2013/12/31	2012/12/31
流动资产：			
货币资金	38 916 100.00	36 288 800.00	83 707 800.00
交易性金融资产	0.00	495 458.00	0.00
应收票据	31 146 800.00	24 771 400.00	12 533 900.00
应收账款	67 349 400.00	63 340 600.00	59 998 300.00
预付款项	22 320 100.00	3 827 220.00	4 521 980.00
应收保费	0.00	0.00	0.00
应收利息	0.00	0.00	0.00
应收股利	0.00	0.00	0.00
其他应收款	3 306 240.00	7 600 220.00	3 878 010.00
应收出口退税	0.00	0.00	0.00
应收补贴款	0.00	0.00	0.00
存货	100 330 000.00	89 609 600.00	99 144 600.00
待处理流动资产损益	0.00	0.00	0.00
一年内到期的非流动资产	0.00	0.00	0.00
其他流动资产	0.00	0.00	0.00
流动资产合计	263 369 000.00	225 933 000.00	263 785 000.00
非流动资产：			
可供出售金融资产	0.00	0.00	0.00
持有至到期投资	0.00	0.00	0.00

续表

报表日期	2014/12/31	2013/12/31	2012/12/31
长期应收款	0.00	0.00	0.00
长期股权投资	0.00	1 863 890.00	1 760 000.00
其他长期投资	0.00	0.00	0.00
投资性房地产	0.00	0.00	0.00
固定资产原值	383 083 000.00	252 845 000.00	0.00
累计折旧	89 441 700.00	77 501 000.00	0.00
固定资产净值	293 641 000.00	175 344 000.00	0.00
固定资产减值准备	0.00	0.00	0.00
固定资产净额	293 641 000.00	175 344 000.00	188 442 000.00
在建工程	3 713 530.00	96 855 400.00	34 281 800.00
工程物资	0.00	0.00	0.00
固定资产清理	0.00	0.00	0.00
无形资产	32 896 600.00	33 981 300.00	33 887 900.00
开发支出	0.00	0.00	0.00
商誉	0.00	0.00	0.00
长期待摊费用	0.00	0.00	0.00
递延所得税资产	724 058.00	570 172.00	951 604.00
其他非流动资产	0.00	0.00	0.00
非流动资产合计	330 975 000.00	308 615 000.00	259 323 000.00
资产总计	594 344 000.00	534 548 000.00	523 108 000.00
流动负债：			
短期借款	213 794 000.00	210 000 000.00	222 842 000.00
交易性金融负债	0.00	0.00	0.00
应付票据	3 503 000.00	10 710 000.00	27 050 000.00
应付账款	57 435 300.00	46 402 000.00	42 201 800.00
预收款项	5 706 780.00	7 816 480.00	12 395 400.00
应付手续费及佣金	0.00	0.00	0.00
应付职工薪酬	4 405 510.00	4 813 570.00	2 351 860.00
应交税费	7 366 600.00	3 823 950.00	3 128 040.00
应付利息	456 153.00	405 536.00	616 374.00
应付股利	0.00	0.00	0.00

续表

报表日期	2014/12/31	2013/12/31	2012/12/31
其他应交款	0.00	0.00	0.00
其他应付款	896 530.00	425 590.00	2 183 920.00
预计流动负债	0.00	0.00	0.00
递延收益	0.00	0.00	0.00
应付短期债券	0.00	0.00	0.00
一年内到期的非流动负债	0.00	10 000 000.00	0.00
其他流动负债	0.00	0.00	0.00
流动负债合计	293 563 000.00	294 397 000.00	312 769 000.00
非流动负债：			
长期借款	19 000 000.00	9 000 000.00	20 000 000.00
应付债券	0.00	0.00	0.00
长期应付款	0.00	0.00	0.00
预计非流动负债	0.00	0.00	0.00
递延所得税负债	0.00	0.00	0.00
其他非流动负债	0.00	0.00	0.00
非流动负债合计	19 000 000.00	9 000 000.00	20 000 000.00
负债合计	312 563 000.00	303 397 000.00	332 769 000.00
所有者权益			
实收资本（或股本）	80 000 000.00	80 000 000.00	80 000 000.00
资本公积	36 987 600.00	36 987 600.00	36 987 600.00
库存股	0.00	0.00	0.00
盈余公积	15 920 800.00	10 534 300.00	6 216 940.00
未分配利润	128 840 000.00	83 755 400.00	46 693 800.00
外币报表折算差额	0.00	0.00	0.00
归属于母公司股东权益合计	261 748 000.00	211 277 000.00	169 898 000.00
少数股东权益	20 032 800.00	19 873 500.00	20 440 300.00
所有者权益（或股东权益）合计	281 781 000.00	231 151 000.00	190 339 000.00
负债和所有者权益（或股东权益）总计	594 344 000.00	534 548 000.00	523 108 000.00

表 14-2 利润表

编制单位：兄弟科技股份有限公司　　　　　　　　　　　　　　单位：元　币种：人民币

报表日期	2014/12/31	2013/12/31	2012/12/31
一、营业总收入	596 940 000.00	530 399 000.00	596 811 000.00
营业收入	596 940 000.00	530 399 000.00	596 811 000.00
利息收入	0.00	0.00	0.00
手续费及佣金收入	0.00	0.00	0.00
其他业务收入	0.00	0.00	0.00
二、营业总成本	538 250 040.00	483 159 950.00	561 302 184.00
营业成本	476 471 000.00	430 556 000.00	497 750 000.00
手续费及佣金支出	0.00	0.00	0.00
研发费用	0.00	0.00	0.00
其他业务成本	0.00	0.00	0.00
营业税金及附加	1 968 480.00	1 376 570.00	2 231 360.00
销售费用	13 061 600.00	13 255 900.00	10 511 700.00
管理费用	30 047 900.00	28 389 900.00	32 016 500.00
财务费用	15 113 000.00	8 453 700.00	18 586 500.00
资产减值损失	1 588 060.00	1 127 880.00	206 124.00
公允价值变动收益	49.55	49.55	0.00
投资收益	394.55	-59 147.70	-4 213 800.00
汇兑收益	0.00	0.00	0.00
补贴收入	0.00	0.00	0.00
其他业务利润	0.00	0.00	0.00
三、营业利润	58 690 404.10	47 179 852.80	31 295 016.00
营业外收入	3 093 130.00	1 168 900.00	11 315 200.00
营业外支出	1 989 810.00	658 887.00	1 143 050.00
其中：非流动资产处置损失	1 267 940.00	112 197.00	149 565.00
利润总额	59 793 724.10	47 689 865.80	41 467 166.00
所得税费用	9 163 390.00	7 377 480.00	6 941 290.00
四、净利润	50 630 334.00	40 312 385.80	34 525 876.00
归属于母公司所有者的净利润	50 470 700.00	41 379 000.00	37 234 600.00
少数股东损益	159 384.00	(1 066 800.00)	(2 708 690.00)
五、每股收益			

续表

报表日期	2014/12/31	2013/12/31	2012/12/31
基本每股收益	0.63	0.52	0.47
六、其他综合收益	0.00	0.00	0.00
七、综合收益总额	50 630 334.73	40 312 386.32	34 525 876.47
归属于母公司所有者的综合收益总额	50 470 700.00	41 379 000.00	37 234 600.00
归属于少数股东的综合收益总额	159 384.00	(1 066 800.00)	(2 708 690.00)

表14-3 现金流量表

编制单位：兄弟科技股份有限公司　　　　　　　　　　　　　　　　　　单位：元　币种：人民币

报表日期	2014/12/31	2013/12/31	2012/12/31
一、经营活动产生的现金流量			
销售商品、提供劳务收到的现金	652 684 000.00	568 984 000.00	677 228 000.00
处置交易性金融资产净增加额	0.00	0.00	0.00
收取利息、手续费及佣金的现金	0.00	0.00	0.00
收到的税费返还	15 589 300.00	11 084 400.00	22 762 400.00
收到的其他与经营活动有关的现金	9 332 580.00	19 181 000.00	27 508 900.00
经营活动现金流入小计	677 605 880.00	599 249 400.00	727 499 300.00
购买商品、接受劳务支付的现金	544 957 000.00	463 027 000.00	544 807 000.00
支付利息、手续费及佣金的现金	0.00	0.00	0.00
支付给职工以及为职工支付的现金	31 851 600.00	28 334 400.00	24 533 100.00
支付的各项税费	20 844 600.00	16 151 200.00	31 261 300.00
支付的其他与经营活动有关的现金	29 685 400.00	30 912 100.00	45 664 900.00
经营活动现金流出小计	627 338 600.00	538 424 700.00	646 266 300.00
经营活动产生的现金流量净额	50 267 280.00	60 824 700.00	81 233 000.00
二、投资活动产生的现金流量			
收回投资所收到的现金	2 463 290.00	2 330 590.00	0.00
取得投资收益所收到的现金	0.00	10 860.00	48 300.00

续表

报表日期	2014/12/31	2013/12/31	2012/12/31
处置固定资产、无形资产和其他长期资产所收回的现金净额	1 922 930.00	315 745.00	252 700.00
处置子公司及其他营业单位收到的现金净额	0.00	0.00	0.00
收到的其他与投资活动有关的现金	0.00	0.00	0.00
投资活动现金流入小计	4 386 220.00	2 657 195.00	301 000.00
购建固定资产、无形资产和其他长期资产所支付的现金	37 035 500.00	69 962 100.00	85 317 800.00
投资所支付的现金	0.00	3 000 000.00	0.00
取得子公司及其他营业单位支付的现金净额	0.00	0.00	0.00
支付的其他与投资活动有关的现金	0.00	0.00	0.00
投资活动现金流出小计	37 035 500.00	72 962 100.00	85 317 800.00
投资活动产生的现金流量净额	−32 649 280.00	−70 304 905.00	−85 016 800.00
三、筹资活动产生的现金流量			
吸收投资收到的现金	0.00	500 000.00	0.00
其中：子公司吸收少数股东投资收到的现金	0.00	500 000.00	0.00
取得借款收到的现金	576 422 000.00	411 000 000.00	531 377 000.00
发行债券收到的现金	0.00	0.00	0.00
收到其他与筹资活动有关的现金	0.00	0.00	0.00
筹资活动现金流入小计	576 422 000.00	411 500 000.00	531 377 000.00
偿还债务支付的现金	572 628 000.00	424 842 000.00	455 400 000.00
分配股利、利润或偿付利息所支付的现金	14 412 800.00	12 145 800.00	22 425 400.00
支付其他与筹资活动有关的现金	3 000 000.00	0.00	0.00
筹资活动现金流出小计	590 040 800.00	436 987 800.00	477 825 400.00
筹资活动产生的现金流量净额	−13 618 800.00	−25 487 800.00	53 551 600.00
附注			
汇率变动对现金及现金等价物的影响	−1 842 060.00	−504 567.00	−5 864 480.00
现金及现金等价物净增加额	2 156 410.00	−35 472 400.00	43 902 700.00

续表

报表日期	2014/12/31	2013/12/31	2012/12/31
期初现金及现金等价物余额	30 248 000.00	65 720 500.00	21 817 700.00
期末现金及现金等价物余额	32 404 500.00	30 248 000.00	65 720 500.00
净利润	50 630 100.00	40 312 200.00	34 525 900.00
少数股东权益	0.00	0.00	0.00
资产减值准备	1 588 060.00	1 127 880.00	206 124.00
固定资产折旧、油气资产折耗、生产性物资折旧	23 298 200.00	18 786 900.00	15 804 100.00
无形资产摊销	1 351 310.00	1 011 060.00	580 408.00
长期待摊费用摊销	0.00	0.00	0.00
处置固定资产、无形资产和其他长期资产的损失	724 108.00	112 197.00	68 202.90
固定资产报废损失	0.00	0.00	0.00
公允价值变动损失	−49.55	49.55	0.00
递延收益增加(减:减少)	0.00	0.00	0.00
预计负债	0.00	0.00	0.00
财务费用	14 410 700.00	7 787 900.00	18 156 700.00
投资损失	−394.55	59 147.70	4 213 800.00
递延所得税资产减少	−153 886.00	381 433.00	745 572.00
递延所得税负债增加	0.00	0.00	0.00
存货的减少	−21 601 400.00	8 756 960.00	−2 296 660.00
经营性应收项目的减少	33 549 600.00	−8 292 780.00	29 919 000.00
经营性应付项目的增加	13 569 900.00	−9 218 310.00	−20 690 700.00
经营活动产生现金流量净额	50 267 000.00	60 824 600.00	81 232 500.00
一年内到期的可转换公司债券	0.00	0.00	0.00
融资租入固定资产	0.00	0.00	0.00
现金的期末余额	32 404 500.00	30 248 000.00	65 720 500.00
现金的期初余额	30 248 000.00	65 720 500.00	21 817 700.00
现金等价物的期末余额	0.00	0.00	0.00
现金等价物的期初余额	0.00	0.00	0.00
现金及现金等价物的净增加额	2 156 410.00	−35 472 400.00	43 902 700.00

表 14-4 所有者权益变动表

编制单位：兄弟科技股份有限公司　　　　　　　　　　　　　　　　单位：元　币种：人民币

报表日期	2014/12/31	2013/12/31
期初数（股本）	80 000 000	80 000 000
本期增加（股本）	0.00	0.00
本期减少（股本）	0.00	0.00
期末数（股本）	80 000 000	80 000 000
变动原因（股本）	0.00	0.00
期初数（资本公积）	36 987 600	36 987 600
期末数（资本公积）	36 987 600	36 987 600
期初数（盈余公积）	10 534 300	6 216 940
本期增加（盈余公积）	5 386 430	4 317 390
本期减少（盈余公积）	0.00	0.00
期末数（盈余公积）	15 920 800	10 534 300
期初数（未分配利润）	83 755 400	46 693 800
本期增加（未分配利润）	50 470 700	41 379 000
本期减少（未分配利润）	5 386 430	4 317 390
期末数（未分配利润）	128 840 000	83 755 400
期初数（股东权益合计）	211 277 000	169 898 000
本期增加（股东权益合计）	51 570 600	41 422 400
本期减少（股东权益合计）	0.00	0.00
期末数（股东权益合计）	261 748 000	211 277 000

14.2　公司基本情况与所处行业

兄弟科技股份有限公司成立于 1991 年，系由兄弟科技集团有限公司整体变更设立的股份有限公司。2007 年 9 月 10 日，兄弟集团通过临时股东会决议，同意以兄弟集团截至 2007 年 7 月 31 日经审计的净资产 116 987 646.78 元，按照 1∶0.683 8 的折股比例折合为股份公司股份 8 000 万股，每股面值 1 元，未折股部分 36 987 646.78 元计入资本公积。2007 年 9 月 18 日经嘉兴市工商行政管理局核准登记，公司取得注册号为 330400000007042 的《企业法人营业执照》，注册资本 8 000 万元，法定代表人钱志达。

该公司主要从事皮革化工产品的技术研究、技术开发及技术咨询服务；皮革化工产品及其他化工产品（均不含危险化学品、易制毒化学品、化学试剂）的生产；维生素（Ⅰ）（Ⅱ）：维生素 K3、二甲基嘧啶醇亚硫酸甲萘醌、亚硫酸氢烟酰胺甲萘醌；维生素（Ⅰ）：烟酸、烟酰胺的生产（饲料添加剂生产许可证有效期至 2016 年 1 月 27 日）；维生素（Ⅱ）：盐酸硫胺（VB1）、硝酸硫胺（VB1）的生产（饲料添加剂生产许可证有效期至 2013 年 1 月 13 日）；食品添加剂：烟酸、烟酰胺的生产；化工产品（不含危险化学品和易制毒化学品）、建材、装饰材料(不含危险化学品和易制毒化学品)、日用百货批发、零售；经营本企业(含子公司)自产产品的出口业务和本企业(含子公司)生产所需的原辅材料、机械设备、零配件及技术的进口业务(国家限制或禁止的除外，涉及前置审批的除外)。

目前，公司的铬鞣剂和维生素K3在全球细分市场处于国内乃至全球领先的市场地位，现已成为全球最大的维生素K3供应商，全球第三、中国最大的铬鞣剂供应商和国内著名的皮革化工企业。公司在铬鞣剂、维生素K3领域拥有突出技术优势和行业地位。

14.3 财务比率分析

14.3.1 营运能力分析

表 14-5 营运能力指标对比表

日 期	2014 年	2013 年	2012 年
应收账款周转率(%)	9.135 2	8.600 7	9.947 1
存货周转率(%)	5.017 1	4.562 1	5.020 4
总资产周转率(%)	1.057 6	1.003	1.140 9
固定资产周转率(%)	1.057 6	6.049 8	1.140 9

计算说明：由于缺乏该公司2011年度会计报表以及2012年度报表资料的不全，导致营运能力分析指标的计算只有2014年度及2013年度。

14.3.2 偿债能力分析

表 14-6 偿债能力指标对比表

日 期	2014 年	2013 年	2012 年
流动比率(%)	0.897 1	0.767 4	0.843 4
速动比率(%)	0.555 4	0.463 1	0.526 4
现金流动负债比率(%)	0.160 8	0.200 5	0.244 1
资产负债率(%)	0.53	0.57	0.64
已获利息倍数(%)	495.64	664.13	323.1

14.3.3 盈利能力分析

表 14-7 盈利能力指标对比表

日 期	2014 年	2013 年	2012 年
净资产收益率(%)	19.28	19.59	21.92
总资产报酬率(%)	8.518 6	7.541 4	6.600 2
销售净利率(%)	8.481 6	7.600 4	5.785 1
每股收益(%)	0.63	0.52	0.47

通过各种财务指标的比较,我们可以得出兄弟科技股份有限公司的营运能力在不断增强,公司正在扩大规模过程中;偿债能力较好,自有资金较为充足;公司盈利能力在强劲增长,在同行业中处于优势地位,有很好的发展趋势。

14.3.4 综合分析

1. 杜邦分析法

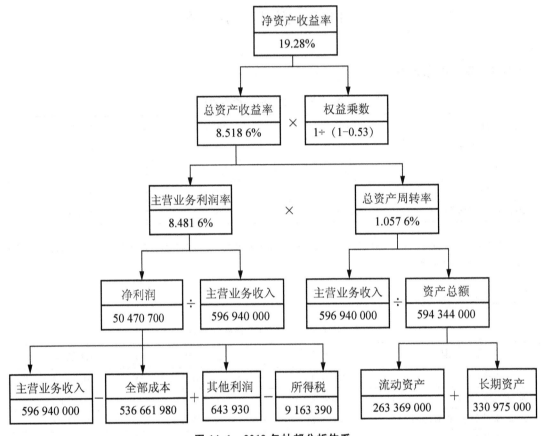

图 14.1 2013 年杜邦分析体系

2. 其他信息

(1) 该公司在扩大现有的维生素的产能的情况下,积极拓展小品种维生素的技术研发和工艺改进,目前维生素 B3 研发优势突出,针对目前国内外市场主要被瑞士龙沙、美国 Vertellus、印度吉友联占据,国内企业在该领域还处于弱势情况,目前公司已经利用招募资金进行维生素 B3 的建设项目,预期初期产能在 5 000 吨,凭借公司的原有销售渠道优势,投产后对公司业绩提升较大。

(2) 目前公司维生素 K3 龙头地位进一步加强,随着公司规模的不断扩大,对关键原料的需求价格的敏感度会更高,进行上下游产业的整合,进一步加大竞争优势预期强烈,未来产业纵向整合对单位产品收益提升效益明显。

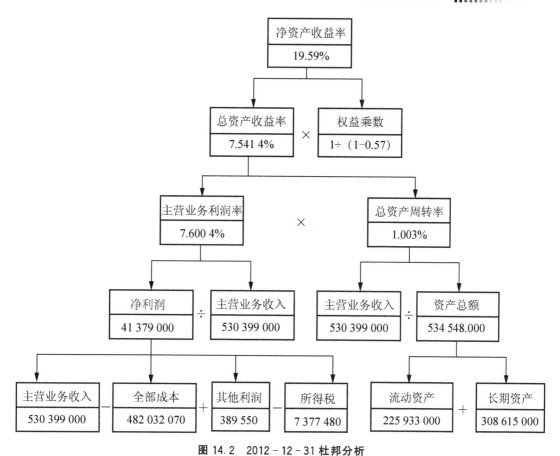

图 14.2 2012-12-31 杜邦分析

（3）公司拟以自有资金 1.956 亿元建设年产 1 万吨烟酰胺项目。2014 年 12 月 31 日，公司公告拟采用当前先进的工艺技术，建设年产 1 万吨烟酰胺（即维生素 B3）项目。项目总投资 1.956 亿元，其中固定资产投资 1.821 亿元、铺底流动资金 0.135 亿元；预计 2015 年开始建设，建设周期 18 个月，投产后年产烟酰胺 1 万吨、收入 6.8 亿元、利润总额 1.106 5 亿元。

3. 企业预期

兄弟科技依靠技术突破做大做强维生素 B3 业务，盈利能力有望大幅提升。兄弟科技原有 5 000 吨产能，只是维生素 B3 合成路径的最后一步（从 3-CPN 到烟酰胺），毛利率较低；而本次宣布新建的 1 万吨产能，攻克了关键的氨氧化工艺，实现从 3-MPN 到烟酰胺的合成，维生素 B3 的吨毛利有望从当前工艺的 2 000 元提高到 10 000 元以上，盈利能力将大幅提升。预计 2014 年、2015 年和 2016 年主营业务收入分别增长为 59.04%、36.79%和 12.67%，对应 EPS 分别为 0.96 元、1.35 元和 1.51 元，目前股价对应的 2014 年、2015 年和 2016 年的市盈率为 35.51、25.35 和 22.57 倍，投资者对该公司预期较高。

4. 企业财务状况质量分析

（1）从利润表的情况看，该公司净利润正逐年上涨，2011 年净利润为 3 723 万元，2012 年为 4 138 万元，增长幅度为 12%，2013 年净利润为 5 047 万元，增长幅度为 22%，

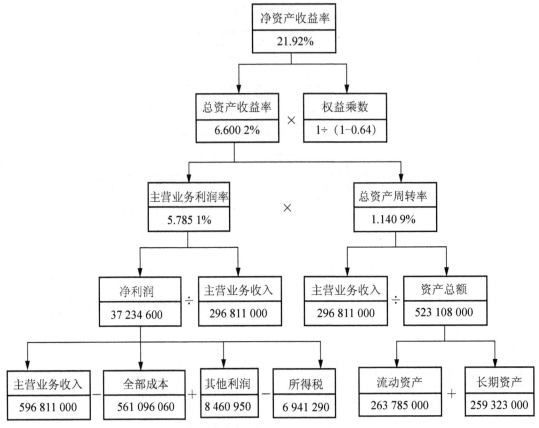

图 14.3　2011-12-31 杜邦分析

由于企业生产的产品进入壁垒较高，投资额较大，且竞争对手目前由于环保问题进入整改，期限不定，因此该企业目前在市场上处于强势地位，企业的盈利能力将不断增强，利润结构合理，利润质量高。

(2) 分析资产负债表，可以得知企业的资产负债率适中，2011 年资产负债率为 63%，2012 年为 57%，2013 年为 53%，偿债能力较强。目前，该公司正处于扩张规模之中，固定资产大幅增加，给报表使用者的信息是利好的，唯一不足之处在于该公司在大规模扩张时，资金的来源主要来自短期借款，这对于增加固定资产这样的长期项目而言，其风险较高。总的来说该公司的资产质量较好。

(3) 分析现金流量表，该公司 2011 年现金净流量为 4 390 万元，2012 年现金净流量为 -3 547 万元，2013 年现金净流量为 215 万元，其中年经营活动产生的现金净流量金额为 5 026 万元，投资活动产生的现金流净量为 -3 265 万元，筹资活动产生的现金净流量为 -1 362 万元，总的现金净流量为 200 多万元，与 2012 年相比有很大提升，主要原因在于 2012 年该公司购置固定资产，提高了投资额和筹资额，因此可以判断该公司的现金流量质量尚可，预计 2014—2016 年该公司还将继续加大投资力度，扩大企业规模。

综上所述，兄弟科技股份有限公司是一个处于发展上升期的企业，其盈利能力、偿债能力、营运能力及发展能力均处于较好态势，未来五年内预计该企业的价值将会进一步提升，是值得投资的企业。

第15章 综合案例分析二

财务报表分析一般要经过背景分析(主要是战略分析)、会计分析、财务分析、财务综合分析评价等阶段。下面就以格力电器股份有限公司为例进行财务报表综合分析。

15.1 基本财务报表

下面列示的是格力电器股份有限公司2009—2011年三年的年度财务报表,包括合并财务报表和母公司财务报表。本章将以此为基础并利用其他信息进行财务报表综合分析。

15.1.1 合并报表

表 15-1 资产负债表

编制单位:格力电器股份有限公司　　　　　　　　　　　单位:元　币种:人民币

资　产	2011/12/31	2010/12/31	2009/12/31
流动资产:			
货币资金	16 040 809 751.08	15 166 127 512.15	22 904 842 912.31
结算备付金	—	—	—
拆出资金	—	—	—
交易性金融资产	16 489 122.00	72 195 706.43	2 371 100.10
应收票据	33 665 090 026.64	22 055 819 308.23	10 836 551 337.90
应收账款	1 226 793 775.32	1 198 924 905.03	914 525 966.38
预付款项	2 315 615 532.19	2 559 799 033.82	1 488 444 519.77
应收保费	—	—	—
应收分保账款	—	—	—
应收分保合同准备金	—	—	—
应收利息	242 739 720.96	180 390 758.03	81 201 281.99
应收股利	—	—	—
其他应收款	634 476 234.68	312 458 587.20	158 098 225.38
买入返售金融资产	—	1 346 469 041.10	350 524 164.38

续表

资　产	2011/12/31	2010/12/31	2009/12/31
存货	17 503 107 339.56	11 559 167 320.08	5 823 644 345.73
一年内到期的非流动资产	—	—	—
其他流动资产	110 488 963.00	81 366 442.90	50 611 692.25
流动资产合计	71 755 610 465.43	54 532 718 614.97	42 610 815 546.19
非流动资产：			
发放委托贷款及垫款	—	1 561 537 258.14	1 666 102 000.00
可供出售金融资产	—	1 093 942 250.00	757 400 600.00
持有至到期投资	—	—	—
长期应收款	—	—	—
长期股权投资	16 876 644.41	21 787 097.06	7 015 981.29
投资性房地产	197 630 453.93	171 468 047.15	114 131 306.37
固定资产	7 709 137 076.07	5 527 979 897.22	4 608 436 567.48
在建工程	2 171 661 342.21	100 515 586.76	211 123 926.52
工程物资	—	—	—
固定资产清理	624 698.11	60 964.98	1 000 093.86
生产性生物资产	—	—	—
油气资产	—	—	—
无形资产	1 622 164 402.29	1 049 490 850.53	504 857 674.33
开发支出	—	—	—
商誉	—	—	—
长期待摊费用	48 156 578.28	16 076 690.38	3 280 168.47
递延所得税资产	1 689 732 546.57	1 528 800 867.75	1 046 086 813.40
其他非流动资产	—	—	—
非流动资产合计	13 455 983 741.87	11 071 659 509.97	8 919 435 131.72
资产总计	85 211 594 207.30	65 604 378 124.94	51 530 250 677.91
负债和所有者权益（或股东权益）	2011/12/31	2010/12/31	2009/12/31
流动负债：			
短期借款	2 739 286 399.90	1 900 379 493.81	961 632 918.57
向中央银行借款	—	—	—
吸收存款及同业存放	51 342 781.50	440 200 239.65	1 407 036 135.17

续表

负债和所有者权益（或股东权益）	2011/12/31	2010/12/31	2009/12/31
拆入资金	200 000 000.00	—	400 000 000.00
交易性金融负债	—	—	—
应付票据	10 644 121 238.23	8 944 563 957.38	8 393 337 570.01
应付账款	15 636 363 281.52	13 794 914 414.17	11 650 132 271.77
预收款项	19 752 693 733.70	12 006 210 896.84	8 871 946 777.01
卖出回购金融资产款	—	1 018 000 000.00	250 000 000.00
应付手续费及佣金	—	—	—
应付职工薪酬	729 428 961.21	772 758 425.28	606 007 070.21
应交税费	−679 569 415.94	855 558 495.01	1 133 786 854.17
应付利息	16 594 175.22	19 257 770.32	10 954 366.53
应付股利	707 913.60	707 913.60	707 913.60
其他应付款	3 336 435 940.10	990 741 246.47	906 338 258.36
应付分保账款	—	—	—
保险合同准备金	—	—	—
代理买卖证券款	—	—	—
代理承销证券款	—	—	—
一年内到期的非流动负债	2 176 615 725.96		
其他流动负债	9 588 994 870.56	8 931 654 638.94	6 247 363 820.47
流动负债合计	64 193 015 605.56	49 674 947 491.47	40 839 243 955.87
非流动负债：			
长期借款	2 582 204 889.28	1 853 826 967.20	—
应付债券	—	—	—
长期应付款	—	—	—
专项应付款	—	—	—
预计负债	—	—	—
递延所得税负债	43 167 808.12	53 827 619.47	29 621 447.80
其他非流动负债	16 051 361.73	10 067 825.81	8 700 000.00
非流动负债合计	2 641 424 059.13	1 917 722 412.48	38 321 447.80
负债合计	66 834 439 664.69	51 592 669 903.95	40 877 565 403.67
所有者权益（或股东权益）：			

续表

负债和所有者权益（或股东权益）	2011/12/31	2010/12/31	2009/12/31
实收资本（或股本）	2 817 888 750.00	2 817 888 750.00	1 878 592 500.00
资本公积	110 167 026.08	190 830 012.17	183 470 538.86
减：库存股	—	—	—
专项储备	—	—	—
盈余公积	2 501 082 099.09	2 236 013 716.15	1 967 905 961.39
一般风险准备	5 645 388.34	4 163 868.04	3 402 773.39
未分配利润	12 155 497 995.04	8 030 475 914.70	5 902 215 639.84
外币报表折算差额	16 584 555.69	23 182 528.88	34 312 843.11
归属于母公司所有者权益合计	17 606 865 814.24	13 302 554 789.94	9 969 900 256.59
少数股东权益	770 288 728.37	709 153 431.05	682 785 017.65
所有者权益合计	18 377 154 542.61	14 011 708 220.99	10 652 685 274.24
负债和所有者权益总计	85 211 594 207.30	65 604 378 124.94	51 530 250 677.91

表15-2 利润表

编制单位：格力电器股份有限公司　　　　　　　　　　　　　单位：元　　币种：人民币

资　产	2011/12/31	2010/12/31	2009/12/31
一、营业总收入	83 517 252 467.96	60 807 242 452.83	42 637 291 053.26
其中：营业收入	83 155 474 504.59	60 431 626 050.46	42 457 772 919.28
利息收入	361 748 344.41	372 934 200.62	177 766 765.98
已赚保费	—	—	—
手续费及佣金收入	29 618.96	2 682 201.75	1 751 368.00
二、营业总成本	79 008 475 464.06	58 191 809 927.87	39 671 841 069.61
其中：营业成本	68 132 115 324.93	47 409 187 051.76	31 955 979 368.67
利息支出	17 867 453.89	64 823 252.12	15 764 877.67
手续费及佣金支出	212 624.08	167 025.56	198 145.11
退保金	—	—	—
赔付支出净额	—	—	—
提取保险合同准备金净额	—	—	—
保单红利支出	—	—	—
分保费用	—	—	—
营业税金及附加	497 908 049.44	538 815 427.83	403 368 880.84

续表

资 产	2011/12/31	2010/12/31	2009/12/31
销售费用	8 050 408 236.13	8 410 135 601.48	5 797 858 392.12
管理费用	2 783 266 091.12	1 978 054 366.25	1 566 604 500.11
财务费用	−452 707 594.56	−308 969 535.68	−97 021 906.80
资产减值损失	−20 594 720.97	99 596 738.55	29 088 811.89
加：公允价值变动收益（损失以"−"号填列)	−57 508 666.64	69 192 469.15	2 307 044.77
投资收益（损失以"−"号填列)	91 094 084.92	62 197 700.04	6 770 194.45
其中：对联营企业和合营企业的投资收益	−4 910 452.65	−8 088 874.88	−2 083 231.92
汇兑收益（损失以"−"号填列)	−55 997.98	−40 876.29	−1 934.75
三、营业利润（亏损以"−"号填列)	4 542 306 424.20	2 746 781 817.86	2 974 525 288.12
加：营业外收入	1 845 785 553.25	2 353 324 080.33	417 544 565.86
减：营业外支出	59 531 551.97	43 783 308.09	11 794 318.83
其中：非流动资产处置损失	7 015 131.03	4 161 397.60	2 551 337.12
四、利润总额（亏损总额以"−"号填列)	63 228 560 425.48	5 056 322 590.10	3 380 275 535.15
减：所得税费用	1 031 219 882.41	753 117 093.94	448 612 149.87
五、净利润（净亏损以"−"号填列)	5 297 340 543.07	4 303 205 496.16	2 931 663 385.28
归属于母公司所有者的净利润	5 236 938 608.43	4 275 721 624.27	2 913 450 350.15
少数股东损益	60 401 934.64	2 748 387 189	18 213 035.13
六、每股收益	—	—	—
（一）基本每股收益	1.86	1.52	1.03
（二）稀释每股收益	1.86	1.52	1.03
七、其他综合收益	−86 785 889.32	−4 118 704.28	91 433 708.77
八、综合收益总额	5 210 554 653.75	4 299 086 791.88	3 023 097 094.05
归属于母公司所有者的综合收益总额	5 149 677 649.15	4 272 718 378.48	3 004 263 518.59
归属于少数股东的综合收益总额	60 877 004.60	26 368 413.40	18 833 575.46

表 15-3　现金流量表

编制单位：格力电器股份有限公司　　　　　　　　　　　　　单位：元　币种：人民币

资　产	2011/12/31	2010/12/31	2009/12/31
一、经营活动产生的现金流量			
销售商品、提供劳务收到的现金	52 754 640 187.86	35 931 523 176.95	42 051 347 972.92
客户存款和同业存放款项净增加额	−388 857 458.15	−966 835 895.52	1 133 032 218.07
向中央银行借款净增加额	—	—	—
向其他金融机构拆入资金净增加额	−818 000 000.00	368 000 000.00	650 000 000.00
收到原保险合同保费取得的现金	—	—	—
收到再保险业务现金净额	—	—	—
保户储金及投资款净增加额	—	—	—
处置交易性金融资产净增加额	—	—	—
收取利息、手续费及佣金的现金	393 896 063.67	374 665 745.17	124 483 448.83
拆入资金净增加额	—	—	—
回购业务资金净增加额	—	—	—
收到的税费返还	956 970 601.37	535 271 612.05	269 091 253.61
收到其他与经营活动有关的现金	3 851 828 770.36	6 898 457 497.66	957 383 251.65
经营活动现金流入小计	56 750 478 165.11	43 141 082 136.31	45 185 338 145.08
购买商品、接受劳务支付的现金	43 717 025 343.93	34 119 812 205.65	18 194 696 639.50
客户贷款及垫款净增加额	−2 936 629 181.78	918 650 539.80	558 202 152.65
存放中央银行和同业款项净增加额	−1 595 831 193.65	−2 302 147 701.36	5 042 671 804.96
支付原保险合同赔付款项的现金	—	—	—

续表

资　产	2011/12/31	2010/12/31	2009/12/31
支付利息、手续费及佣金的现金	22 125 694.52	66 910 840.45	10 065 296.65
支付保单红利的现金	—	—	—
支付给职工以及为职工支付的现金	3 845 593 704.56	2 319 773 219.25	1 628 073 563.70
支付的各项税费	4 194 529 580.21	3 315 575 216.45	2 406 634 558.18
支付其他与经营活动有关的现金	6 147 504 225.19	4 086 512 783.44	7 895 398 046.23
经营活动现金流出小计	53 394 318 172.98	42 525 087 103.68	35 735 742 061.87
经营活动产生的现金流量净额	3 356 159 992.13	615 995 032.63	9 449 596 083.21
二、投资活动产生的现金流量			
收回投资收到的现金	1 323 369 350.00	70 304 885.00	1 376 565.00
取得投资收益收到的现金	220 221 644.48	36 540 663.00	629 062.40
处置固定资产、无形资产和其他长期资产收回的现金净额	6 185 679.20	794 570.15	69 718.08
处置子公司及其他营业单位收到的现金净额	—	—	—
收到其他与投资活动有关的现金	771 130 158.42	979 702 800.00	40 391 844.69
投资活动现金流入小计	2 320 906 832.10	1 087 342 918.15	42 467 190.17
购建固定资产、无形资产和其他长期资产支付的现金	4 777 743 528.52	2 482 217 176.74	716 178 292.12
投资支付的现金	249 100 500.00	485 514 370.00	759 473 456.65
质押贷款净增加额	—	—	—
取得子公司及其他营业单位支付的现金净额	—	—	—
支付其他与投资活动有关的现金	61 335 311.45	6 671 235.19	1 659 777 245.00
投资活动现金流出小计	5 088 179 339.97	2 974 402 781.93	3 135 428 993.77

续表

资　产	2011/12/31	2010/12/31	2009/12/31
投资活动产生的现金流量净额	−2 767 272 507.87	−1 887 059 863.78	−3 092 961 803.60
三、筹资活动产生的现金流量			
吸收投资收到的现金	263 879.42	—	466 045 946.61
其中：子公司吸收少数股东投资收到的现金	—	—	466 045 946.61
取得借款收到的现金	4 910 487 165.91	3 578 683 971.29	1 022 959 752.14
发行债券收到的现金	—	—	—
收到其他与筹资活动有关的现金	—	—	7 439.23
筹资活动现金流入小计	4 910 751 045.33	3 578 683 971.29	1 489 013 137.98
偿还债务支付的现金	1 614 612 508.16	1 361 840 303.09	67 236 777.32
分配股利、利润或偿付利息支付的现金	976 911 571.41	964 259 592.92	389 150 716.62
其中：子公司支付给少数股东的股利、利润	—	—	—
支付其他与筹资活动有关的现金	3 113 827 673.74	2 667 782 751.11	1 113 232 459.90
筹资活动现金流出小计	5 705 351 753.31	4 993 882 647.12	1 569 619 953.84
筹资活动产生的现金流量净额	−794 600 707.98	−1 415 198 675.83	−80 606 815.86
四、汇率变动对现金及现金等价物的影响	−165 974 089.59	−76 591 916.16	14 946 845.76
五、现金及现金等价物净增加额	−371 687 313.31	−2 762 855 423.14	6 290 974 309.51
加：期初现金及现金等价物余额	6 710 515 074.63	9 473 370 497.77	3 182 396 188.26
六、期末现金及现金等价物余额	6 338 827 761.32	6 710 515 074.63	9 473 370 497.77

第15章 综合案例分析二

表15-4 所有者权益变动表

编制单位：格力电器股份有限公司　　2009年12月31日金额　　单位：元　币种：人民币

项目	实收资本（或股本）	资本公积	减：库存股	专项储备	盈余公积	一般风险准备	未分配利润	其他	少数股东权益	所有者权益合计
一、上年年末余额	1 252 395 000.00	779 325 737.36			1 715 307 414.99	2 922 988.16	3 617 562 121.32		249 732 824.64	7 591 048 593.81
加：会计政策变更										
前期差错更正										
其他										
二、本年年初余额	1 252 395 000.00	779 325 737.36			1 715 307 414.99	2 922 988.16	3 617 562 121.32		249 732 824.64	7 591 048 593.81
三、本期增减变动金额（减少以"－"号填列）	626 197 500.00	−595 855 198.50			252 598 546.40	479 785.23	2 284 653 518.52	60 510 335.77	433 052 193.01	3 061 636 680.43
（一）净利润							2 913 450 350.15		18 213 035.13	2 931 663 385.28
（二）其他综合收益								60 510 335.77	620 540.33	91 433 708.77
上述（一）和（二）小计		30 302 832.67					2 913 450 350.15	60 510 335.77	18 833 575.46	3 023 097 094.05
（三）股东投入和减少资本		30 302 832.67							441 751 814.31	441 791 283.14
1.股东投入资本									466 045 946.61	466 045 946.61
2.股份支付计入股东权益的金额		39 468.83								
3.其他									−24 294 132.30	−24 254 663.47
（四）利润分配					252 598 546.40	479 785.23	−628 796 831.63		−27 533 196.76	−403 251 696.76
1.提取盈余公积					252 598 546.40		−252 598 546.40			
2.提取一般风险准备						479 785.23	−479 785.23			
3.对所有者（或股东）的分配							−375 718 500.00		−27 533 196.76	−403 251 696.76

续表

2009 年 12 月 31 日金额

项目	实收资本（或股本）	资本公积	减：库存股	专项储备	盈余公积	一般风险准备	未分配利润	其他	少数股东权益	所有者权益合计
4. 其他										
（五）股东权益内部结转										
1. 资本公积转增资本（或股本）	626 197 500.00	−626 197 500.00								
2. 盈余公积转增资本（或股本）	626 197 500.00	−626 197 500.00								
3. 盈余公积弥补亏损										
4. 一般风险准备弥补亏损										
5. 其他										
（六）专项储备										
1. 本期提取										
2. 本期使用										
（七）其他										
四、本期期末余额	1 878 592 500.00	183 470 538.86			1 967 905 961.39	3 402 773.39	5 902 215 639.84	34 312 843.11	682 785 017.65	10 652 685 274.24

表15-5 所有者权益变动表

编制单位：格力电器股份有限公司　　　　　　　2010年12月31日金额　　　　　　　单位：元　币种：人民币

项　目	实收资本（或股本）	资本公积	减：库存股	专项储备	盈余公积	一般风险准备	未分配利润	其他	少数股东权益	所有者权益合计
一、上年年末余额	1 878 592 500.00	183 470 538.86			1 967 905 961.39	3 402 773.39	5 902 215 639.84	34 312 843.11	682 785 017.65	10 652 685 274.24
加：会计政策变更										
前期差错更正										
其他										
二、本年年初余额	1 878 592 500.00	183 470 538.86			1 967 905 961.39	3 402 773.39	5 902 215 639.84	34 312 843.11	682 785 017.65	10 652 685 274.24
三、本期增减变动金额（减少以"一"号填列）	939 296 250.00	7 359 473.31			268 107 754.76	761 094.65	2 128 260 274.86	−11 130 314.23	26 368 413.40	3.35902E+11
（一）净利润							4 275 721 624.27		27 483 871.89	4 303 205 496.16
（二）其他综合收益		8 127 068.44						−11 130 314.23	−1 115 458.49	−4 118 704.28
上述（一）和（二）小计		8 127 068.44					4 275 721 624.27	−11 130 314.23	26 368 413.40	4 299 086 791.88
（三）股东投入和减少资本		−767 595.13								−767 595.13
1. 股东投入股本										
2. 股份支付计入股东权益的金额										
3. 其他		−767 595.13								−767 595.13
（四）利润分配	939 296 250.00				268 107 754.76	761 094.65	−2 147 461 349.41			−939 296 250.00
1. 提取盈余公积					268 107 754.76		−268 107 754.76			
2. 提取一般风险准备						761 094.65	−761 094.65			

续表

项　目	2010年12月31日金额							
	实收资本 (或股本)	资本公积	减:库 存股	专项 储备	盈余公积	一般风险 准备	未分配利润	其他	少数股东权益	所有者权益合计
3. 对所有者(或股东)的分配	939 296 250.00						−1 878 592 500.00			−939 296 250.00
4. 其他										
(五)股东权益内部结转										
1. 资本公积转增资本(或股本)										
2. 盈余公积转增资本(或股本)										
3. 盈余公积弥补亏损										
4. 一般风险准备弥补亏损										
5. 其他										
(六)专项储备										
1. 本期提取										
2. 本期使用										
(七)其他										
四、本期期末余额	2 817 888 750.00	190 830 012.17			2 236 013 716.15	4 163 868.04	8 030 475 914.70	23 182 528.88	709 153 431.05	14 011 708 220.99

表15-6 所有者权益变动表

编制单位：格力电器股份有限公司　　　　　2011年12月31日金额　　　　　单位：元　币种：人民币

项目	实收资本（或股本）	资本公积	减：库存股	专项储备	盈余公积	一般风险准备	未分配利润	其他	少数股东权益	所有者权益合计
一、上年年末余额	2 817 888 750.00	190 830 012.17			2 236 013 716.15	4 163 868.04	8 030 475 914.70	23 182 528.88	709 153 431.05	14 011 708 220.99
加：会计政策变更										
前期差错更正										
其他										
二、本年年初余额	2 817 888 750.00	190 830 012.17			2 236 013 716.15	4 163 868.04	8 030 475 914.70	23 182 528.88	709 153 431.05	14 011 708 220.99
三、本期增减变动金额（减少以"-"号填列）		-80 662 986.09			265 068 382.91	1 481 520.30	4 125 022 080.34	-6 579 973.19	61 135 297.32	4 365 446 321.62
（一）净利润							5 236 938 608.43		604 011 934.64	5 297 340 543.07
（二）其他综合收益		-80 662 986.09						-6 597 973.19	475 069.96	-86 785 889.32
上述（一）和（二）小计		-80 662 986.09					5 236 938 608.43	-6 597 973.19	60 877 004.60	5 210 554 653.75
（三）股东投入和减少资本									258 292.72	285 292.72
1.股东投入资本										
2.股份支付计入所有者权益的金额										
3.其他									258 292.72	258 292.72
（四）利润分配					265 068 382.94	1 481 520.30	-1 111 916 528.09			-845 366 624.85
1.提取盈余公积					265 068 382.94		-265 068 382.94			
2.提取一般风险准备						1 481 520.30	-1 481 520.30			
3.对所有者（或股东）的分配							-845 366 624.85			-845 366 624.85

续表

2011 年 12 月 31 日金额

项 目	实收资本（或股本）	资本公积	减:库存股	专项储备	盈余公积	一般风险准备	未分配利润	其他	少数股东权益	所有者权益合计
4. 其他										
（五）股东权益内部结转										
1. 资本公积转增资本（或股本）										
2. 盈余公积转增资本（或股本）										
3. 盈余公积弥补亏损										
4. 一般风险准备弥补亏损										
5. 其他										
（六）专项储备										
1. 本期提取										
2. 本期使用										
（七）其他										
四、本期期末余额	2 817 888 750.00	110 167 026.08			2 501 082 099.09	5 645 388.34	12 155 497 995.04	16 584 555.69	770 288 728.37	18 377 154 542.61

218

15.1.2 母公司报表

表 15-7 母公司资产负债表

编制单位：格力电器股份有限公司　　　　　　　　　　　　　　　　　单位：元　币种：人民币

资　产	2011/12/31	2010/12/31	2009/12/31
流动资产：			
货币资金	13 689 162 601.97	13 783 157 646.40	17 726 244 228.00
交易性金融资产	46 109 190.11	116 854 906.70	—
应收票据	28 160 227 683.04	18 052 426 759.33	10 028 357 693.27
应收账款	545 356 125.00	924 896 126.90	702 744 700.85
预付款项	2 322 895 865.36	1 692 953 801.51	1 229 220 565.73
应收利息	227 997 728.78	181 544 781.35	66 460 604.19
应收股利	—		
其他应收款	103 337 966.65	609 166 265.50	129 560 092.20
存货	14 029 483 167.02	9 096 724 345.57	4 423 963 935.81
一年内到期的非流动资产			
其他流动资产	110 488 963.00	81 366 442.90	44 165 75—
流动资产合计	60 165 100 990.76	44 539 091 076.16	34 350 717 570.05
非流动资产：			
可供出售金融资产	—	—	—
持有至到期投资			
长期应收款	—		
长期股权投资	3 419 496 558.90	3 301 466 951.58	3 173 655 835.81
投资性房地产	36 549 611.53	37 794 549.97	36 725 089.39
固定资产	3 718 170 939.56	3 055 380 985.76	3 118 711 597.82
在建工程	238 310 186.24	46 458 685.18	14 946 685.68
工程物资	—	—	—
固定资产清理	624 698.11		1 000 093.86
生产性生物资产	—		
油气资产	—		
无形资产	225 579 455.01	230 451 621.84	231 952 879.59
开发支出			
商誉			
长期待摊费用	—	—	—

续表

资　产	2011/12/31	2010/12/31	2009/12/31
递延所得税资产	1 614 718 348.04	1 461 691 903.62	994 913 206.45
其他非流动资产	—	—	—
非流动资产合计	9 253 449 797.39	8 133 244 697.95	7 571 905 388.60
资产总计	69 418 550 788.15	52 672 335 774.11	41 922 622 958.65
负债和所有者权益（或股东权益）	2011/12/31	2010/12/31	2009/12/31
流动负债：			
短期借款	1 589 228 024.70	1 114 905 895.96	961 632 918.57
交易性金融负债	—	—	28 581 683.00
应付票据	8 427 343 385.50	2 642 571 398.50	5 702 549 245.71
应付账款	15 357 523 378.89	13 412 420 157.32	9 847 058 486.38
预收款项	21 951 085 006.98	14 522 112 943.56	9 395 181 981.43
应付职工薪酬	424 878 009.16	577 579 765.65	495 709 121.07
应交税费	−1 011 041 464.68	592 668 243.89	809 608 974.78
应付利息	16 294 753.29	15 004 270.94	4 793 057.35
应付股利	602 881.87	602 881.87	602 881.87
其他应付款	328 599 755.11	298 954 622.40	291 296 926.62
一年内到期的非流动负债	350 805 827.96	—	—
其他流动负债	9 580 311 963.77	8 858 155 347.21	6 205 309 195.87
流动负债合计	57 015 631 522.55	42 034 975 527.30	33 742 324 472.65
非流动负债：			
长期借款	718 405 514.70	661 740 967.20	—
应付债券	—	—	—
长期应付款	—	—	—
专项应付款	—	—	—
预计负债	—	—	—
递延所得税负债	41 116 037.84	52 266 813.15	14 407 485.63
其他非流动负债	3 759 795.70	4 259 795.70	5 200 000.00
非流动负债合计	763 281 348.24	718 267 576.05	19 607 485.63
负债合计	57 778 912 870.79	42 753 243 103.35	—

续表

负债和所有者权益（或股东权益）	2011/12/31	2010/12/31	2009/12/31
所有者权益（或股东权益）			
实收资本（或股本）	2 817 888 750.00	2 817 888 750.00	1 878 592 500.00
资本公积	117 739 894.64	202 511 852.56	185 891 479.73
减：库存股	—	—	—
专项储备	—	—	
盈余公积	2 498 524 566.81	2 233 456 183.87	1 965 348 429.11
未分配利润	6 205 484 705.91	4 665 235 884.33	4 130 858 591.53
外币报表折算差额			
所有者权益（或股东权益）合计	11 639 637 917.36	9 919 092 670.76	8 160 691 000.37
负债和所有者权益（或股东权益）总计	69 418 550 788.15	52 672 335 774.11	41 922 622 958.65

表 15-8 利润表

编制单位：格力电器股份有限公司　　　　　　　　　　　　单位：元　币种：人民币

资　产	2011/12/31	2010/12/31	2009/12/31
一、营业收入	81 513 590 983.41	59 157 908 612.05	41 625 588 108.18
减：营业成本	71 357 344 804.45	49 285 589 652.24	33 020 017 197.92
营业税金及附加	303 391 572.74	198 359 106.71	170 013 823.61
销售费用	7 593 211 212.35	8 012 379 782.93	5 508 669 769.96
管理费用	1 463 454 763.41	1 156 991 267.03	1 127 711 103.30
财务费用	−526 658 247.21	−419 638 128.84	−138 875 315.18
资产减值损失	28 187 141.61	66 983 199.61	8 673 667.40
加：公允价值变动收益（损失以"−"号填列）	−70 745 716.59	145 436 589.70	−28 581 683.00
投资收益（损失以"−"号填列）	185 329 116.48	−28 386 774.32	633 563 303.38
其中：对联营企业和合营企业的投资收益	−4 910 452.65	−3 296 805.89	−2 083 231.92
二、营业利润（亏损以"−"号填列）	1 409 243 135.95	974 293 547.75	2 534 359 481.55
加：营业外收入	1 704 934 465.64	2 191 581 659.94	326 251 015.26
减：营业外支出	14 783 257.85	29 722 912.97	10 084 485.08

续表

资　产	2011/12/31	2010/12/31	2009/12/31
其中：非流动资产处置损失	1 156 588.88	1 746 345.09	1 765 504.16
三、利润总额（亏损总额以"—"号填列）	3 099 394 343.74	3 136 152 294.72	2 850 526 011.73
减：所得税费用	448 710 514.37	455 074 747.16	324 540 547.74
四、净利润（净亏损以"—"号填列）	2 650 683 829.37	2 681 077 547.56	2 525 985 463.99

表 15-9　现金流量表

编制单位：格力电器股份有限公司　　　　　　　　　　单位：元　币种：人民币

资　产	2011/12/31	2010/12/31	2009/12/31
一、经营活动产生的现金流量			
销售商品、提供劳务收到的现金	3 822 518 336 118.00	24 956 179 212.18	35 263 270 694.20
收到的税费返还	94 018 193 609.00	535 271 612.05	268 527 072.60
收到其他与经营活动有关的现金	224 786 211 209.00	5 932 806 836.31	726 417 462.00
经营活动现金流入小计	4 141 322 740 936.00	31 424 257 660.54	36 258 215 228.80
购买商品、接受劳务支付的现金	3 056 783 841 769.00	23 814 474 426.91	16 080 392 318.28
支付给职工以及为职工支付的现金	194 291 539 621.00	1 346 732 339.77	1 049 892 001.45
支付的各项税费	271 395 889 270.00	2 047 442 664.82	1 856 497 306.46
支付其他与经营活动有关的现金	421 649 176 223.00	3 159 033 479.36	6 295 006 389.98
经营活动现金流出小计	3 944 120 446 883.00	30 367 682 910.86	25 281 788 016.17
经营活动产生的现金流量净额	197 202 294 053.00	1 056 574 749.68	10 976 427 212.63
二、投资活动产生的现金流量			
收回投资收到的现金	—	—	—
取得投资收益收到的现金	189 365 569.13	—	76 830 000.00
处置固定资产、无形资产和其他长期资产收回的现金净额	205 920.00	267 880.00	616 960.00

续表

资　　产	2011/12/31	2010/12/31	2009/12/31
处置子公司及其他营业单位收到的现金净额	—	—	—
收到其他与投资活动有关的现金	3 761 297 200.00	2 055 522 265.37	—
投资活动现金流入小计	3 950 868 689.13	2 055 790 145.37	77 446 960.00
购建固定资产、无形资产和其他长期资产支付的现金	986 900 889.58	981 269 089.16	299 816 919.52
投资支付的现金	104 000 000.00	131 370 000.00	535 728 206.80
取得子公司及其他营业单位支付的现金净额			
支付其他与投资活动有关的现金	—	6 304 700.00	4 735 777 165.00
投资活动现金流出小计	1 090 900 889.58	1 118 943 789.16	5 571 322 291.32
投资活动产生的现金流量净额	2 859 967 799.55	936 846 356.21	−5 493 875 331.32
三、筹资活动产生的现金流量			
吸收投资收到的现金	—	—	—
取得借款收到的现金	1 175 462 913.11	1 554 829 946.91	1 022 959 752.14
收到其他与筹资活动有关的现金	—	1 439.23	—
筹资活动现金流入小计	1 175 462 913.11	1 554 829 946.91	1 022 961 191.37
偿还债务支付的现金	799 966 772.40	1 361 840 303.09	67 236 777.32
分配股利、利润或偿付利息支付的现金	895 421 277.03	963 025 312.92	379 800 716.62
支付其他与筹资活动有关的现金	1 734 796 780.17	2 667 782 751.11	1 113 229 990.37
筹资活动现金流出小计	3 430 184 829.60	4 992 648 367.12	1 560 267 484.31
筹资活动产生的现金流量净额	−2 254 721 916.49	−3 437 818 420.21	−537 306 292.94
四、汇率变动对现金及现金等价物的影响	−73 763 448.19	−70 573 260.54	1 640 523.88
五、现金及现金等价物净增加额	2 503 505 375.40	−1 514 970 574.86	4 946 886 112.25
加：期初现金及现金等价物余额	5 279 971 693.57	6 794 942 268.43	1 848 056 156.18
六、期末现金及现金等价物余额	7 783 477 068.97	5 279 971 693.57	6 794 942 268.43

表 15-10　所有者权益变动表

编制单位：格力电器股份有限公司　　2009 年 12 月 31 日金额　　单位：元　币种：人民币

项　目	实收资本（或股本）	资本公积	减：库存股	专项储备	盈余公积	一般风险准备	未分配利润	其他	所有者权益合计
一、上年年末余额	1 252 395 000.00	786 938 074.73			1 712 749 882.71		2 233 190 173.94		5 985 273 131.38
加：会计政策变更									
前期差错更正									
其他									
二、本年年初余额	1 252 395 000.00	786 938 074.73			1 712 749 882.71		2 233 190 173.94		5 985 273 131.38
三、本期增减变动金额（减少以"-"号填列）	626 197 500.00	-601 046 595.00			252 598 546.40		1 897 668 417.59		2 175 417 868.99
（一）净利润							2 525 985 463.99		2 525 985 463.99
（二）其他综合收益		25 150 905.00							25 150 905.00
上述（一）和（二）小计		25 150 905.00					2 525 985 463.99		2 551 136 368.99
（三）股东投入和减少资本									
1. 股东投入资本									
2. 股份支付计入股东权益的金额									
3. 其他									
（四）利润分配							-628 317 046.40		-375 718 500.00
1. 提取盈余公积					252 598 546.40		-252 598 546.40		
2. 提取一般风险准备									

续表

第15章 综合案例分析二

项目	2009年12月31日金额							
	实收资本（或股本）	资本公积	减:库存股	专项储备	盈余公积	一般风险准备	未分配利润	其他	所有者权益合计
3. 对所有者（或股东）的分配							−1 878 592 500.00		−393 296 250.00
4. 其他									
（五）股东权益内部结转									
1. 资本公积转增资本（或股本）	626 197 500.00	−626 197 500.00							
2. 盈余公积转增资本（或股本）	626 197 500.00	−626 197 500.00							
3. 盈余公积弥补亏损									
4. 一般风险准备弥补亏损									
5. 其他									
（六）专项储备									
1. 本期提取									
2. 本期使用									
（七）其他									
四、本期期末余额	1 878 592 500.00	185 891 479.73			1 965 348 429.11		4 130 858 591.53		8 160 691 000.37

表 15－11　所有者权益变动表

编制单位：格力电器股份有限公司　　2010 年 12 月 31 日金额　　单位：元　币种：人民币

项目	实收资本（或股本）	资本公积	减：库存股	专项储备	盈余公积	一般风险准备	未分配利润	其他	所有者权益合计
一、上年年末余额	1 878 592 500.00	185 891 479.73			1 965 348 429.11		4 130 858 591.53		8 160 691 000.37
加：会计政策变更									
前期差错更正									
其他									
二、本年年初余额	1 878 592 500.00	185 891 479.73			1 965 348 429.11		4 130 858 591.53		8 160 691 000.37
三、本期增减变动金额（减少以"－"号填列）	939 296 250.00	16 620 372.83			268 107 754.76		534 377 292.80		1 758 401 670.39
（一）净利润							2 681 077 547.56		2 681 077 547.56
（二）其他综合收益		17 387 967.96							17 387 967.96
上述（一）和（二）小计		17 387 967.96					2 681 077 547.56		2 698 465 515.52
（三）股东投入和减少资本		－767 595.13							－767 595.13
1. 股东投入资本									
2. 股份支付计入股东权益的金额									
3. 其他		－767 595.13							－767 595.13
（四）利润分配	939 296 250.00				268 107 754.76		－2 146 700 254.76		－939 296 250.00
1. 提取盈余公积					268 107 754.76		－268 107 754.76		

续表

项 目	2010年12月31日金额								
	实收资本（或股本）	资本公积	减：库存股	专项储备	盈余公积	一般风险准备	未分配利润	其他	所有者权益合计
2. 提取一般风险准备									
3. 对所有者（或股东）的分配	939 296 250.00						−1 878 592 500.00		−939 296 250.00
4. 其他									
（五）股东权益内部结转									
1. 资本公积转增资本（或股本）									
2. 盈余公积转增资本（或股本）									
3. 盈余公积弥补亏损									
4. 一般风险准备补亏损									
5. 其他									
（六）专项储备									
1. 本期提取									
2. 本期使用									
（七）其他									
四、本期期末余额	2 817 888 750.00	202 511 852.56			2 233 456 183.87		4 665 235 884.33		9 919 092 670.76

表 15-12 所有者权益变动表

编制单位:格力电器股份有限公司　　　　　　2011年12月31日金额　　　　　　单位:元　币种:人民币

项目	实收资本(或股本)	资本公积	减:库存股	专项储备	盈余公积	一般风险准备	未分配利润	其他	所有者权益合计
一、上年年末余额	2 817 888 750.00	202 511 852.56			2 233 456 183.87		4 665 235 884.33		9 919 092 670.76
加:会计政策变更									
前期差错更正									
其他									
二、本年年初余额	2 817 888 750.00	202 511 852.56			2 233 456 183.87		4 665 235 884.33		9 919 092 670.76
三、本年期增减变动金额(减少以"-"号填列)		-84 771 957.92			265 068 382.94		1 540 248 821.58		1 720 545 246.60
(一)净利润							2 650 683 829.37		2 650 683 829.37
(二)其他综合收益		-84 771 957.92							-84 771 957.92
上述(一)和(二)小计		-84 771 957.92					2 650 683 829.37		2 565 911 871.45
(三)股东投入和减少资本									
1. 股东投入资本									
2. 股份支付计入股东权益的金额									
3. 其他									
(四)利润分配					265 068 382.94	1 481 520.30	-1 110 435 007.79		-845 366 624.85
1. 提取盈余公积					265 068 382.94		-265 068 382.94		

续表

项目	2011年12月31日金额							
	实收资本（或股本）	资本公积	减:库存股	专项储备	盈余公积	一般风险准备	未分配利润	其他	所有者权益合计
2. 提取一般风险准备						1 481 520.30			
3. 对所有者（或股东）的分配							−845 366 624.85		−845 366 624.85
4. 其他									
（五）股东权益内部结转									
1. 资本公积转增资本（或股本）									
2. 盈余公积转增资本（或股本）									
3. 盈余公积弥补亏损									
4. 一般风险准备弥补亏损									
5. 其他									
（六）专项储备									
1. 本期提取									
2. 本期使用									
（七）其他									
四、本期期末余额	2 817 888 750.00	117 739 894.64			2 498 524 566.81		6 205 484 705.91		11 639 637 917.36

15.2 背景分析

15.2.1 企业基本情况与行业分析

1. 企业基本情况

成立于1991年的珠海格力电器股份有限公司(以下简称格力电器)是目前全球最大的集研发、生产、销售、服务于一体的国有控股专业化空调企业,2012年实现营业总收入1 001.10亿元,纳税超过74亿元,2013年收入将达到约1 200亿元,净利润、税收将分别达到100亿元,格力空调连续12年上榜美国《财富》杂志"中国上市公司100强",是中国空调业唯一的"世界名牌"产品,业务遍及全球100多个国家和地区。家用空调年产能超过6 000万台(套),商用空调年产能550万台(套)。2005年至今,格力空调产销量连续8年领跑全球,用户超过2.5亿户。作为一家专注于空调产品的大型电器制造商,格力电器致力于为全球消费者提供技术领先、品质卓越的空调产品。在全球拥有珠海、重庆、合肥、郑州、武汉、石家庄、芜湖、巴西、巴基斯坦9大生产基地,7万多名员工,至今已开发出包括家用空调、商用空调在内的20大类、400个系列、7 000多个品种规格的产品,能充分满足不同消费群体的各种需求;拥有技术专利8 000多项,其中发明专利2 000多项,自主研发的超低温数码多联机组、直流变频离心式冷水机组、多功能地暖户式中央空调、1赫兹变频空调、R290环保冷媒空调、无稀土变频压缩机、双级变频压缩机等一系列"国际领先"产品,填补了行业空白,改写了空调业百年历史。在激烈的市场竞争中,格力空调先后中标2008年"北京奥运媒体村"、2010年南非"世界杯"主场馆及多个配套工程、2010年广州亚运会14个比赛场馆、2014年俄罗斯索契冬奥会配套工程等国际知名空调招标项目,在国际舞台上赢得了广泛的知名度和影响力,引领"中国制造"走向"中国创造"。①

2. 行业分析

格力电器专注经营的空调行业是一个垄断竞争行业,竞争日趋激烈。由于空调行业的发展受气候、政策、技术、经济增长、相关产业发展和居民收入水平提高等多种因素的影响,因此,一般的空调行业的研究报告都比较复杂,篇幅也很多,因此,我们可以借用格力电器董事会对空调行业发展前景的判断来分析空调行业发展趋势。格力电器2011年董事会报告中对空调行业未来展望概括为两个方面,一是保持适度增长,二是行业竞争将导致集中度进一步提升。另外,业内对未来空调的发展路线一是智能化,二是节能减排。

1) 空调行业将保持适度增长

客观上随着天气剧烈变化、极端气候的出现,空调的使用范围变得更广,原本不需要使用空调的地区形成空调新增需求,第三产业的快速发展与社会分工细化也将带来更多空调的市场需求,而国内城镇化与居民消费水平的提高以及国家电网的能力改善,使得空调

---

① http://www.gree.com.cn/about-gree/gsjs_jsp_catid_1241.shtml.

逐步从可选消费品向必需消费品过渡，因此，国内消费市场的增长潜力依然巨大；同时尽管欧美日等市场日趋饱和，但新兴市场国家与第三世界国家的空调市场潜力很大；此外，国内外商用空调市场方兴未艾，近几年中国空调企业技术不断进步，竞争力不断提升，市场份额逐步提高，且国内商业地产处于快速发展阶段，将进一步推动商用空调市场的快速发展。

2) 空调行业竞争导致集中度进一步提升

随着空调行业的转型升级的加快，行业可能会面临新一轮的洗牌。由于空调行业龙头企业具有全国性的产能、物流布局、规模化下的成本优势与技术进步优势、全产业链的优势、品质品牌优势，空调行业竞争将会导致龙头优势企业有望进一步提升集中度。

3) 智能化

一方面，随着人们生活水平的不断提高和对高品质生活的追求，空调的智能化将是未来的发展趋势，另一方面，移动互联网和物联网的发展，远程控制、自动实现个性化的功能等智能化将成为可能。

4) 节能减排

在中国，建筑能耗已经与工业耗能、交通能耗共同构成了三大主要能耗。目前中国建筑总能耗约占社会终端能耗的 20.7%，建筑能耗中制冷和采暖能耗又占了大部分。使用新可再生能源，减少暖通系统能耗，可以有效改善建筑能耗。目前中国对光伏产业加大扶持和投入力度，光电建筑一体化成为大势所趋，而光伏直驱变频离心机与光电建筑一体化工程紧密结合，将是光电建筑一体化暖通方案的最理想选择，市场空间巨大。

15.2.2 格力电器的 SWOT 分析

2012 年 3 月，中国空调市场整体格局稳定，其中格力占明显优势。产品关注排名前十名产品中，有六款的品牌为格力。最受消费者关注的品牌前三强为格力、海尔和美的。[①]

1. 优势分析

2013 年是格力电器成立 23 周年，23 年来的持续稳健发展，使格力电器具备自身独特的竞争优势，管理层将其概括为企业文化优势、自主创新优势、核心技术优势、品质品牌优势、销售渠道优势、管理团队优势、规模成本优势、客户资源优势和产品产业链优势。在上述优势中，核心优势是自主创新优势和核心技术优势。23 年来，格力电器坚持"自我发展，自主创新，自有品牌"的发展思路，以自主创新促进企业进步，以核心科技提升产业技术升级，一直坚持自主创新，掌握核心技术。格力电器拥有中国制冷行业唯一的国家节能环保制冷设备工程技术研究中心，承担了多项国家"863"科技计划和国家火炬计划等项目，取得了一大批重大科技成果。其中高效直流变频离心机组、超低温多联中央空调、新型高效离心式冷水机组、超高效定频压缩机、1赫兹低频技术、R290环保冷媒技术等多项技术达到"国际领先"水平；高性能半封闭双螺杆制冷压缩机、模块化双机并联磁悬浮直流变频离心式水冷冷水机组、热回收数码多联空调机组、光伏变频离心机系统等多

---

① http://zdc.zol.com.cn/air_conditioning.shtml.

项技术达到"国际先进"水平。这些标志着格力电器在家用空调、中央空调核心科技的研发上，已经站在了国际空调行业发展的前沿，成为行业的领导者。也正是行业领导者的竞争优势使格力电器与供应商和消费者有很强的议价能力。

2. 劣势分析

由于格力电器采取的是专业化的经营战略，因此，其生存和发展就完全依赖于空调行业的发展和自身领导地位的维持和巩固。这和主要的竞争对手美的、海尔等实施多元化经营战略的企业相比，面临更大的风险。

3. 机会分析

随着空调的使用范围和使用领域日益广泛，国内空调市场的增长潜力依然巨大，尤其是中央空调(含热泵)；新兴市场国家与第三世界国家的空调市场潜力很大；商用空调市场将获得快速发展，蕴藏一定的市场机会；随着雾霾天气的出现和增多以及人们生活水平的提高，对生活品质提出了更高的要求，因此通过技术创新，研制出能既具有双制(制冷制热)功能，又具有净化空气功能的空调将会赢得市场机会。

4. 威胁分析

格力电器的核心竞争力主要体现在自主创新优势、核心技术优势方面，随着主要竞争对手"美的"等企业对盈利和研发的日益重视，其创新和技术优势将受到挑战；技术出身的董事长朱江洪的离任对格力电器战略会产生影响；公司经过 20 年的发展，由小变大，由弱变强，如何进一步发展，要面临效率转型、产品转型、思想转型的挑战。

15.2.3 格力电器战略分析

战略是企业设计的可以使企业获得竞争优势从而实现利润最大化的一整套计划和行动。战略分析是会计分析和财务分析的基础和导向，通过战略分析，财务分析人员能够深入了解企业的经营状况和经济环境，从而能进行客观、正确的会计分析和财务分析。因此，战略分析是对格力电器进行财务分析的基础和导向。

格力电器长期专注于制冷产业，将先后集中资源做强做大家用空调、商用空调、特种空调乃至制冷产业；这种聚焦战略使得企业竞争优势获得技术、品牌、管理、规模、成本等多种驱动因素的支撑，也为企业的持续发展打下了坚实的基础。因此，业界将格力电器的战略通常概括为聚焦专业化发展战略，而支撑这一全局战略的是如下具体战略。

1. 自有品牌战略

商标已上升为国家战略资源，成为国际竞争力的核心要素。在国内有许多企业在引进国际战略投资者的过程中慢慢丢掉了自己的品牌，而格力电器既没有引进国际战略投资者，也没有丢掉自己的品牌，并凭借在技术、质量和市场等多方面的优势，坚持实施"打造精品企业，制造精品产品，创立精品品牌"的"精品战略"，通过加强自主品牌建设，加大自主创新力度，成功研制出一系列具有自主知识产权、具备国际领先水平的核心技术和产品，在国际舞台上享有广泛的知名度和影响力。凭借卓越的品质在广大消费者心目中奠定了"好空调，格力造""买品质，选格力"的良好形象，先后荣获"中国名牌产品""国家出口免验产品""广东省名牌产品""中国世界名牌""全国质量奖""全国质量先进集体""广东省政府质量奖"等荣誉称号。"格力"品牌已经发展成为中国家电行业的民族品牌，成为全球空调行业的标志性品牌。2010年7月，格力电器获选国家商标战略实施示范企业，2011年获中国暖通品牌"最佳节能减排"奖，连续四次入选"2011亚太地区最佳上市公司50强"名单，入选"2012最具价值中国品牌50强榜单"，排名第27，为家电业中排名第一。

2. 专业化战略

白色家电上市公司中，只有格力电器一家的经营主业是100%空调器。专业化是格力最突出的经营特色，也是格力实现技术创新、抢占市场制高点的关键所在。格力集中人力、物力和财力专攻一业，大大缩短了新产品开发周期，产品从设计到生产、从小批量转为大批量的过程非常快。格力坚持认为：只有专业化经营，企业才可以倾其所有积蓄的力量，在生产领域中向"高精深"进军。多年来，正是在这一企业战略的指引下，只做空调产品的格力，在家电类上市公司中，不仅没有减弱盈利能力，相反盈利指标还在家电类上市公司中成为一枝独秀。许多大公司忙于多元化分散经营风险的同时，相应获得的也只是平均利润而已。2013年前三季度，格力电器实现营业总收入887.59亿元，同比增长15.03%，其中净利润为75.79亿元，同比增长42.13%，单季度实现净利润35.63亿元，同比增长44.79%，创下了近年来最高单季盈利纪录。

3. 绿色战略

长期以来，格力电器把以节能环保为重要指标的产品质量作为企业生存发展的基石，并把节能环保作为打造和提升产品品牌的重要措施。格力将绿色发展战略植入公司发展战略中，积极研制绿色产品，倡导绿色消费，节能降耗，主动承担企业社会责任。格力电器总裁董明珠力推企业绿色战略，在"2011仁商·低碳榜"评选中，获评"最佳低碳商业领袖"。2013年12月21日，格力电器在珠海举行技术鉴定会，其自主研发的"光伏变频离心机系统"可直接利用太阳能供电，提高了太阳能利用率，达到了优化建筑能源配置、降低建筑能耗、减少二氧化碳排放量的目的，被专家组一致认定为"国际领先"。

4. 自有销售渠道战略

格力销售模式从实际出发，坚持自有渠道、开设专卖店模式，不断创新，是格力不断发展的重要支柱之一。公司只输出品牌和管理，成立以利益为纽带，以格力品牌为旗帜，互利双赢的联合经营实体。格力"先付款后发货""淡季返利""区域性销售公司"等销售举措，皆开创了空调行业营销渠道的先河，为竞争对手竞相模仿。2007年通过股票股权引入主要经销商作为战略投资者，使得厂商利益达到高度统一。

5. 国际化战略

格力电器早就迈出了国际化发展的步伐。2001年，格力电器第一个海外生产基地在巴西竣工投产，全部生产自主研发的格力空调，主要销往巴西及南美市场。随后，格力巴基斯坦、越南生产基地相继竣工投产。与其他企业海外投资不同的是，格力海外生产基地主要以输出技术和管理为主。2011年6月，格力电器美国分公司在美国加利福尼亚州工业市正式成立。格力在全球已经拥有2亿个用户，其自主品牌空调产品已远销全球

100多个国家和地区。在渠道建设方面，它已在海外开设了多家销售公司以及500多家专卖店。

15.3 会计分析

会计分析的目的在于评价企业会计所反映的财务状况、经营成果、现金流量的真实程度。会计分析的作用是：一方面，通过对会计政策、会计方法、信息披露的评价，揭示会计信息的质量；另一方面，通过对会计灵活性、会计估计的调整，修正会计数据，为财务分析奠定基础。

在会计分析时，首先要关注审计报告分析的类型与措辞，为会计分析定下基调。

15.3.1 关于审计报告的类型和措辞

2009年度、2010年度和2011年度，中审亚太会计师事务所有限公司对格力电器出具的是一个标准无保留意见的审计报告。审计意见认为格力电器公司财务报表在所有重大方面按照企业会计准则的规定编制，公允反映了格力电器公司2009年度、2010年度和2011年度资产负债表日的合并及公司财务状况以及2009年度、2010年度和2011年度的合并及公司经营成果和现金流量。也就是说，注册会计师认为，企业的财务报告符合下列条件：

（1）管理层按照企业会计准则的规定编制财务报表，并使其实现公允反映。

（2）管理层设计、执行和维护必要的内部控制，以使财务报表不存在由于舞弊或错误导致的重大错报。

（3）管理层选用会计政策恰当，会计估计合理，财务报表的总体列报充分。

（4）获取的审计证据是充分、适当的，为发表审计意见提供了基础。

15.3.2 结合报表附注关于报表主要项目的详细披露资料，对四张财务报表进行会计分析

1. 资产负债表分析

1）水平分析

通过格力电器资产负债表水平分析表并结合三年度报表附注，我们发现格力电器的流动资产和固定资产都有较快增长，且流动资产增长速度超过了固定资产的增长速度，说明企业在快速发展，且资产的流动性在增强；从资产增长的资本来源看，既有债务资本的增长，也有所有者权益资本的增长，而债务资本的增长比例超过了权益资本。权益资本的增长主要是由于2010年实收资本相对于2009年增加了939 296 25元和未分配利润较大幅度增加所致，说明企业的负债能力在增强，充分利用了财务杠杆，权益资本主要利用内源性资本，企业的负债步入了良性的轨道；在流动资产中，存货2010年比2009年增加了105.62%，2011年比2010年增加了54.23%，再结合利润表分析发现，2010年比2009年营业利润下降61.56%，2011年比2010年的营业利润上升44.64%，说明流动资产尤其是存货的波动较大，对营业利润有一定的影响。

表 15-13 格力电器资产负债水平分析表

单位：元　币种：人民币

资　产	2011/12/31	2010/12/31	2009/12/31	2010年相对于2009年的变动情况 变动额	变动率	2011年相对于2010年的变动情况 变动额	变动率
流动资产：							
货币资金	13 689 162 601.97	13 783 157 646.40	17 726 244 228.00	−3 943 086 581.60	−22.24%	−93 995 044.43	−0.68%
交易性金融资产	46 109 190.11	116 854 906.70		116 854 906.70		−70 745 716.59	−60.54%
应收票据	28 160 227 683.04	18 052 426 759.33	10 028 357 693.27	8 024 069 066.06	80.01%	10 107 800 923.71	55.99%
应收账款	545 356 125.00	924 896 126.90	702 744 700.85	222 151 426.05	31.61%	−379 540 001.90	−41.04%
预付款项	2 322 895 865.36	1 692 953 801.51	1 229 220 565.73	463 733 235.78	37.73%	629 942 063.85	37.21%
应收利息	227 997 728.78	181 544 781.35	66 460 604.19	115 084 177.16	173.16%	46 452 947.43	25.59%
其他应收款	1 033 379 666.48	609 166 265.50	129 560 092.20	479 606 173.30	370.18%	424 213 400.98	69.64%
存货	14 029 483 167.02	9 096 724 345.57	4 423 963 935.81	4 672 760 409.76	105.62%	4 932 758 821.45	54.23%
其他流动资产	110 488 963.00	81 366 442.90	44 165 750.00	37 200 692.90	84.23%	29 122 520.10	35.79%
流动资产合计	60 165 100 990.76	44 539 091 076.16	34 350 717 570.05	10 188 373 506.11	29.66%	15 626 009 914.60	35.08%
非流动资产：							
长期股权投资	3 419 496 558.90	3 301 466 951.58	3 173 655 835.81	127 811 115.77	4.03%	118 029 607.32	3.58%
投资性房地产	36 549 611.53	37 794 549.97	36 725 089.39	1 069 460.58	2.91%	−1 244 938.44	−3.29%
固定资产	3 718 170 939.56	3 055 380 985.76	3 118 711 597.82	−63 330 612.06	−2.03%	662 789 953.80	21.69%
在建工程	238 310 186.24	46 458 685.18	14 946 685.68	31 511 999.50	210.83%	191 851 501.06	412.95%
固定资产清理	624 698.11		1 000 093.86	−1 000 093.86	−100.00%	624 698.11	—
无形资产	225 579 455.01	230 451 621.84	231 952 879.59	−1 501 257.75	−0.65%	−4 872 166.83	−2.11%
递延所得税资产	1 614 718 348.04	1 461 691 903.62	994 913 206.45	466 778 697.17	46.92%	153 026 444.42	10.47%

续表

资　产	2011/12/31	2010/12/31	2009/12/31	2010年相对于2009年的变动情况		2011年相对于2010年的变动情况	
				变动额	变动率	变动额	变动率
其他非流动资产							
非流动资产合计	9 253 449 797.39	8 133 244 697.95	7 571 905 388.60	561 339 309.35	7.41%	1 120 205 099.44	13.77%
资产总计	69 418 550 788.15	52 672 335 774.11	41 922 622 958.65	10 749 712 815.46	25.64%	16 746 215 014.04	31.79%
负债和所有者权益（或股东权益）	2011/12/31	2010/12/31	2009/12/31	2010年相对于2009年的变动情况		2011年相对于2010年的变动情况	
				变动额	变动率	变动额	变动率
流动负债：							
短期借款	1 589 228 024.70	1 114 905 895.96	961 632 918.57	153 272 977.39	15.94%	474 322 128.74	42.54%
交易性金融负债			28 581 683.00	−28 581 683.00	−100.00%	0.00	—
应付票据	8 427 343 385.50	2 642 571 398.50	5 702 549 245.71	−3 059 977 847.21	−53.66%	5 784 771 987.00	218.91%
应付账款	15 357 523 378.89	13 412 420 157.32	9 847 058 486.38	3 565 361 670.94	36.21%	1 945 103 221.57	14.50%
预收账款	21 951 085 006.98	14 522 112 943.56	9 395 181 981.43	5 126 930 962.13	54.57%	7 428 972 063.42	51.16%
应付职工薪酬	424 878 009.16	577 579 765.65	495 709 121.07	81 870 644.58	16.52%	−152 701 756.49	−26.44%
应交税费	−1 011 041 464.68	592 668 243.89	809 608 974.78	−216 940 730.89	−26.80%	−1 603 709 708.57	−270.59%
应付利息	16 294 753.29	15 004 270.94	4 793 057.35	10 211 213.59	213.04%	1 290 482.35	8.60%
应付股利	602 881.87	602 881.87	602 881.87	0.00	0.00%	0.00	0.00%
其他应付款	328 599 755.11	298 954 622.40	291 296 926.62	7 657 695.78	2.63%	29 645 132.71	9.92%
一年内到期的非流动负债	350 805 827.96					350 805 827.96	—
其他流动负债	9 580 311 963.77	8 858 155 347.21	6 205 309 195.87	2 652 846 151.34	42.75%	722 156 616.56	8.15%
流动负债合计	57 015 631 522.55	42 034 975 527.30	33 742 324 472.65	8 292 651 054.65	24.58%	14 980 655 995.25	35.64%
非流动负债：							

续表

负债和所有者权益或股东权益	2011/12/31	2010/12/31	2009/12/31	2010年相对于2009年的变动情况		2011年相对于2010年的变动情况	
				变动额	变动率	变动额	变动率
长期借款	718 405 514.70	661 740 967.20		661 740 967.20		56 664 547.50	8.56%
递延所得税负债	41 116 037.84	52 266 813.15	14 407 485.63	37 859 327.52	262.78%	−11 150 775.31	−21.33%
其他非流动负债	3 759 795.70	4 259 795.70	5 200 000.00	−940 204.30	−18.08%	−500 000.00	−11.74%
非流动负债合计	763 281 348.24	718 267 576.05	19 607 485.63	698 660 090.42	3563.23%	45 013 772.19	6.27%
负债合计	57 778 912 870.79	42 753 243 103.35	33 761 931 958.28	8 991 311 145.07	26.63%	15 025 669 767.44	35.15%
所有者权益（或股东权益）：							
实收资本（或股本）	2 817 888 750.00	2 817 888 750.00	1 878 592 500.00	939 296 250.00	50.00%	0.00	0.00%
资本公积	117 739 894.64	202 511 852.56	185 891 479.73	16 620 372.83	8.94%	−84 771 957.92	−41.86%
盈余公积	2 498 524 566.81	2 233 456 183.87	1 965 348 429.11	268 107 754.76	13.64%	265 068 382.94	11.87%
未分配利润	6 205 484 705.91	4 665 235 884.33	4 130 858 591.53	534 377 292.80	12.94%	1 540 248 821.58	33.02%
所有者权益（或股东权益）合计	11 639 637 917.36	9 919 092 670.76	8 160 691 000.37	1 758 401 670.39	21.55%	1 720 545 246.60	17.35%
负债和所有者权益（或股东权益）总计	69 418 550 788.15	52 672 335 774.11	41 922 622 958.65	10 749 712 815.46	25.64%	16 746 215 014.04	31.79%

财务分析

表15-14 格力电器资产负债结构分析表

单位：元 币种：人民币

资产	2011/12/31	2010/12/31	2009/12/31	2011/12/31 每一项目占项目总金额的比重(%)	2010/12/31 每一项目占项目总金额的比重(%)	2009/12/31 每一项目占项目总金额的比重(%)	2011年相对于2010年变动额	2010年相对于2009年变动额
流动资产：								
货币资金	13 689 162 601.97	13 783 157 646.40	17 726 244 228.00	19.72%	26.17%	42.28%	−6.45%	−16.12%
交易性金融资产	46 109 190.11	116 854 906.70		0.07%	0.22%	0.00%	−0.16%	0.22%
应收票据	28 160 227 683.04	18 052 426 759.33	10 028 357 693.27	40.57%	34.27%	23.92%	6.29%	10.35%
应收账款	545 356 125.00	924 896 126.90	702 744 700.85	0.79%	1.76%	1.68%	−0.97%	0.08%
预付款项	2 322 895 865.36	1 692 953 801.51	1 229 220 565.73	3.35%	3.21%	2.93%	0.13%	0.28%
应收利息	227 997 728.78	181 544 781.35	66 460 604.19	0.33%	0.34%	0.16%	−0.02%	0.19%
其他应收款	1 033 379 666.48	609 166 265.50	129 560 092.20	1.49%	1.16%	0.31%	0.33%	0.85%
存货	14 029 483 167.02	9 096 724 345.57	4 423 963 935.81	20.21%	17.27%	10.55%	2.94%	6.72%
其他流动资产	110 488 963.00	81 366 442.90	44 165 750.00	0.16%	0.15%	0.11%	0.00%	0.05%
流动资产合计	60 165 100 990.76	44 539 091 076.16	34 350 717 570.05	86.67%	84.56%	81.94%	2.11%	2.62%
非流动资产：								
长期股权投资	3 419 496 558.90	3 301 466 951.58	3 173 655 835.81	4.93%	6.27%	7.57%	−1.34%	−1.30%
投资性房地产	36 549 611.53	37 794 549.97	36 725 089.39	0.05%	0.07%	0.09%	−0.02%	−0.02%
固定资产	3 718 170 939.56	3 055 380 985.76	3 118 711 597.82	5.36%	5.80%	7.44%	−0.44%	−1.64%
在建工程	238 310 186.24	46 458 685.18	14 946 685.68	0.34%	0.09%	0.04%	0.26%	0.05%
固定资产清理	624 698.11		1 000 093.86	0.00%	0.00%	0.00%	0.00%	0.00%

续表

资　产	2011/12/31	2010/12/31	2009/12/31	2011/12/31 每一项目占项目总金额的比重（%）	2010/12/31 每一项目占项目总金额的比重（%）	2009/12/31 每一项目占项目总金额的比重（%）	2011年相对于2010年变动额	2010年相对于2009年变动额
无形资产	225 579 455.01	230 451 621.84	231 952 879.59	0.32%	0.44%	0.55%	−0.11%	−0.12%
递延所得税资产	1 614 718 348.04	1 461 691 903.62	994 913 206.45	2.33%	2.78%	2.37%	−0.45%	0.40%
其他非流动资产				0.00%	0.00%	0.00%	0.00%	0.00%
非流动资产合计	9 253 449 797.39	8 133 244 697.95	7 571 905 388.60	13.33%	15.44%	18.06%	−2.11%	−2.62%
资产总计	69 418 550 788.15	52 672 335 774.11	41 922 622 958.65	100.00%	100.00%	100.00%	0.00%	0.00%

负债和所有者权益（或股东权益）	2011/12/31	2010/12/31	2009/12/31	2011/12/31 每一项目占项目总金额的比重（%）	2010/12/31 每一项目占项目总金额的比重（%）	2009/12/31 每一项目占项目总金额的比重（%）	2011年相对于2010年变动额	2010年相对于2009年变动额
流动负债：								
短期借款	1 589 228 024.70	1 114 905 895.96	961 632 918.57	2.29%	2.12%	2.29%	0.17%	−0.18%
交易性金融负债			28 581 683.00	0.00%	0.00%	0.07%	0.00%	−0.07%
应付票据	8 427 343 385.50	2 642 571 398.50	5 702 549 245.71	12.14%	5.02%	13.60%	7.12%	−8.59%
应付账款	15 357 523 378.89	13 412 420 157.32	9 847 058 486.38	22.12%	25.46%	23.49%	−3.34%	1.98%
预收款项	21 951 085 006.98	14 522 112 943.56	9 395 181 981.43	31.62%	27.57%	22.41%	4.05%	5.16%
应付职工薪酬	424 878 009.16	577 579 765.65	495 709 121.07	0.61%	1.10%	1.18%	−0.48%	−0.09%
应交税费	−1 011 041 464.68	592 668 243.89	809 608 974.78	−1.46%	1.13%	1.93%	−2.58%	−0.81%
应付利息	16 294 753.29	15 004 270.94	4 793 057.35	0.02%	0.03%	0.01%	−0.01%	0.02%
应付股利	602 881.87	602 881.87	602 881.87	0.00%	0.00%	0.00%	0.00%	0.00%
其他应付款	328 599 755.11	298 954 622.40	291 296 926.62	0.47%	0.57%	0.69%	−0.09%	−0.13%

续表

负债和所有者权益（或股东权益）	2011/12/31	2010/12/31	2009/12/31	2011/12/31 每一项目占项目总金额的比重（%）	2010/12/31 每一项目占项目总金额的比重（%）	2009/12/31 每一项目占项目总金额的比重（%）	2011年相对于2010年变动额	2010年相对于2009年变动额
一年内到期的非流动负债	350 805 827.96			0.51%	0.00%	0.00%	0.51%	0.00%
其他流动负债	9 580 311 963.77	8 858 155 347.21	6 205 309 195.87	13.80%	16.82%	14.80%	−3.02%	2.02%
流动负债合计	57 015 631 522.55	42 034 975 527.30	33 742 324 472.65	82.13%	79.80%	80.49%	2.33%	−0.68%
非流动负债：				0.00%	0.00%	0.00%	0.00%	0.00%
长期借款	718 405 514.70	661 740 967.20		1.03%	1.26%	0.00%	−0.22%	1.26%
递延所得税负债	41 116 037.84	52 266 813.15	14 407 485.63	0.06%	0.10%	0.03%	−0.04%	0.06%
其他非流动负债	3 759 795.70	4 259 795.70	5 200 000.00	0.01%	0.01%	0.00%	0.00%	0.00%
非流动负债合计	763 281 348.24	718 267 576.05	19 607 485.63	1.10%	1.36%	0.05%	−0.26%	1.32%
负债合计	57 778 912 870.79	42 753 243 103.35	33 742 324 472.65	83.23%	81.17%	80.49%	2.06%	0.68%
所有者权益（或股东权益）：								
实收资本	2 817 888 750.00	2 817 888 750.00	1 878 592 500.00	4.06%	5.35%	4.48%	−1.29%	0.87%
资本公积	117 739 894.64	202 511 852.56	185 891 479.73	0.17%	0.38%	0.44%	−0.21%	−0.06%
盈余公积	2 498 524 566.81	2 233 456 183.87	1 965 348 429.11	3.60%	4.24%	4.69%	−0.64%	−0.45%
未分配利润	6 205 484 705.91	4 665 235 884.33	4 130 858 591.53	8.94%	8.86%	9.85%	0.08%	−1.00%
所有者权益（或股东权益）合计	11 639 637 917.36	9 919 092 670.76	8 160 691 000.37	16.77%	18.83%	19.47%	−2.06%	−0.63%
负债和所有者权益（或股东权益）总计	69 418 550 788.15	52 672 335 774.11	41 922 622 958.65	100.00%	100.00%	100.00%	0.00%	0.00%

2) 结构分析

从资产结构来看,流动资产占比比较大,连续三年在80%以上,且绝对金额和占比均逐年在增加,非流动资产在逐年增加,但占比逐年下降,主要原因是在建工程在增加,说明企业的产能今后会进一步扩大;从资本结构来看,企业的资本80%以上来源于负债,且绝大多数是流动负债,负债占比逐年提高,说明企业的议价能力在进一步增强,说明格力电器充分利用了供应商和销售商的商业信用,降低了融资成本,也使利润率高于竞争对手;所有者权益在资本结构中所占的比例不到20%,且占比逐年下降;从所有者权益结构来看,内部留存收益占了绝大多数。

3) 项目分析

(1) 货币资金。一方面,货币资金占比较大,说明企业的资产流动性较强;另一方面,占比最近两年出现大幅度下降,说明企业对销售商的议价能力在提高,收账政策越来越严格,这也可以通过近三年应收票据、应收账款和应收利息占比有较大幅度增加得到说明。与2010年相对于2009年变动率相比,2011年相对于2010年,应收票据、应收账款和应收利息变动率都有不同程度的下降。还可进一步说明格力电器的收款得到改善,销售商品和提供劳务收到的现金增加,经营活动现金净流量增加。

(2) 其他应收款。2010年比2009年增加了370.18%,2011年比2010年增加了69.64%,再结合附注分析发现,2010年和2011年的其他应收款存在共同的特点,即占款单位比较集中,金额也较大,且应收关联方款项占比较大。

(3) 存货。存货2010年比2009年增加了105.62%,2011年比2010年增加了54.23%,存货占资产的比例并不高,在20.21%以下,但最近三年在持续上涨;再结合三年的营业成本,可得存货周转速度约为7.6、7.3、6.2。可见存货处于较高的周转状态,但周转速度在下降,说明存货的运营效率较高,但要关注存货周转速度下降的问题。

(4) 长期股权投资。长期股权投资占资产的比例不是太高,但从投资方向来看,企业长期股权投资除空调压缩机生产、销售有关领域外,最近两年还投向绿色再生资源领域,说明企业投资除巩固公司自身核心竞争力的同时,开始向再生资源领域投资。企业合并报表的营业利润远远大于母公司的营业利润,说明控股子公司整体具有较好的盈利能力,长期股权投资的质量较好。

(5) 在建工程。最近两年,企业在建工程分别增长了210.83%、412.95%,说明企业在扩大产能,将来会形成更大的生产能力,并需要技术和营销相配合。

2. 利润表分析

1) 利润表水平分析

(1) 营业利润。如格力电器利润表水平分析表所示,营业利润2010年比2009年下降61.56%,2011年比2010年增加44.64%,再通过对期间费用、资产减值损失、投资收益等项目的分析可以发现,造成2010年营业利润下降的主要原因是2010年销售费用、资产减值损失、投资损失的大幅度增加,说明2010年国际金融危机等外部环境对格力的盈利造成短暂的影响,而2011年营业利润又出现了大幅增长,回到正常水平。

(2) 利润总额。和营业利润变动趋势相反，利润总额 2010 年比 2009 年上升 10.02%，2011 年比 2010 年下降 1.17%，其原因主要是 2010 年营业外收支净额较 2009 年出现大幅度增长，其中主要原因是政府补助的大幅度增加，而 2011 年相对于 2010 年出现一定幅度的下降。

(3) 净利润。和利润总额变动趋势相同，净利润 2010 年比 2009 年上升 6.14%，2011 年比 2010 年下降 1.13%。

2) 利润表结构分析

如格力电器利润结构分析表所示，2009—2011 年，公司营业成本占营业收入的比重不断上升，说明营业成本在相对上升，再结合附注分析发现营业成本几乎是空调和配件的成本构成的，说明格力电器面临空调行业成本上升的压力，在产品溢价的同时也要注意控制成本；销售费用、管理费用占营业收入的比重在不断下降，说明公司的管理效率在提高；和 2009 年相比，2010 年和 2011 年的营业利润占营业收入的比重出现大幅度下降，而利润总额和净利润占营业收入的比重下降幅度相对要小，说明 2010 年以来，受国际金融危机的影响，公司盈利能力受到一定的影响，尤其对营业利润的影响更大。

3. 现金流量表分析

1) 现金流量表水平分析

从格力电器现金流量水平分析表分析得知，经营活动产生的现金流量净额 2010 年相对于 2009 年有大幅度下降，其主要原因是 2010 年销售商品、提供劳务收到的现金比 2009 年减少 10 307 091 482.02 元造成的，而 2011 年又恢复到正常水平；2009—2011 年，投资活动产生的现金流量净额、筹资活动产生的现金流量净额都有较大幅度增长，说明公司在不断扩张之中，但现金及现金等价物净增加额 2010 年为负数，进一步说明 2010 年是受外部环境影响较大的一年，公司的现金流量受到一定程度的影响。

2) 现金流量结构分析

从格力电器现金流量结构分析表可以看出，经营活动产生的现金净流量比较充分，占现金净流量的绝大多数，其中 2009—2011 年，销售商品、提供劳务收到的现金占当年现金流入量的比重逐年提高，到 2011 年达 92.30%，说明主营业务产生现金流量的能力在增强；2009—2011 年，投资活动产生的现金净流量在逐年增加，说明投资活动的收益较好；2009—2011 年，筹资活动产生的现金净流量均为负值，说明企业不需要用借新债还旧债的筹资政策，而是更多使用内部留存收益资本；再从分配股利、利润或偿付利息支付的现金数额来看，企业有足够的现金给投资者和债权人分红和还本付息。另外，通过现金流量表和利润表的对比分析，经营活动产生的现金净流量远远大于同口径核心利润[①]，说明格力电器的现金流良好。

---

① 根据张新民、钱爱民的观点，核心利润＝营业收入－营业成本－营业税金及附加－销售费用－管理费用－财务费用，同口径核心利润＝核心利润＋固定资产折旧＋其他长期资产价值摊销＋财务费用－所得税费用。

第15章 综合案例分析二

表 15-15 格力电器利润水平分析表

单位：元　币种：人民币

资　产	2011/12/31	2010/12/31	2009/12/31	2010年相对于2009年的变动情况		2011年相对于2010年的变动情况	
				变动额	变动率	变动额	变动率
一、营业收入	81 513 590 983.41	59 157 908 612.05	41 625 588 108.18	17 532 320 503.87	42.12%	22 355 682 371.36	37.79%
减：营业成本	71 357 344 804.45	49 285 589 652.24	33 020 017 197.92	16 265 572 454.32	49.26%	22 071 755 152.21	44.78%
营业税金及附加	303 391 572.74	198 359 106.71	170 013 823.61	28 345 283.10	16.67%	105 032 466.03	52.95%
销售费用	7 593 211 212.35	8 012 379 782.93	5 508 669 769.96	2 503 710 012.97	45.45%	−419 168 570.58	−5.23%
管理费用	1 463 454 763.41	1 156 991 267.03	1 127 711 103.30	29 280 163.73	2.60%	306 463 496.38	26.49%
财务费用	−526 658 247.21	−419 638 128.84	−138 875 315.18	−280 762 813.66	−202.17%	−107 020 118.37	−25.50%
资产减值损失	28 187 141.61	66 983 199.61	8 673 667.40	58 309 532.21	672.26%	−38 796 058.00	−57.92%
加：公允价值变动收益（损失以"−"号填列）	−70 745 716.59	145 436 589.70	−28 581 683.00	174 018 272.70	−608.85%	−216 182 306.29	−148.64%
投资收益（损失以"−"号填列）	185 329 116.48	−28 386 774.32	633 563 303.38	−661 950 077.70	−104.48%	213 715 890.80	−752.87%
其中：对联营企业和合营企业的投资收益	−4 910 452.65	−3 296 805.89	−2 083 231.92	−1 213 573.97	58.25%	−1 613 646.76	48.95%
二、营业利润（亏损以"−"号填列）	1 409 243 135.95	974 293 547.75	2 534 359 481.55	−1 560 065 933.80	−61.56%	434 949 588.20	44.64%
加：营业外收入	1 704 934 465.64	2 191 581 659.94	326 251 015.26	1 865 330 644.68	571.75%	−486 647 194.30	−22.21%
减：营业外支出	14 783 257.85	29 722 912.97	10 084 485.08	19 638 427.89	194.74%	−14 939 655.12	−50.26%
其中：非流动资产处置损失	1 156 588.88	1 746 345.09	1 765 504.16	−19 159.07	−1.09%	−589 756.21	−33.77%

续表

资　产	2011/12/31	2010/12/31	2009/12/31	2010年相对于2009年的变动情况		2011年相对于2010年的变动情况	
				变动额	变动率	变动额	变动率
三、利润总额(亏损总额以"-"号填列)	3 099 394 343.74	3 136 152 294.72	2 850 526 011.73	285 626 282.99	10.02%	-36 757 950.98	-1.17%
减:所得税费用	448 710 514.37	455 074 747.16	324 540 547.74	130 534 199.42	40.22%	-6 364 232.79	-1.40%
四、净利润(净亏损以"-"号填列)	2 650 683 829.37	2 681 077 547.56	2 525 985 463.99	155 092 083.57	6.14%	-30 393 718.19	-1.13%

表15-16　格力电器利润结构分析表

单位:元　币种:人民币

资　产	2011/12/31	2010/12/31	2009/12/31	2011/12/31每一项目占项目总金额的比重(%)	2010/12/31每一项目占项目总金额的比重(%)	2009/12/31每一项目占项目总金额的比重(%)	2011年相对于2010年变动额	2010年相对于2009年变动额
一、营业收入	81 513 590 983.41	59 157 908 612.05	41 625 588 108.18	100.00%	100.00%	100.00%	0.00%	0.00%
减:营业成本	71 357 344 804.45	49 285 589 652.24	33 020 017 197.92	87.54%	83.31%	79.33%	4.23%	3.99%
营业税金及附加	303 391 572.74	198 359 106.71	170 013 823.61	0.37%	0.34%	0.41%	0.04%	-0.07%
销售费用	7 593 211 212.35	8 012 379 782.93	5 508 669 769.96	9.32%	13.54%	13.23%	-4.23%	0.31%
管理费用	1 463 454 763.41	1 156 991 267.03	1 127 711 103.30	1.80%	1.96%	2.71%	-0.16%	-0.75%
财务费用	-526 658 247.21	-419 638 128.84	-138 875 315.18	-0.65%	-0.71%	-0.33%	0.06%	-0.38%
资产减值损失	28 187 141.61	66 983 199.61	8 673 667.40	0.03%	0.11%	0.02%	-0.08%	0.09%
加:公允价值变动收益(损失以"-"号填列)	-70 745 716.59	145 436 589.70	-28 581 683.00	-0.09%	0.25%	-0.07%	-0.33%	0.31%

续表

资产	2011/12/31	2010/12/31	2009/12/31	2011/12/31 每一项目占项目总金额的比重(%)	2010/12/31 每一项目占项目总金额的比重(%)	2009/12/31 每一项目占项目总金额的比重(%)	2011年相对于2010年变动额	2010年相对于2009年变动额
资收益(损失以"-"号填列)	185 329 116.48	-28 386 774.32	633 563 303.38	0.23%	-0.05%	1.52%	0.28%	-1.57%
期中:对联营企业和合营企业的投资收益	-4 910 452.65	-3 296 805.89	-2 083 231.92	-0.01%	-0.01%	-0.01%	0.00%	0.00%
二、营业利润(亏损以"-"号填列)	1 409 243 135.95	974 293 547.75	2 534 359 481.55	1.73%	1.65%	6.09%	0.08%	-4.44%
加:营业外收入	1 704 934 465.64	2 191 581 659.94	326 251 015.26	2.09%	3.70%	0.78%	-1.61%	2.92%
减:营业外支出	14 783 257.85	29 722 912.97	10 084 485.08	0.02%	0.05%	0.02%	-0.03%	0.03%
其中:非流动资产处置损失	1 156 588.88	1 746 345.09	1 765 504.16	0.00%	0.00%	0.00%	0.00%	0.00%
三、利润总额(亏损总额以"-"号填列)	3 099 394 343.74	3 136 152 294.72	2 850 526 011.73	3.80%	5.30%	6.85%	-1.50%	-1.55%
减:所得税费用	448 710 514.37	455 074 747.16	324 540 547.74	0.55%	0.77%	0.78%	-0.22%	-0.01%
四、净利润(净亏损以"-"号填列)	2 650 683 829.37	2 681 077 547.56	2 525 985 463.99	3.25%	4.53%	6.07%	-1.28%	-1.54%

财务分析

表 15-17 格力电器现金流量水平分析表

单位:元 币种:人民币

资产	2011/12/31	2010/12/31	2009/12/31	2010年相对于2009年的变动情况		2011年相对于2010年的变动情况	
				变动额	变动率	变动额	变动率
一、经营活动产生的现金流量							
销售商品、提供劳务收到的现金	38 225 183 361.18	24 956 179 212.18	35 263 270 694.20	-10 307 091 482.02	-29.23%	13 269 004 149.00	53.17%
收到的税费返还	940 181 936.09	535 271 612.05	268 527 072.60	266 744 539.45	99.34%	404 910 324.04	75.65%
收到其他与经营活动有关的现金	2 247 862 112.09	5 932 806 836.31	726 417 462.00	5 206 389 374.31	716.72%	-3 684 944 724.22	-62.11%
经营活动现金流入小计	41 413 227 409.36	31 424 257 660.54	36 258 215 228.80	-4 833 957 568.26	-13.33%	9 988 969 748.82	31.79%
购买商品、接受劳务支付的现金	30 567 838 417.69	23 814 474 426.91	16 080 392 318.28	7 734 082 108.63	48.10%	6 753 363 990.78	28.36%
支付给职工以及为职工支付的现金	1 942 915 396.21	1 346 732 339.77	1 049 892 001.45	296 840 338.32	28.27%	596 183 056.44	44.27%
支付的各项税费	2 713 958 892.70	2 047 442 664.82	1 856 497 306.46	190 945 358.36	10.29%	666 516 227.88	32.55%
支付其他与经营活动有关的现金	4 216 491 762.23	3 159 033 479.36	6 295 006 389.98	-3 135 972 910.62	-49.82%	1 057 458 282.87	33.47%
经营活动现金流出小计	39 441 204 468.83	30 367 682 910.86	25 281 788 016.17	5 085 894 894.69	20.12%	9 073 521 557.97	29.88%
经营活动产生的现金流量净额	1 972 022 940.53	1 056 574 749.68	10 976 427 212.63	-9 919 852 462.95	-90.37%	915 448 190.85	86.64%
二、投资活动产生的现金流量							
收回投资收到的现金							

续表

资　产	2011/12/31	2010/12/31	2009/12/31	2010年相对于2009年的变动情况		2011年相对于2010年的变动情况	
				变动额	变动率	变动额	变动率
取得投资收益收到的现金	189 365 569.13		76 830 000.00	−76 830 000.00	−100.00%	189 365 569.13	
处置固定资产、无形资产和其他长期资产收回的现金净额	205 920.00	267 880.00	616 960.00	−349 080.00	−56.58%	−61 960.00	−23.13%
处置子公司及其他营业单位收到的现金净额							
收到其他与投资活动有关的现金	3 761 297 200.00	2 055 522 265.37		2 055 522 265.37	2 554.45%	1 705 774 934.63	82.98%
投资活动现金流入小计	3 950 868 689.13	2 055 790 145.37	77 446 960.00	1 978 343 185.37	227.29%	1 895 078 543.76	92.18%
购建固定资产、无形资产和其他长期资产支付的现金	986 900 889.58	981 269 089.16	299 816 919.52	681 452 169.64	227.29%	5 631 800.42	0.57%
投资支付的现金	104 000 000.00	131 370 000.00	535 728 206.80	−404 358 206.80	−75.48%	−27 370 000.00	−20.83%
取得子公司及其他营业单位支付的现金净额							
支付其他与投资活动有关的现金	6 304 700.00		4 735 777 165.00	−4 729 472 465.00	−99.87%	−6 304 700.00	−100.00%
投资活动现金流出小计	1 090 900 889.58	1 118 943 789.16	5 571 322 291.32	−4 452 378 502.16	−79.92%	−28 042 899.58	−2.51%
投资活动现金流量净额	2 859 967 799.55	936 846 356.21	−5 493 875 331.32	6 430 721 687.53	−117.05%	1 923 121 443.34	205.28%
三、筹资活动产生的现金流量							

续表

资　产	2011/12/31	2010/12/31	2009/12/31	2010年相对于2009年的变动情况		2011年相对于2010年的变动情况	
				变动额	变动率	变动额	变动率
吸收投资收到的现金							
取得借款收到的现金	1 175 462 913.11	1 554 829 946.91	1 022 959 752.14	531 870 194.77	51.99%	-379 367 033.80	-24.40%
收到其他与筹资活动有关的现金		1 439.23		1 439.23		-1 439.23	-100.00%
筹资活动现金流入小计	1 175 462 913.11	1 554 829 946.91	1 022 961 191.37	531 868 755.54	51.99%	-379 367 033.80	-24.40%
偿还债务支付的现金	799 966 772.40	1 361 840 303.09	67 236 777.32	1 294 603 525.77	1 925.44%	-561 873 530.69	-41.26%
分配股利、利润或偿付利息支付的现金	895 421 277.03	963 025 312.92	379 800 716.62	583 224 596.30	153.56%	-67 604 035.89	-7.02%
支付其他与筹资活动有关的现金	1 734 796 780.17	2 667 782 751.11	1 113 229 990.37	1 554 552 760.74	139.64%	-932 985 970.94	-34.97%
筹资活动现金流出小计	3 430 184 829.60	4 992 648 367.12	1 560 267 484.31	3 432 380 882.81	219.99%	-1 562 463 537.52	-31.30%
筹资活动产生的现金流量净额	-2 254 721 916.49	-3 437 818 420.21	-537 306 292.94	-2 900 512 127.27	539.82%	1 183 096 503.72	-34.41%
四、汇率变动对现金及现金等价物的影响	-73 763 448.19	-70 573 260.54	1 640 523.88	-72 213 784.42	-4 401.87%	-3 190 187.65	4.52%
五、现金及现金等价物净增加额	2 503 505 375.40	-1 514 970 574.86	4 946 886 112.25	-6 461 856 687.11	-130.62%	4 018 475 950.26	-265.25%
加：期初现金及现金等价物余额	5 279 971 693.57	6 794 942 268.43	1 848 056 156.18	4 946 886 112.25	267.68%	-1 514 970 574.86	-22.30%
六、期末现金及现金等价物余额	7 783 477 068.97	5 279 971 693.57	6 794 942 268.43	-1 514 970 574.86	-22.30%	2 503 505 375.40	47.42%

第15章 综合案例分析二

表 15-18 格力电器现金流量结构分析表

单位:元 币种:人民币

资　产	2011/12/31	2010/12/31	2009/12/31	2011/12/31 内部结构	2011/12/31 流入流出结构	2010/12/31 内部结构	2010/12/31 流入流出结构	2009/12/31 内部结构	2009/12/31 流入流出结构
一、经营活动产生的现金流量									
销售商品、提供劳务收到的现金	38 225 183 361.18	24 956 179 212.18	35 263 270 694.20	92.30%		79.42%		68.83%	
收到的税费返还	940 181 936.09	535 271 612.05	268 527 072.60	2.27%		1.70%		1.48%	
收到其他与经营活动有关的现金	2 247 862 112.09	5 932 806 836.31	726 417 462.00	5.43%		18.88%		16.36%	
经营活动现金流入小计	41 413 227 409.36	31 424 257 660.54	36 258 215 228.80	100.00%	88.99%	100.00%	89.69%	86.67%	97.05%
购买商品、接受劳务支付的现金	30 567 838 417.69	23 814 474 426.91	16 080 392 318.28	77.50%		78.42%		63.60%	
支付给职工以及为职工支付的现金	1 942 915 396.21	1 346 732 339.77	1 049 892 001.45	4.93%		4.43%		4.15%	
支付的各项税费	2 713 958 892.70	2 047 442 664.82	1 856 497 306.46	6.88%		6.74%		7.34%	
支付其他与经营活动有关的现金	4 216 491 762.23	3 159 033 479.36	6 295 006 389.98	10.69%		10.40%		24.90%	
经营活动现金流出小计	39 441 204 468.83	30 367 682 910.86	25 281 788 016.17	100.00%	89.72%	100.00%	83.25%	100.00%	78.00%
经营活动现金流量净额	1 972 022 940.53	1 056 574 749.68	10 976 427 212.63						
二、投资活动产生的现金流量									
收回投资收到的现金	189 365 569.13		76 830 000.00	4.79%		—			

续表

资产	2011/12/31	2010/12/31	2009/12/31	2011/12/31 内部结构	2011/12/31 流入流出结构	2010/12/31 内部结构	2010/12/31 流入流出结构	2009/12/31 内部结构	2009/12/31 流入流出结构
处置固定资产、无形资产和其他长期资产收回的现金净额	205 920.00	267 880.00	616 960.00	0.01%		0.01%		0.80%	
处置子公司及其他营业单位收到的现金净额				0.00%		0.00%		0.00%	
收到其他与投资活动有关的现金	3 761 297 200.00	2 055 522 265.37		95.20%		99.99%		0.00%	
投资活动现金流入小计	3 950 868 689.13	2 055 790 145.37	77 446 960.00	100.00%	8.49%	100.00%	5.87%	100.00%	0.21%
购建固定资产、无形资产和其他长期资产支付的现金	986 900 889.58	981 269 089.16	299 816 919.52	90.47%		87.70%		5.38%	
投资支付的现金	104 000 000.00	131 370 000.00	535 728 206.80	9.53%		11.74%		9.62%	
取得子公司及其他营业单位支付的现金净额		6 304 700.00	4 735 777 165.00	—		0.56%		85.00%	
支付其他与投资活动有关的现金									
投资活动现金流出小计	1 090 900 889.58	1 118 943 789.16	5 571 322 291.32	100.00%	2.48%	100.00%	3.07%	100.00%	17.19%
投资活动产生的现金流量净额	2 859 967 799.55	936 846 356.21	−5 493 875 331.32						
三、筹资活动产生的现金流量									
吸收投资收到的现金									

续表

资　产	2011/12/31	2010/12/31	2009/12/31	2011/12/31 内部结构	2011/12/31 流入流出结构	2010/12/31 内部结构	2010/12/31 流入流出结构	2009/12/31 内部结构	2009/12/31 流入流出结构
取得借款收到的现金	1 175 462 913.11	1 554 829 946.91	1 022 959 752.14	100.00%		138.96%		100.00%	
收到其他与筹资活动有关的现金		1 439.23		—				—	
筹资活动现金流入小计	1 175 462 913.11	1 554 829 946.91	1 022 961 191.37	100.00%	2.53%		4.44%	100.00%	2.74%
偿还债务支付的现金	799 966 772.40	1 361 840 303.09	67 236 777.32	23.32%		27.28%		4.31%	
分配股利、利润或偿付利息支付的现金	895 421 277.03	963 025 312.92	379 800 716.62	26.10%		19.29%		24.34%	
支付其他与筹资活动有关的现金	1 734 796 780.17	2 667 782 751.11	1 113 229 990.37	50.57%		53.43%		71.35%	
筹资活动现金流出小计	3 430 184 829.60	4 992 648 367.12	1 560 267 484.31	100.00%	7.80%	100.00%	13.69%	100.00%	4.81%
筹资活动产生的现金流量净额	−2 254 721 916.49	−3 437 818 420.21	−537 306 292.94						
现金流入总额	46 539 559 011.60	35 034 877 752.82	37 358 623 380.17						
现金流出总额	43 962 290 188.01	36 479 275 067.14	32 413 377 791.80						
四、汇率变动对现金及现金等价物的影响	−73 763 448.19	−70 573 260.54	1 640 523.88						
五、现金及现金等价物净增加额	2 503 505 375.40	−1 514 970 574.86	4 946 886 112.25						
加：期初现金及现金等价物余额	5 279 971 693.57	6 794 942 268.43	1 848 056 156.18						
六、期末现金及现金等价物余额	7 783 477 068.97	5 279 971 693.57	6 794 942 268.43						

注："—"表示无相关数据。

表 15-19 格力电器所有者权益变动表水平分析表

单位：元　币种：人民币

项目	实收资本（或股本）金额	内部结构	资本公积	减：库存股	专项储备	盈余公积	一般风险准备	未分配利润	其他	所有者权益合计
2011年年末余额	2 817 888 750.00	24.21%	117 739 894.64			2 498 524 566.81		6 205 484 705.91		11 639 637 917.36
2010年年末余额	2 817 888 750.00	28.41%	202 511 852.56			2 233 456 183.87		4 665 235 884.33		9 919 092 670.76
2009年年末余额	1 878 592 500.00	23.02%	185 891 479.73			1 965 348 429.11		4 130 858 591.53		8 160 691 000.37
2010年相对于2009年变动额	939 296 250.00	5.39%	16 620 372.83			268 107 754.76		534 377 292.80		1 758 401 670.39
变动率	50.00%		8.94%			13.64%		12.94%		21.55%
2011年相对于2010年变动额	0.00	-4.20%	-84 771 957.92			265 068 382.94		1 540 248 821.58		1 720 545 246.60
变动率	0.00%		-41.86%			11.87%		33.02%		17.35%

表 15-20 格力电器所有者权益变动表结构分析表

单位：元　币种：人民币

项目	实收资本（或股本）金额	内部结构	资本公积 金额	内部结构	盈余公积 金额	内部结构	未分配利润 金额	内部结构	所有者权益合计
2011年年末余额	2 817 888 750.00	24.21%	117 739 894.64	1.01%	2 498 524 566.81	21.47%	6 205 484 705.91	53.31%	11 639 637 917.36
2010年年末余额	2 817 888 750.00	28.41%	202 511 852.56	2.04%	2 233 456 183.87	22.52%	4 665 235 884.33	47.03%	9 919 092 670.76
2009年年末余额	1 878 592 500.00	23.02%	185 891 479.73	2.28%	1 965 348 429.11	24.08%	4 130 858 591.53	50.62%	8 160 691 000.37
2010年相对于2009年变动	939 296 250.00	5.39%	16 620 372.83	-0.24%	268 107 754.76	-1.57%	534 377 292.80	-3.59%	1 758 401 670.39
2011年相对于2010年变动	0.00	-4.20%	-84 771 957.92	-1.27%	265 068 382.94	-1.05%	1 540 248 821.58	6.28%	1 720 545 246.60

4. 所有者权益变动表分析

从格力电器所有者权益变动表来看，2009—2011年，所有者权益以较快的速度增加，其主要影响因素是近三年来内部留存收益的不断增加，而在留存收益中，未分配利润占了所有者权益一半左右的比例。这说明，公司不是靠公允价值变动、会计差错调整等与现金流量无关的因素来实现所有者权益的增加，而是主要依靠与现金增加相关的盈利来获得的。另外，2010年实收资本增加了939 296 250元，也增加了所有者权益。

5. 合并报表分析

从本章前面所列格力电器2009—2011年合并财务报表和母公司财务报表的对比，我们可以对集团的财务状况进行简要分析，为从整体角度对母公司进行财务分析奠定基础。

1) 合并资产负债表分析

2009—2011年，子公司也保持较高的货币资金，但持有量在下降，其中2009年约为52亿元，2010年约为14亿元，2011年约为24亿元。连续三年，合并资产负债表的商业债权（应收票据、应收账款、预付款项等）大于母公司商业债权，说明企业赊销业务母子公司是一致对外，集团内部的赊销业务较少；合并资产负债表的预收账款小于母公司预收账款的规模，说明母公司的部分业务是以预收款的方式销售给子公司的关联交易。最近三年，母公司持有较多存货，而且增长幅度较大，说明母公司看好未来的发展前景，增加原材料储备。母公司长期股权投资主要是以控制性投资为主，且大部分纳入合并的范围，只有对少数几个公司的长期股权投资没有纳入合并范围。2009—2011年，母公司固定资产2010年比2009年减少2.03%，2011年比2010年增加21.69%，但集团的固定资产2010年比2009年增加19.95%，2011年比2010年增加39.45%，说明子公司的固定资产在最近三年有较大幅度增长，说明子公司的产能在扩张。2011年和2010年资产负债表日，集团的无形资产比母公司的无形资产分别多约14亿元和8亿元，而同期母公司的无形资产仅有约2.2亿元和2.3亿元，这说明无形资产主要集中在子公司，再分析合并报表附注，发现集团的无形资产主要是土地使用权，这说明子公司正准备拓展新的发展空间，这也从集团和母公司长期股权投资项目有所反映。

2) 合并利润表分析

2009—2011年，母公司的营业收入占集团营业收入的比重始终在97.2%以上，说明整个集团的对外销售活动主要集中在母公司。由于母公司对子公司能够实施控制，长期股权投资采用成本法进行核算，因此合并报表的核心利润和母公司的核心利润的差额表明子公司的盈利能力；从2009—2011年合并利润表和母公司利润表比较后发现，集团的核心利润远远大于母公司的核心利润，其差额表明子公司的基本盈利能力。

3) 合并现金流量表分析

2009年和2010年，合并报表经营活动现金净流量小于母公司相应项目，说明母子公司之间存在一定规模的内部销售，但2011年，相应报表说明内部销售减少。2010年和2011年，母公司投资活动的现金净流量以流入为主，而集团投资活动的现金净流量以流出为主，这说明这两年子公司的投资在扩大，且主要用于购建固定资产、无形资产和其他长期资产，再从合并报表附注来看，子公司投资的扩大有利于集团多元化经营。2009—2011年，筹资活动的现金流量主要是母公司产生的。

15.4 财务分析

表 15-21 格力电器 2009—2011 年基本财务比率

	指标名称	计算公式	2011 年	2010 年	2009 年
短期偿债能力	流动比率(倍)	年末流动资产÷年末流动负债	1.06	1.06	1.02
	速动比率(倍)	年末速动资产÷年末流动负债	0.73	0.76	0.84
	现金比率(倍)	年末现金性资产÷年末流动负债	0.24	0.33	0.53
	现金流动负债比率(倍)	年经营现金净流量÷年末流动负债	0.03	0.03	0.33
长期偿债能力	资产负债率(%)	(年末负债总额÷年末资产总额)×100%%	83.23	81.17	80.53
	平均权益乘数(倍)	(当年资产平均余额÷当年所有者权益平均余额)×100%	5.66	5.23	4.89
	产权比率(%)	(年末负债总额÷年末所有者权益总额)×100%	496.40	431.02	413.71
	固定比率(%)	(年末固定资产净值÷年末所有者权益总额)×100%	31.94	30.80	38.22
	固定长期适合率(%)	年末固定资产净值÷(年末所有者权益总额+年末长期负债)×100%	29.98	28.72	38.12
营运能力	存货周转率(次)	年末营业成本÷当年存货平均余额	6.17	7.29	7.57
	流动资产周转率(次)	营业收入净额÷当年流动资产平均余额	1.56	1.50	1.52
	应收账款周转率(次)	营业收入净额÷当年应收账款平均余额	110.88	72.96	61.76
	固定资产周转率(次)	营业收入净额÷当年固定资产平均余额	24.07	19.16	13.37
	总资产周转率(次)	营业收入净额÷当年总资产平均余额	1.34	1.25	1.20
盈利能力	投资报酬率(%)	(净利润÷当年平均资产总额)×100%	4.34	5.67	7.30
	净资产收益率(%)	(当年净利润÷当年平均所有者权益)×100%	24.59	29.66	35.71
	销售毛利率(%)	(毛利÷营业收入净额)×100%	12.46	16.69	20.67
	销售利润率(%)	(利润总额÷营业收入净额)×100%	3.80	5.30	6.85
	销售净利率(%)	(当年净利润÷营业收入净额)×100%	3.25	4.53	6.07
	资产利润率(%)	(利润总额÷资产总额)×100%	4.46	5.95	6.80
	每股收益/元	当年净利润÷发行在外的普通股的加权平均数	1.86	1.52	1.03

续表

	指标名称	计算公式	2011 年	2010 年	2009 年
发展能力	股东权益增长率(%)	(当年股东权益增加额÷股东权益年初余额)×100%	17.35	21.55	36.35
	净利润增长率(%)	(当年净利润增加额÷上年净利润)×100%	−1.13	6.14	78.59
	利润总额增长率(%)	(当年利润总额增加额÷利润总额年初余额)×100%	−1.17	10.02	67.47
	销售增长率(%)	(当年销售收入增加额÷销售收入总额年初余额)×100%	37.79	42.12	1.81
	资产增长率(%)	(当年资产总额增加额÷资产总额年初余额)×100%	29.89	27.31	53.48

说明：
1. 速动资产为流动资产与存货和预付账款的差额；
2. 现金性资产为货币资金与交易性金融资产的和；
3. 固定资产周转率用报表披露的净值计算；
4. 存货周转率用报表披露的扣除减值准备的净值数据计算。

15.4.1 偿债能力分析

一方面，与短期偿债能力有关的财务指标均低于经验数据且有恶化的趋势，但企业利润有产生足够现金的能力，短期偿债能力没有太大问题。另一方面，企业流动负债中，预收款项占了20%以上的比重。而预收款项的偿还是用存货来完成的，且其中包含了利润的成分，因此，企业短期偿债能力压力并不像比率表现得那样大，一般不需要为其短期偿债能力担忧。

从资产规模对长期偿债能力的影响来分析，企业的资产负债率连续三年均超过80%，仅从财务指标看企业的长期偿债能力不强，但由于企业资产中大部分是流动资产，企业的负债大部分是商业债务，银行借款很少，这正是企业在行业中具有相当强的议价能力的体现，因此企业的现金负债压力并不像比率表现得那么大。

从对偿债能力的分析可以看出，财务指标分析具有一定的局限性，财务分析必须结合企业战略和会计分析才有可能得出正确的结论。

15.4.2 营运能力分析

由于企业固流比率(固定资产与流动资产的比率)较低，流动资产周转率反而小于固定资产周转率，从存货周转率来看，企业的营运能力较强，存货周转速度较快，但要注意加快应收票据的周转速度，提高总资产周转率。

15.4.3 盈利能力分析

从反映盈利能力的指标来看，企业的盈利能力较强，但出现下降的趋势，值得关注。如反映盈利能力的核心指标净资产收益率从2009年的35.71%下降到2011年的24.59%。

15.4.4 发展能力分析

企业在总体上处于扩张和发展过程中，但发展不稳定，尤其是要密切关注净利润的变化。2009年，净利润同比增长78.59%，而2010年同比下降1.13%。

15.4.5 财务综合分析

上述分析仅从其中一个方面分析了格力电器2009—2011年的财务状况，但不能从总体上对其进行综合评价。因此，下面以2011年我国家用空气调节器制造行业指标为标准值，通过雷达图和综合指数法和杜邦分析体系对格力电器进行综合财务评价。

1. 格力电器主要财务指标和行业标准值雷达图分析

下面以我国家用空气调节器制造行业2011年相关指标为标准值，和格力电器2011年主要财务指标和行业标准值进行对比，发现格力电器财务状况的总体水平和特点。通过格力电器2011年主要财务指标和行业标准值对照表和图雷达图可以发现，格力电器的资产负债率远高于行业水平，应收账款周转率、流动资产周转率、资产周转率均高于行业水平，尤其应收账款周转率远高于行业水平，而销售利润率、资产利润率则低于行业水平，销售增长率高于行业水平，而资产增长率略低于行业水平，利润总额增长率远低于行业水平，说明，从总体上来看，格力电器2011年高负债经营，营运能力较强，货款回笼及时，且盈利能力和发展能力经营业绩超过了标准水平，但今后要特别关注和加强应收账款的管理，提高应收账款周转率，从而为加快现金周转和应对短期偿债风险提供保障。

表15-22 格力电器2011年主要财务指标和行业标准值对照表

项目	资产负债率(%)	应收账款周转率(次)	流动资产周转率(%)	资产周转率(次)	销售利润率(%)	资产利润率(%)	销售增长率(%)	资产增长率(%)	利润总额增长率(%)
2011年家用空气调节器制造行业	70.11	14.74	1.81	1.18	10.35	12.22	7.85	31.09	70.44
2011年格力电器	83.23	110.88	1.56	1.34	3.80	4.46	37.79	29.89	-1.17

注：2011年中国家用空气调节器制造行业指标来源于国泰安数据库中国工业行业统计数库行业主要经济指标，部分指标经过计算得到。

2. 格力电器财务综合评价

1) 运用综合指数法进行财务综合评价的步骤

进行业绩评价的一般程序或步骤包括：选择业绩评价指标，确定各项指标的标准值，计算指标单项指数，确定各项指标的权数，计算综合经济指数，评价综合经济指数。

(1) 选择经营业绩评价指标。进行经营业绩评价的首要步骤是正确选择评价指标，指标选择要根据分析目的和要求，考虑分析的全面性、综合性。

(2) 确定各项业绩指标的标准值。业绩评价指标标准值可根据分析的目的和要求确

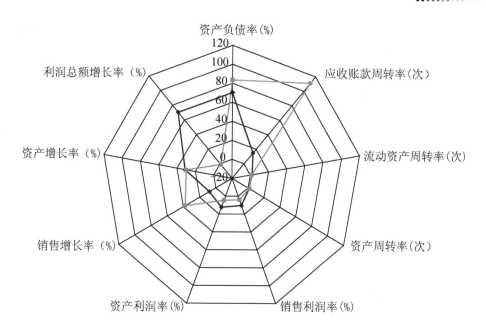

图 15.1　格力电器 2011 年主要财务指标和中国家用空气调节器制造行业纸币值雷达图

定,可用某企业某年的实际数,也可用同类企业、同行业或部门平均数,还可用国际标准数。一般地说,当评价企业经营计划完成情况时,可以企业计划水平为标准值;当评价企业经营业绩水平变动情况时,可以企业前期水平为标准值;当评价企业在同行业或在全国或国际上所处地位时,可用行业标准值或国家标准值或国际标准值。

(3) 计算各项业绩指标的单项指数。单项指数,是指各项经济指标的实际值与标准值之间的比值,其计算公式为:

$$指 = 某指值 \div 指准值$$

如果某经济指标既不是纯正指标,又不是纯逆指标时,如资产负债率、流动比率、速动比率等就属于这种指标,对于这种指标(中性指标),其单项指数可按下式计算:

$$指 = (准值 - 值与准值差的值) \div 准值$$

(4) 确定各项业绩指标的权数。综合经济指数不是单项指数的简单算术平均数,而是一个加权平均数。因此,要计算综合经济指数,应在计算单项指数的基础上,确定各项指标的权数。各项经济指标权数的确定应依据各指标的重要程度而定,一般地说,某项指标越重要,其权数就越大;反之,则权数就越小。

(5) 计算综合经济指数。综合经济指数是以各单项指数为基础,乘以各指标权数所得到的一个加权平均数。综合经济指数的计算有两种方法。

第一,按各项指标实际指数计算(不封顶)。

在按各项指标实际指数计算时,其计算公式是:

$$综合经济指数 = \sum (某指标单项指数 \times 该指标权数)$$

第二,按扣除超过 100% 部分后计算(封顶)。

财务分析

在全部指标中没有逆指标时，如果某项指标指数超过100％时，则扣除超出部分，按100％计算，如果某项指标指数低于100％时，则按该指标实际指数计算。其计算公式是：

$$综合经济指数 = \sum [某指标指数(扣除超出部分) \times 该指标权数]$$

(6) 综合经济指数评价。按第一种方法计算综合经济指数时，当各项业绩指标中没有正指标时，综合经济指数以小于100％为好，而且越低越好。

当各项业绩指标中没有逆指标时，一般地说，综合经济指数达到100％，说明企业经营业绩总体水平达到标准要求，或者说企业取得了较好的经济效益，该指标越高，经济效益水平越高；否则，综合经济指数低于100％，说明企业经济效益水平没达到标准要求，该指标越低，经营业绩水平越差。

按照第二种方法计算综合经济指数，其最高值为100％，越接近100％，说明企业经营业绩总体水平越好。

2) 格力电器财务综合评价

根据综合指数评价法，将格力电器2011年财务综合指数计算过程和结果列入格力电器2011年财务综合指数表。由于所选经营业绩评价指标均为正指标和中性指标，并根据第一种方法计算综合经济指数。以2009—2011年中国家用空气调节器制造行业业绩评价指标为标准值，计算结果为135.22。计算方法和结果可以说明格力电器2011年经营业绩水平要高于中国家用空气调节器制造行业，超过了标准要求。

上述综合分析只评价了2011年格力电器的经营业绩，读者可以分析2013年的经营业绩。

表 15-23　格力电器2011年财务综合指数表

经济指标	标准值	实际值	单项指数	权数	综合经济指数
资产负债率(％)	70.11	83.23	0.68	25	17.12
应收账款周转率(次)	14.74	110.88	7.52	5	37.61
流动资产周转率(％)	1.81	1.56	0.86	5	4.31
资产周转率(次)	1.18	1.34	1.14	10	11.36
销售利润率(％)	10.35	3.80	0.37	10	3.67
资产利润率(％)	12.22	4.46	0.36	10	3.65
销售增长率(％)	7.85	37.79	4.81	10	48.14
资产增长率(％)	31.09	29.89	0.96	10	9.61
利润总额增长率(％)	70.44	−1.17	−0.02	15	−0.25
综合经济指数					135.22

说明：当经济指标没有拟指标的情况下，按各项指标实际指数计算(不封顶)的综合经济指数等于100就到达了行业平均水平，超过100就超过了行业平均水平，超过的幅度越大越好。

第15章 综合案例分析二

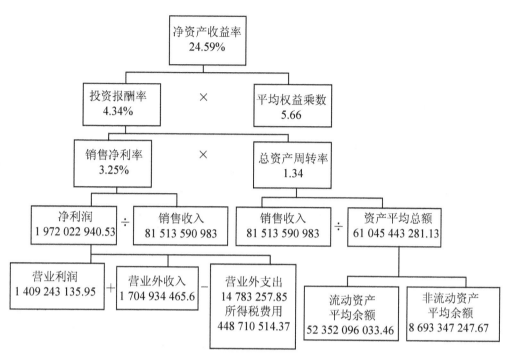

图 15.2 格力电器 2011 年杜邦分析系统

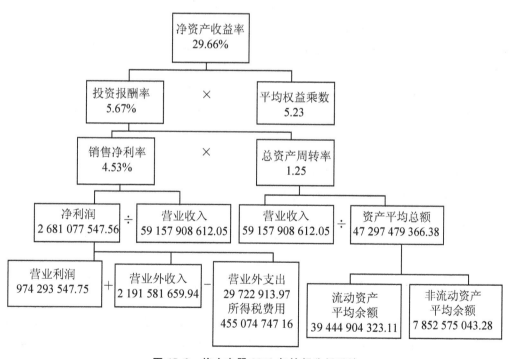

图 15.3 格力电器 2010 年杜邦分析系统

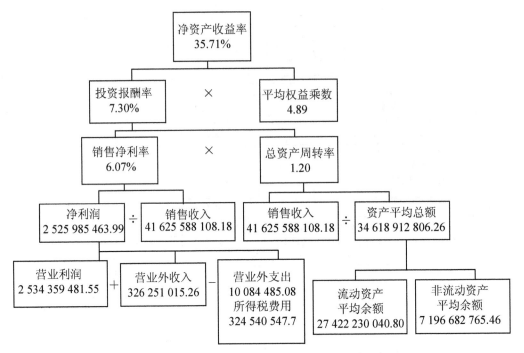

图 15.4　格力电器 2009 年杜邦分析系统

3）杜邦分析

通过战略分析、会计分析、单项财务指标分析和财务综合分析，我们可以对格力电器的财务状况质量作出如下判断：

（1）企业利润结构的资产增值质量高，现金获取质量好，因此，企业的利润结构质量较高，但盈利能力有下降的趋势，应该引起管理层的关注。

（2）企业经营活动现金净流量远远大于同口径核心利润，说明企业在行业中的领导地位和较强的议价能力，并大大降低了筹资成本，使企业独特的高杠杆经营模式得以持续；企业投资活动的现金流量与战略吻合程度高。

（3）企业整体资产质量可以满足企业的经营活动需要，没有明显的不良资产。

（4）企业目前的资产负债率较高，若领导地位动摇将面临一定风险，因此，企业 2012 年再融资成功将改善资本结构，使专业化战略得到进一步巩固。

15.5　对企业发展前景的预测

企业掌握了大量核心技术，有自己的品牌，有稳定的专业化的经理人经营，有较好的经营性资产和自有的销售渠道，盈利能力还有一定的上升空间。

专业化经营战略使公司稳扎稳打成为空调制造行业的领导者，在空调行业拉开了和竞争对手的差距，但在对企业近三年的财务状况分析后发现，专业化经营的战略容易受外部环境的冲击，经营波动性较大，抗风险能力不强。考虑到企业掌握的核心技术和自有的销售渠道，通过并购逐步进军其他家电行业是未来的趋势。

企业靠行业领导的地位,大量占有供应商和经销商的资金,进行高负债经营的模式从长期来看是很难持续的,因此通过再融资扩大权益资本规模,改善资本结构势在必行。

思考与练习

请查找阅读格力电器股份有限公司 2012 年和 2013 年的年报,并进行财务分析和预测。

参 考 文 献

[1] 张先治. 财务分析[M]. 3版. 大连：东北财经大学出版社，2008.
[2] 荆新，刘兴云. 财务分析学[M]. 3版. 北京：经济科学出版社，2010.
[3] 张文魁. 重思资产负债表[J]. 财经新世界，2012，37.
[4] 张新民，钱爱民. 财务报表分析[M]. 2版. 北京：中国人民大学出版社，2011.
[5] 卢雁影. 财务分析[M]. 武汉：武汉大学出版社，2002.
[6] 王化成，刘俊勇，孙薇. 企业业绩评价[M]. 北京：中国人民大学出版社，2004.
[7] Leopold A Bernstein, John J. Wild. 财务报表分析[M]. 许秉岩，张海燕，译. 北京：北京大学出版社，2004.
[8] 王大力. 警惕流动资产陷阱[J]. 新理财. 2009，11.
[9] 刘玉廷. 中国企业会计准则体系：架构、趋同与等效[J]. 会计研究，2007.
[10] 陆正飞. 财务报表分析[M]. 北京：中信出版社，2006.
[11] 许秉岩. 财务报表分析[M]. 北京：北京大学出版社，2001.
[12] 王化成. 财务报表分析[M]. 北京：北京大学出版社，2008.
[13] 财政部会计司编写组. 企业会计准则讲解[M]. 北京：人民出版社，2007.
[14] 周彦. 新编新手做小企业会计一本通[M]. 北京：中国纺织出版社，2010.
[15] 陈炜煜. 会计学[M]. 北京：立信会计出版社，2008.
[16] 卢雁影. 财务分析[M]. 北京：科学出版社，2010.
[17] 廖玉，凌荣安. 会计报表分析技能与案例[M]. 北京：中国财政经济出版社，2003.
[18] 金中泉. 财务报表分析[M]. 北京：中国财政经济出版社，2001.
[19] 郭泽光. 财务报告分析[M]. 北京：高等教育出版社，2007.
[20] 钱爱民，吴革. 企业财务会计报告分析[M]. 北京：中信出版社，2003.
[21] 谢志华. 财务分析[M]. 北京：高等教育出版社，2009.
[22] 钱爱民. 公司财务状况质量综合评价研究[M]. 北京：北京大学出版社，2010.
[23] 张先治，陈友邦. 财务分析[M]. 大连：东北财经大学出版社，2010.
[24] [美]马丁·弗里德森，费尔南多·阿尔瓦雷斯. 财务报表分析[M]. 3版. 朱丽，译. 北京：中国人民大学出版社，2010.
[25] 葛家澍，杜兴强. 会计理论[M]. 上海：复旦大学出版社，2005.
[26] 财政部. 企业会计准则[M]. 北京：经济科学出版社，2006.
[27] 财政部. 企业会计准则应用指南[M]. 北京：中国财政经济出版社，2006.
[28] 财政部统计评价司. 企业效绩评价问答[M]. 北京：经济科学出版社，2001.
[29] 田国双，郭红. 财务会计报告分析[M]. 北京：科学出版社，2007.
[30] 温亚丽. 轻松读懂会计报表[M]. 南昌：江西人民出版社，2007.
[31] 李桂荣. 财务报告分析[M]. 北京：清华大学出版社，2007.
[32] 吴世农，吴育辉. 财务报表分析[M]. 北京：北京大学出版社，2008.
[33] 苗润生，陈洁. 财务分析[M]. 北京：清华大学出版社，北京交通大学出版社，2009.

北京大学出版社本科财经管理类实用规划教材(已出版)

财务会计类

序号	书 名	标准书号	主编	定价
1	基础会计	7-301-24366-4	孟 铁	35.00
2	基础会计(第2版)	7-301-17478-4	李秀莲	38.00
3	基础会计实验与习题	7-301-22387-1	左 旭	30.00
4	基础会计学	7-301-19403-4	窦亚芹	33.00
5	基础会计学学习指导与习题集	7-301-16309-2	裴 玉	28.00
6	基础会计	7-301-23109-8	田凤彩	39.00
7	基础会计学	7-301-16308-5	晋晓琴	39.00
8	信息化会计实务	7-301-24730-3	杜天宇	35.00
9	会计学原理习题与实验(第3版)	7-301-26162-0	石启辉	30.00
10	会计学原理(第3版)	7-301-26239-9	刘爱香	35.00
11	会计学原理	7-301-24872-0	郭松克	38.00
12	会计学原理与实务(第2版)	7-301-18653-4	周慧滨	33.00
13	初级财务会计模拟实训教程	7-301-23864-6	王明珠	25.00
14	初级会计学习题集	7-301-25671-8	张兴东	28.00
15	会计规范专题(第2版)	7-301-23797-7	谢万健	42.00
16	会计综合实训模拟教程	7-301-20730-7	章洁倩	33.00
17	预算会计	7-301-22203-4	王筱萍	32.00
18	会计电算化	7-301-23565-2	童 伟	49.00
19	政府与非营利组织会计	7-301-21504-3	张 丹	40.00
20	政府与非营利组织会计	7-301-26294-8	朱久霞	39.00
21	管理会计	7-81117-943-9	齐殿伟	27.00
22	管理会计	7-301-21057-4	肜芳珍	36.00
23	管理会计	7-301-26180-4	韩 鹏	32.00
24	中级财务会计	7-301-23772-4	吴海燕	49.00
25	中级财务会计习题集	7-301-25756-2	吴海燕	39.00
26	高级财务会计	7-81117-545-5	程明娥	46.00
27	高级财务会计	7-5655-0061-9	王奇杰	44.00
28	企业财务会计模拟实习教程	7-5655-0404-4	董晓平	25.00
29	成本会计学	7-301-19400-3	杨尚军	38.00
30	成本会计学	7-5655-0482-2	张红漫	30.00
31	成本会计学	7-301-20473-3	刘建中	38.00
32	税法与税务会计实用教程(第2版)	7-301-21422-0	张巧良	45.00
33	初级财务管理	7-301-20019-3	胡淑姣	42.00
34	财务会计学	7-301-23190-6	李柏生	39.00
35	财务管理学实用教程(第2版)	7-301-21060-4	骆永菊	42.00
36	财务管理理论与实务(第2版)	7-301-20407-8	张思强	42.00
37	财务管理理论与实务	7-301-20042-1	成 兵	40.00
38	财务管理学	7-301-21887-7	陈 玮	44.00
39	公司财务管理	7-301-21423-7	胡振兴	48.00
40	财务分析学	7-301-20275-3	张献英	30.00
41	审计学	7-301-20906-6	赵晓波	38.00
42	审计理论与实务	7-81117-955-2	宋传联	36.00
43	现代审计学	7-301-25365-6	杨 茁	39.00
44	财务会计	7-301-26285-6	李巧巧	38.00

如您需要更多教学资源如电子课件、电子样章、习题答案等,请登录北京大学出版社第六事业部官网www.pup6.cn搜索下载。
如您需要浏览更多专业教材,请扫下面的二维码,关注北京大学出版社第六事业部官方微信(微信号:pup6book),随时查询专业教材、浏览教材目录、内容简介等信息,并可在线申请纸质样书用于教学。

感谢您使用我们的教材,欢迎您随时与我们联系,我们将及时做好全方位的服务。联系方式:010-62750667,wangxc02@163.com,pup_6@163.com,lihu80@163.com,欢迎来电来信。客户服务QQ号:1292552107,欢迎随时咨询。